NONGMUYE

ZHUANYIRENKOU

SHIMINHUA YANJIU

本书为国家社科基金西部项目
“城镇化进程中夏河各民族交融共生全方位嵌入社区调查研究”
（22XMZ018）的阶段性成果

农牧业转移人口市民化研究

余吉玲　著

民族出版社

目　录

绪　论

一、问题的提出

本书在县域城镇化发展背景下，思考农牧业转移人口市民化的问题。县域，参照民政部公布的《2020年中华人民共和国行政区划代码》，县域地区包含由地级行政区、直辖市管辖或由省级行政区（仅限于省、自治区）直接管辖的县级行政区，包括县级市、县、自治县、旗、自治旗、特区、林区等。[①] 农村与城市是两种不同的生活场域，进入城市的农村人口因生产生活空间转换，而出现生计方式、社会关系网、身份认同及价值观念的变迁、重塑与再建构，他们在调适、解构与重组中适应城市、融入城市。西部地区中小城市快速城镇化的主要路径为：一是政府主导推进；二是异地大城市带动。根据笔者的实证调研，政府在县域城镇化中扮演重要角色。笔者所研究的生态移民市民化、被征地农民市民化以及易地搬迁移民市民化，都是由政府主导推进的被动型市民化。陪读型市民化虽有农民家庭追求城市优质教育资源的主观动因，但政府将优质的教育资源向城镇集中，也是重要的影响因素。追求经济收入、主动流入大城市务工经商的农牧业转移人口以青壮年劳动力为主，而政府推动的城镇化通常是举家

① 袁方成、王丹：《全过程联动：迈向共同富裕的新型城镇化》，载《苏州大学学报》（哲学社会科学版），2022（4）。

迁移式的，这就导致缺少资本立足城市的老人及其他弱势群体被裹挟进城镇化潮流，面临难以适应城市生活的困境，成为城市新型的贫困群体。城镇的生活以消费为主要特征，由农村进入城镇，无疑会带来消费增加。为了供养一家人在城镇的生活，家庭中的主要劳动力只能继续流动在大城市务工经商，因此，迁入县城的农村家庭仍然是离散型的，家庭成员分散在不同级别的城市。政府推动农牧民进城，满足了农牧民扎根城市的需求。大城市高昂的房价、居高不下的消费水平以及制度层面的隐性排斥迫使农牧业转移人口将本地中小城市作为其实践城镇化的出路，最终返回本地中小城市是农牧业转移人口实现城镇化的方式。政府的有力推进与农民个体需求相耦合，加速县域城镇化快速发展。

工商业发展滞后的中小城市依赖大城市的带动发展。农牧业转移人口将收入的大部分用在小城镇买房和孩子的教育上，在大城市获得收入，返回本地消费的行为带动县域城镇化发展。另有一些文化水平高，在大城市积累了一定人力资本、社会资本的青年返乡创业，在乡村振兴的背景下，借助新媒体新技术手段，挖掘乡村文化，发展乡村旅游，助力乡村经济发展，给中小城市的发展带来人力、资本和资源，为城乡融合发展做出贡献。

连接都市与乡村的县城是中西部农牧民实践城镇化的重要场域。“根据第五次和第六次全国人口普查资料，2000—2010 年，全国县域新增城镇人口有 39.6% 是由中部地区贡献的；其次是东部地区，占 37.8%；西部地区占 20.5%；而东北地区仅占 2.2%。这说明，中西部地区是推进县域城镇化的主战场。”[①]“在快速城

① 魏后凯等:《新型城镇化重塑城乡格局》，北京，社会科学文献出版社，2021。

镇化中，全国各个层面的城镇得到了迅速发展和扩张。”[①] 县城空间向郊区扩张，导致郊区农民的土地被征收，身份由农民变为市民。虽然在土地未征收前，非农收入就已经成为失地农民家庭的主要收入来源。但他们对土地仍保有依赖情结，认为失去土地，生活就缺少了最后一道保障，未来生活的不确定性和不稳定性增加。这与斯科特提出的小农“生存理性”是“规避风险”，维持生计安全而不是冒险增加收入的观点相同。

总之，在人口大流动和城镇化加速发展时代，农村人口实践城镇化的道路异质多元。那么，进城的农牧民如何解构与重组自身携带的乡土文化、传统文化、民族文化以更好地实现对城市经济、社会、文化和心理层面的融入？从熟人社会脱域，嵌入陌生社会的农牧民如何重组社会网络？进城的农牧民如何建构自我认同、社会认同与身份认同？对于因生态保护进城的农牧民、城镇扩张被动卷入城镇化潮流的失地农民，政府是如何从外部赋能，支持农牧民立足城镇？农牧民自身如何增能以适应城镇生活？地方政府如何将跨区域避险搬迁的移民重新凝聚为发展共同体，促进移民社区可持续发展？本书拟通过田野调查，结合相关理论研究，回应上述问题。

二、研究背景

城镇化是一个国家经济社会发展的动力和必然结果，同样是一个国家走向现代化的必经之路。现代化是对世界和人们生活方式的一种难以抑制、令人上瘾的“重塑”，是“现代生活方式”

① 贺雪峰：《宅基地、乡村振兴与城市化》，载《南京农业大学学报》（社会科学版），2021（4）。

的同义词。永久和持续的现代化是现代性的基本特征，这种生存方式使他有别于其他（传统主义）生存方式。[①] 工业化、城镇化、市场化和信息化的快速发展是当今世界的时代特征。城镇化的发展带来城镇在地域空间方面的不断扩张以及大量农村人口进入城镇的结果。农村人口进入城镇是多重因素综合驱动的结果，追求经济效益，追求更美好的生活、更快的自我发展是主要因素。除此之外，在城市扩张的进程中，居住在城市周边的农民被动卷入城市，通过“村转居”，成为城市市民。还有一些家庭为了让子女享受更优质的教育资源，举家搬迁至城镇。在西部地区还因为生态环境保护原因，政府将位于生态核心区的农牧民或部分或整体迁移至城镇。总之，农村人口进入城镇的原因是复杂多元的。只有使亿万“乡村人”转化为“都市人”，才能使中国在完全意义上实现现代化。因为所有的现代化都取决于人的现代化，而“乡村人”转化为“都市人”是塑造社会整体意义上的现代人群体的前提。[②] 改革开放以来，随着我国经济社会的发展以及限制城乡之间人口流动的户籍制度逐渐放松，每年有大量农牧业转移人口进入城镇。由于受传统二元体制结构影响，进入城镇的农牧民未能相应地转变为市民，而是产生了大量的“半农半工”的农民工群体。农民工为城市建设提供了廉价劳动力，为经济发展做出了贡献。但由于自身文化水平偏低，缺少技能，大量农民工只能就职于非正规劳动力部门，而且受体制制约，被排除在城市

① [英] 齐格蒙特·鲍曼著，郭楠译：《工作、消费主义和新穷人》，上海，上海社会科学院出版社，2021。

② 张鸿雁：《城市社会学理论与方法：历史与逻辑的本土化视角》，北京，中国社会科学出版社，2012。

社会保障体系之外，难以享受教育、医疗、就业、养老、住房等福利，因此，从经济、社会地位看，农民工处于城市社会的边缘。自改革开放至今，经过几十年的城乡人口流动，进入城市的农民工群体内部发生了分化，与老一代农民工相比，新生代农民工在坚持追求经济利益的前提下，对自身发展的期望更高，价值观念、行为方式、消费理念接近于市民，他们表达利益的诉求强烈，更加渴望融入城市，期盼取得市民地位，获得市民权利。但从现状来看，除少数农民工通过积累人力资本、社会资本、社会资源以及拓展社会关系网成为市民外，大部分农民工仍然处在城市的边缘，构成了中国城市新“贫困”阶层主体。尤其是跨省跨区域进入东部沿海发达地区和大城市的农民工，在高房价、高消费和高市民化成本之下，实现市民化目标困难重重。长期处于社会底层的农民工面对诸多社会排斥，容易产生不平衡心理，缺乏对城市的认同和归属感，因而不利于和谐社会建设，影响我国城镇化建设的质量。发展理论及国际经验表明，实现绝大多数农民工市民化是解决农民工问题的最终出路。[①]如何进一步提升农民工群体的经济收入，完善社会保障体系，保障农民工合法权益，让他们实现定居城镇，获得市民身份与市民权利是以人为本的新型城镇化建设需要解决的问题。

从区域看，农民工主要流向经济发达、能够提供较多就业机会的东部沿海地区及大城市。因此，目前关于市民化的研究主要集中在人口流入地区的农民工群体上。对于西部地区欠发达地区中小城市农牧业转移人口的市民化研究较少。从学界研究的现状

① 刘传江、程建林:《第二代农民工市民化：现状分析与进程测度》，载《人口研究》，2008（5）。

来看，农民工群体市民化是政治学、管理学、社会学、人口学、经济学等学科持续关注的主题之一，并产生了大量的研究成果。随着西部大开发、“一带一路”战略的实施以及西部城镇化建设的持续推进，西部地区城市经济发展态势良好，加速了西部地区人口流动。例如，2000 年、2005 年和 2010 年，少数民族流动人口规模分别为 706.8 万、978.4 万和 1522.9 万。年均净增人数从前五年的 54.5 万人提高到后五年的 108.9 万人，增速提高了一倍。此外，2005—2010 年，少数民族人口的流动参与率由 7.93% 提高到 13.60%，年均提高 1.134%。[①]2020 年，少数民族流动人口达 3371.30 万，占全国流动人口总量的 8.97%，占少数民族总人口的 26.90%。[②] 因此，西部地区中小城市、少数民族人口的市民化理应加强研究。

新型城镇化（2014—2020）提出实现 1 亿农业转移人口落户城镇；改造约 1 亿人居住的城镇棚户区和城中村；引导约 1 亿人在中西部地区就近城镇化。2020 年末全国常住人口城镇化率达到 63.89%，农业转移人口市民化成效显著，户籍制度改革取得历史性突破，1 亿农业转移人口和其他常住人口在城镇落户目标顺利实现。[③]《“十四五”新型城镇化实施方案》提出：“坚持把推进农业转移人口市民化作为新型城镇化的首要任务……提高农业转移人口市民化质量。推进以县城为重要载体的城镇化建设。顺

① 段成荣、刘涛、吕利丹：《当前我国人口流动形势及其影响研究》，载《山东社会科学》，2017（9）。

② 杨菊华、吴海平、卢逢佳：《少数民族流动人口的最新特征与变动趋势——基于全国人口普查数据的分析》，载《西北民族研究》，2022（6）。

③ 中华人民共和国国家发展和改革委员会：《“十四五”新型城镇化实施方案》，https://www.ndrc.gov.cn/xxgk/zcfb/tz/202207/P020220712357038234914.pdf。

应县城人口流动趋势，选择一批条件好的县城重点发展，因地制宜补齐短板弱项，增强综合承载能力，满足农民到县城就业安家需要。”[①] 那么，如何实现就地城镇化？国家在政策方面鼓励在城市学到技能、积累了一定资本和资源的农民工返乡创业，并大力振兴乡村，促进城乡有机融合，推动人力、资本、要素在城乡之间流动，加速了西部地区农村现代化、城镇化的快速发展。进入城市的农牧民，要想在城市立足扎根，就要主动地融入城市、认同城市文化、践行城市的生活方式。自发进入城镇工作和生活，拥有一定文化知识水平或技能的农牧民市民化意愿强烈，市民化的能力更高。对于因失地、生态环境保护而被动进入城市的农牧民，由于缺少在城市生活的技能和文化知识，身份转变面临诸多困境，市民化意愿不强烈。总之，农牧业转移人口在融入城市的进程中需要将自身所携带的传统文化、民族文化、乡土文化与城市现代文化进行解构、调适、重组与再建构，并在此基础上逐渐获得市民身份和市民权利，进而由农牧民转变为市民。那么，西部地区中小城市市民化的驱动力有哪些？在市民化的过程中政府采取哪些促进措施？微观的个体如何应对？农牧业转移人口如何从经济、社会、文化、心理层面融入城市？本书期望通过民族志式的调查，从人类学的视野解答这些问题，并在研究的过程中关注微观主体，论述进城农牧民因生活场域、职业与身份转变而带来的语言、宗教信仰、风俗习惯、价值理念变迁，以鲜活的人物故事叙述发生的社会变革，并从发展的语境下讨论个体如何转变生活方式、生计方式、价值理念，争取发展话语权，进而扎根城

① 中华人民共和国国家发展和改革委员会：《“十四五”新型城镇化实施方案》，https://www.ndrc.gov.cn/xxgk/zcfb/tz/202207/P020220712357038234914.pdf。

镇，共享现代城市文明。

三、研究意义

（一）理论意义

市民化是我国城市化发展过程中出现的重要现象。市民化是一种结果更是一种过程，表现为进入城镇的农村人口在经济收入、社会保障、权利地位、价值观念等方面逐渐与城市人口靠拢，通过政策保障、政府赋能与微观主体增能的实践路径，最终被城市接纳，实现融入城市。在西方，进入城市的农村人口相应地就转变市民。因此，西方没有关于市民化的直接理论。国内研究市民化的学者在坚持从我国实际出发的立场下，借用西方与市民化相关的理论来分析我国市民化的社会现象，如人口迁移、社会融合、城市发展理论，等等。目前关于市民化的研究，从研究对象看，农民工群体的市民化得到了多学科的持续关注，理论与实证研究日渐成熟。经过几十年的城乡人口流动，农民工群体内部发生分化。随着年龄的增大，第一代农民工逐渐退出城市，返回农村养老。新生代农民工成为劳动力市场的主力军，因个体成长的社会环境不同，人生经历不同，新生代农民工进城的目的、价值诉求、行为方式与老一代农民工不同，通过走什么实践路径推进新生代农民工市民化成为学界关注的重点。从研究地域看，现有研究主要是对大城市、特大城市以及人口流入区域的农民工群体市民化的探索。在我国城镇化快速发展的背景下，西部地区的城镇化建设也在如火如荼地进行，西部地区的大量农村人口，包括大量的少数民族人口进入城市追求更高的收入、更美好的生活，因此，西部地区欠发达城市、中小城市、少数民族市民化研究理应加强。除农民工群体市民化外，学界也关注失地农民的市民化。从研究学科看，经济学、社会学、人口学、政治学等学科是市民化研究的主阵地。农民工群体的经济地位（包括收入、消费、住房、就业）、社会保障、社会资本、社会网络、人力资本、政治权利等是多学科研究的切入点。

笔者以西部地区中小城市、进城的农牧业转移人口为研究对象，借鉴西方人口迁移、社会资本、社会融合、边际人等理论成果，从人类学的视野分析这一社会现象，坚持宏观政策梳理与微观个案民族志调查相结合，分析农牧业转移人口市民化原因、市民化困境与市民化路径。在具体的研究中，坚持考量共性与个性，除了人力资本、社会资本匮乏等农牧业转移人口所具有的共性外，从农村、牧区脱嵌的少数民族农牧民，再嵌入城市的过程中还因语言、宗教信仰、风俗习惯的不同，面临更多的困境。农牧业转移人口如何解构与再建构文化，积累有效资本，变“被动市民化”为“主动市民化”，实现更好地融入城市，更好地被城市接纳，本书对这些问题的解答一定程度上拓宽了市民化理论研究的范围。

（二）现实意义

首先，我国新型城镇化战略提出以人为本的发展理念，在城镇化建设的推进中，注重人的发展，满足人的诉求。新生代农牧业转移人口融入城市的意愿强烈，进入城市的目的不再满足于追求经济收入，而是希望留在城市或在城市学到知识和技能后返乡创业。如何优化社会环境，为返乡就业或创业的青年人才提供政策支持，实现城镇化可持续发展，考验地方政府治理能力。对于地处生态环境屏障区的甘肃，发展工业受到限制，坚持打民族文化牌，促进旅游产业高质量发展，带动地方就业是政府大力推行的发展路径。在大力发展旅游业中，甘南州注重文旅融合，将生态禀赋与人文天赋有机结合，坚持以文赋景、以情咏景、情景交融，把文化底蕴融入项目建设的全过程，把文化符号嵌入乡村旅游的各个领域，全面激活了涉及城市和乡村的各类资源潜力。研究欠发达中小城市依据区域资源禀赋、人文优势突破城镇发展困境，找到符合区域发展的路径，为其他欠发达中小城市就如何依托民族文化和资源优势解决发展问题提供借鉴。

其次，在发展的语境下思考农牧业转移人口市民化的主题。我国发展的不平衡性主要表现为东西部之间、城乡之间的发展差距，中西部地区发展落后于东部沿海地区，乡村落后于城市。加快中西部地区城镇化建设是推进中西部地区现代化，解决发展不平衡性的重要路径之一。在政府主导的被动型市民化中，地方政府与农牧民围绕资源、资本、利益如何解决？政府在推进地方经济的发展中，如何保障农牧民的权益？如何补偿被征地农民和生态移民？如何赋能于被动进城的农牧民，帮助进城农牧民实现就业？本书通过深入调查倾听各方声音，为政府推行的现行政策是否满足农牧民诉求提供参照。根据调研，部分农牧民的需求与政府提供的服务之间存在张力。农牧民认为自己是响应政府号召下山进城，为当地做出了贡献，理应得到补偿，保障他们的生活、维护他们的权益。这种思想容易形成等靠要的行为，一些农牧民缺少在城市谋生的技能，再加上文化水平不高，语言不通，通过自身努力很难在竞争激烈的劳动力市场找到工作。对于政府安排的建筑类工作，一些农牧民嫌太苦太累，不愿意干，导致他们失业在家，缺少稳定收入，生活质量下降，对生活充满怨言。因个体能力禀赋不同，导致生存的需求千差万异，如何对不同的诉求进行分类、整合，制定出兼顾各方利益的政策，需要坚持民族志的调查。本书在对微观个体深入调研的基础上提出的建议，能为相关部门政策制定提供某些借鉴。

四、研究思路

本书是关于农牧业转移人口市民化的探讨。市民化与城镇化发展密切相关。在新时代，西部地区城镇化发展面临哪些机遇？具体到甘肃，当地政府如何推进城镇化发展？笔者对西部地区城镇化建设相关政策、战略进行梳理，坚持在宏观政策背景下研究市民化问题。在市民化的过程中，农牧业转移人口如何提升经济水平、社会资本、政治权利，转变生计生活方式及价值理念实现融入城市，最终被城镇接纳是本书关注的重点。在具体的研究过程中：

首先，提出问题，明确需要研究的问题、拟解决的问题，围绕进城农牧民如何在城市的空间场域重塑新的社会关系网、建构新的社会认同、身份认同进而实现融入城市，以及农村人口进城之后对农村和城市社会产生的影响等问题进行论述。

其次，理论分析。通过文献梳理，确定研究的理论支撑，借鉴人口迁移理论、社会资本理论、人力资本理论、社会融合理论、边际人、“嵌入”与“脱嵌”以及“赋能”与“增能”等相关理论。除此之外，本书的主题与流动人口、城市民族理论密切相关，还要以这些理论为指导。理论分析方面，对市民化的内涵、市民化的影响因素、市民化的意愿与能力、市民化的路径以及少数民族农牧民市民化研究成果进行梳理和述评，掌握市民化研究的现状、重点以及还需要拓展的领域，确立研究对象、核心关键词等。

第三，实证调查。深入甘肃天祝县、H县以及兰州新区地质灾害避险移民安置点，以问卷调查和深度访谈的形式对这些地区的农牧业转移人口市民化进行民族志式的调查，研究这些地区市民化的原因、市民化困境与市民化路径。根据调研，甘肃存在生态移民型、陪读型、被征地型及养老型等多元化的市民化类型。不同类型的市民化原因、发展现状与路径不同。对于由政府主导推进的生态移民市民化、被征地农民市民化以及地质灾害避险移民市民化，关注的重点是政府如何“赋能”解决农牧民后续发展，农牧民自身如何“增能”，适应城镇生活空间、生活方式等问题。因为这种类型的市民化大都是整村推进，整个村子被搬迁至县城或村子的土地被征用，老年人也因此进了城，生计方式由农业、牧业变为“非农非牧”。老年人的市民化同样是本书关注的重点。相比年轻人，老年人生活习惯、思想观念已经固化，他们如何适应城市生活，面临什么困境，家庭关系、邻里关系如何，对生活有哪些期望等。笔者通过访谈进城老人，分析老年人在城镇化过程中所经历的语言、宗教信仰、生活习惯、心理情感等变化。通过鲜活的个案故事分析在社会发展的背景下，个体如何重塑自身与国家、社会之间关系。除此之外，本书关注 H 县唐卡学徒的市民化，研究他们如何通过传承民族文化，参与民族文化产业发展，实现个体市民化。

最后，解决问题。针对不同的市民化类型，提出对策建议，提出西部地区中小城市农牧业转移人口市民化的若干实践路径。

具体研究路径如下：

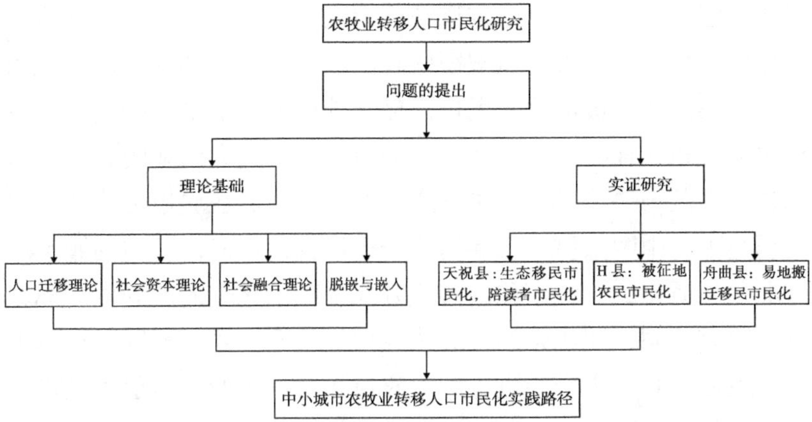

绪1　研究路径

五、研究方法

（一）理论分析与实证调查相结合

对市民化社会现象的系统研究需要理论的指引。具体会涉及到人口迁移、社会融合、人力资本以及社会资本等理论。市民化作为我国城镇化发展中出现的特有现象，引起不同学科的持续关注并产生了丰富的研究成果。市民化本身是多元复杂的社会问题，涉及人的发展、经济发展、社会发展、城市发展、宏观政策以及微观实践，等等，因而人口学、经济学、社会学、政治学、人类学等学科从不同的视野探讨市民化的某一个主题。在城市化的席卷之下，不同地区的农村、农民以不同的动因、方式、模式实践城市化。东部地区因城镇化、工业化水平高，当地农民以本地城镇化的形式实现了“非农化”，中西部地区的农民以涌向东部沿海大城市的方式走上异地城镇化的道路。在乡城人口迁移大军中，在城市生活而不能扎根城市的农民工群体是不同学科主要研究的对象。对于农民工群体市民化意愿、能力、权利与路径等主要问题的研究，学界以定量统计为主要方法进行分析。其他市民化的类型，如城市周边被征地农民市民化以具体的村落为案例进行个案研究。被征地农民市民化是外界力量推动下的突变，生产生活方式、社会关系以及身份的巨变，让失去土地的农民深陷困顿、迷茫与快速适应新生存空间的张力中。在城市化快速发展的语境下，中国农村正在经历着一场巨变，然而，各地的城市化并非是同质化的，城市化的实践方式呈现出显著的差异性。地域资源禀赋不同，现代化的发展路径自然不同。西部地区中小城镇的发展依靠政府主导推进，周边农村人口进入城镇以追求城市相对优质的教育、医疗和养老资源为主。因此，对于市民化的研究应坚持宏观大背景下的具体问题具体分析。已有的研究成果为本书提供了理论基础，为文章理论框架的搭建提供了思路，通过系统梳理已有研究成果，确立本研究的对象、重点和创新点。实证调查也即田野调查是人类学的基本方法，在关于市民化的研究中必须坚持从田野中发现问题、获取资料、解决问题，纯粹的理论建构难以产生实际意义。具体的实证调查中采用问卷调查和深入访谈的形式获得资料，对不同市民化类型之下的市民化路径开展民族志式的调查，通过观察他们在城镇的日常生活，来了解农牧业转移人口生活空间巨变带来的生产生活方式、消费结构、社会关系网、身份的变迁与再建构。以深度访谈的形式获取当事人对决策活动、行为和举动的解释，揭示那些社会活动背后的意义。[①]理论分析结合实证调查的目的在于回应文章提出的问题，并对呈现出的问题提出解决路径。

① [英]安东尼·吉登斯著，赵旭东等译：《社会学》(第4版)，北京，北京大学出版社，2003。

（二）定性与定量相结合分析

深入田野以深度访谈的形式获取与研究主题相关的资料，包括农牧业转移人口从农民、牧民转为市民的过程中，其生活方式、价值观念的转变，以及城市融入的现状，尤其对老年人的市民化侧重定性访谈，了解调研对象的心理、情感历程。在人口大流动时代，甘肃的农牧民同样不可避免地卷入社会流动的大潮中。打工已成为很多农村家庭首选的生计方式，正如秦洁在《重庆“棒棒”》中写到的一样，“如果不出去打工，别人会认为你无能，因为只有老弱病残的人才会留在农村”[①]。甘肃的农牧民在流动的共性之下出现了一些地方性特点，比如选择在甘肃合作市打工经商的不少人说，因为担心自己能力有限而放弃去大城市。H县的部分唐卡学徒也在访谈中表示不喜欢大城市、感觉不安全，担心自己无法适应大城市生活。另外，天祝县的生态移民，政府将他们安置在县城，但是户口并没有迁移，导致农牧民身份认同模糊，缺乏归属感。同样，H县的被征地农民，土地被征用，生计方式非农化，但是村子的管理方式、户口、社会保险等仍然按原来的方式进行，他们到底是农民还是“城里人”？对于这些个案，笔者通过定性的方法获取资料并进行阐释。农牧业转移人口市民化是我国城镇化进程中出现的社会现象，对一些相关指标的分析需要借助定量手段，进行相关统计。

（三）宏观分析与微观主体讨论相结合

市民化是我国城镇化发展进程中出现的特有产物。推动农

① 秦洁:《重庆“棒棒”：都市感知与乡土性》，北京，生活·读书·新知三联书店，2015。

牧民市民化需要综合考虑经济、资本、资源以及城市发展等因素。政府以“赋权”减少社会排斥、缩短社会距离，增强微观个体城市融入的能力。人们聚集到城市里来居住；他们之所以居留在城市里，是因为城市中可以生活得更好。现代的、多元的、时尚的、开放的城市是农牧业转移人口所向往的地方。因而，同样是为了追求更美好的生活更高的收入更多元化的发展前景，大量农村青壮年进入城市。城市就像一个万花筒包容各个阶层的人，不同的人怀揣着各自的理想在城市逐梦。虽然农村人口进入城市不再受制度性限制，他们可以在城乡之间自由往返，但是依附在户籍之上的社会保障制度未能彻底地变革。在城市，尤其是大城市，高昂的房价使农牧业转移人口难以通过购房实现定居城市，享受城市社会福利和市民权利。没有能力在城市扎根的农牧业转移人口只能将子女留在农村，忍受离散型家庭带来的痛苦以及子女缺少管教重复自己人生轨迹的悲苦。农牧业转移人口大多就业于劳动力市场中的非正式部门或岗位，就业不稳定、频繁地更换工作让他们缺乏职业认同，对未来缺少规划，看不到发展前景。没有稳定的住房和工作的农牧业转移人口自认为是城市的“过客”，漂而不定的他们回不去故乡也融不进城市。因为融入城市不彻底，农牧业转移人口难以割舍与农村的联系。加之农村土地流转制度不健全，不能为进城的农民提供资本，土地的荒芜也造成资源的浪费。如何为流动人口创造更好的条件，让城市更友好地接纳流动人口，需要政府在就业、居住、公共服务等方面推出新的政策保障；除此之外，需完善土地流转制度，促进城乡融合发展，让发展的成果惠及各阶层的人。在国家层面，针对农牧业转移人口权益保障的政策正在逐步完善，农牧业转移人口“异地城市化”，在特大城市之外的城市化得到了政策的支持。在实施乡村振兴战略的背景下，农牧业转移人口市民化的路径更加多元，不少农牧业转移人口以返乡创业实现就地市民化，推动了城乡之间人力、资本要素的互相支持与互相补充，政府需发挥城市、特别是中小城市对乡村的带动作用，推动建成“城乡互构”型社会。那么，在政策的宏观指引下，地方如何践行发展，微观主体如何应对大的社会发展趋势，解决这些问题，需要宏观分析与微观实证调查相结合。

（四）比较分析与归纳分析相结合

甘肃作为一个整体性区域，发展具有共性之处，然而各地资源禀赋、政策执行理念不同以及城镇化发展水平的差异性，导致城镇化推进的路径方式不同。笔者比较了不同县域之间城镇化的路径，探究了地域发展的独特性，再从个别到一般，总结了西部县域城镇化的总体特征、驱动力、现状与发展前景等。归纳法是人们认知世界的一种古老方法。除非通过归纳，否则要认识普遍是不可能的。“归纳法的重要性在于从个别或特殊的事物归纳出事物的普遍性或一般性，即由许多特殊事件的分析与比较而归纳为一般原理法则的方法。”[①] 本书田野研究的地点虽都处于甘肃，但因不同县域民族构成、地方文化以及经济发展水平不同，各地市民化的驱动因素不同、市民化的程度不同。笔者对不同类型的市民化进行了深入调查和分析之外，还进行了不同县域之间的横向比较，在关注个性的同时，思考甘肃共性发展之路，研究作为西部中小城市，如何促进城镇化建设与乡村振兴有机融合，实现

① 严家明：《社会研究法与社会调查》，载《社会科学战线》，1981（3）。

共同发展；在发展的过程中，国家、社会、地方政府与农牧民个体之间的关系如何协调，通过比较、归纳分析得出结论。

（五）案例研究法

案例研究法是微观个体市民化过程研究的重要手段之一。对于微观的社会研究，赵旭东提出“聚焦法”和“线索追溯法”两种路径。“聚焦法”，“关注的是某个场所或地点的人群生活”，研究的范围可以是某个村落、城镇、城市，等等。总之，人所活动的任何一个场所都可成为调查的单位。“线索追溯法”，“即循着含有时间性意义的线索不断地深入下去，追溯线索延伸出的行动轨迹及背后隐藏的深层意义。”① 笔者将研究对象聚焦在特定地点的特定群体之上，遵循“聚焦法”和“线索追溯法”的核心做法，通过定点深入的研究，揭示市民化群体背后的市民化故事。从农牧民到市民身份的成功转型是多种因素综合作用的结果，在宏观政策相同的背景之下，个体特征、人力资本、社会资本及人生际遇的不同会导致市民化的程度不同。通过个案分析，了解他们市民化的动机、市民化的影响因素以及对未来生活的期盼和对国家政策的期待等，为政府制定相关政策提供参考。

六、研究框架与主要内容

本书由八部分构成，首先是绪论，论述研究的背景、研究意义、研究思路、研究方法、主要内容、相关理论与文献综述等。

第一章交代研究的对象及田野概述。笔者以甘肃中小城市农

① 赵旭东：《文化转型人类学》，北京，中国人民大学出版社，2018。

牧民的市民化为研究对象，深入甘肃省天祝藏族自治县、H县以及兰州新区研究农牧民市民化的动因、市民化类型、市民化的现状与困境以及市民化的实践路径等。在天祝县，选取县城北新区“Z”和“L”两个安置小区，研究生态移民型市民化与陪读者市民化；在H县调研被征地农民市民化；在兰州新区调研从舟曲搬迁而来的地质灾害避险移民市民化。

第二章是关于生态移民的市民化研究。甘肃位于生态屏障区，生态战略区位重要，为减少对生态环境的人为影响，政府将位于生态核心区的农牧民整体搬迁，部分农牧民被安置在县城，从农牧区脱域嵌入城镇的农牧民，生活的空间场域、生计方式、社会关系网、身份发生巨变，缺少非农就业技能的农牧民生活在城市的边缘，产生了剥夺感和排斥感，角色意识模糊、自我身份认同迷失。城市作为一种生活方式，塑造进城个体与社会环境互动的行动实践，迫使农牧民逐渐改变传统的行为逻辑、价值理念，以“干中学”积累在城市生活的技能与知识，适应城市生活方式，再造与城市社会相适应的角色，建构新的社会关系网络。

第三章是对陪读者市民化的研究。政府将教育资源集中在城镇以加速城镇化进程，追求城镇优质教育资源是农牧民进城的主要诉求，因此，在西部地区城镇化中，教育发挥着重要作用。教育是缺少社会资本的农牧民家庭实现阶层向上流动的主要通道，不少家庭从孩子上幼儿园开始就将孩子转入县城，家庭成员相应地开始陪读生涯。受传统性别分工模式影响及出于家庭理性策略的选择，妇女和老人是陪读主体。陪读作为一种社会现象，有利也有弊，单从陪读者市民化的角度看，是一种高成本的城镇化实践路径。

第四章是关于H县被征地农民市民化的研究。H县地理空间狭小，在城镇化进程中，县城必然会向周边郊区扩张带来农民失地，农民群体被动卷入城镇化。H县政府机关向周边地区搬迁，导致农民失去土地。笔者以H县城周边的T村和G村为研究对象，研究两村土地流失的原因，失地对农民认知、价值观念及实践行动的影响。

第五章是关于舟曲地质灾害避险移民的市民化研究。舟曲避险搬迁是政府主导推进的政治性、民生性工程。移民能否适应、融入、扎根新环境考验着政府治理能力。迁移只是搬迁的第一步，移民社区可持续发展，移民最终摆脱贫困才是搬迁行动的根本目的。重点从移民社区空间再造、移民生计方式多元化、社会关系建构、民俗文化传承与变迁、情感认同与心理融入等层面分析移民的社会适应。第一代移民在消费方式、职业层面实现了市民化，经营生意的自雇者、自主创业者，在兰州新区工厂，建筑工地，蔬菜、鲜花基地务工的群体构成研究对象的主体。

第六章对中小城市农牧业转移人口市民化的实践路径提出若干思考，主要从坚持走城乡融合发展之路、解决本地市民化瓶颈、强化农牧业转移人口社会支持、变“被动市民化”为“主动市民化”以及充分发挥城镇对高质量发展的支撑作用等几个方面，讨论甘肃中小城市如何推进农牧民向市民的转变。

最后是结论与思考，政府在西部地区中小城市化中扮演主导角色。笔者所研究的生态移民型、陪读型、被征地型以及避险搬迁等几种市民化类型，都由政府主导推进，农牧民举家迁移至城镇。由于西部中小城市工商业发展滞后，更缺少吸纳劳动力的企业，大部分进城的农牧民在城镇难以充分就业，特别是进城的老人，是城镇新型的贫困群体、留守群体和边缘群体。为了让迁移家庭立足城市，家庭中的劳动力流向大城市务工经商，因此，西部中小城市的城镇化处于“半城镇化”的状态。同时，中小城市满足了难以在大城市实现市民化的农牧业转移人口的城镇化需求。在大城市积累了经济资本、人力资本和社会资本的农牧业转移人口，选择在本地县城买房，将老人和小孩从农村搬迁至县城，享受县城相对优质的教育、医疗、养老等资源，主要劳动力年老的时候也会返回县城，实现整个家庭扎根县城。

七、相关理论与文献综述

笔者对国内外与市民化主题相关的文献进行梳理和评述，总结相关理论的核心观点、社会影响以及对本书的借鉴指导。明确我国关于市民化研究的现状、重点及可拓展的领域，引出本书可能的学术价值。

（一）国内相关理论与文献综述

1. 市民化内涵

关于市民化的内涵，目前学术界还没有形成定论。在我国，市民化既是发展的过程也是结果。学者着重从“化”的过程定义市民化，将农牧民身份、职业、地域空间、价值观、生活方式的转变，逐步取得市民权利的过程作为评定市民化的核心要素。郑杭生（2013）从农民工城市性积累的角度定义市民化。强调市民化的意涵包括：“一方面农民在实现身份与职业转变之前接受现代城市文明的各种因子；另一方面在实现转变之后，发展出相应的能力来利用自身的市民权利，完全融入城市。”[①] 有研究从广义和狭义两个方面定义市民化，认为狭义的市民化是技术层面的，指农牧民获得市民身份和市民权利的过程，在城乡二元分割的我国，首要的即是农牧民取得所在城市的城市户口。广义的市民化是社会文化层面的，即拥有乡村文明的农民习得城市文明，认同城市生活方式（文军，2006；王桂新，2009；何晓红、蒋保国，2006）。陈文琼将农民市民化或城市化定义为“农民在社会互动过程中获得各类实现城市化的相关资源，并援引其所在社会结构的特定社会位置上被允许利用的资源，以实现城市化，改变自身社会角色和社会位置，从而与社会结构互构的行动”[②]。从市民化的不同定义看，市民化的最终结果是实现农牧民身份的转变，即由农牧民转为城市市民，身份的转型需制度保障和微观个体共同发力。宏观政策上，国家以改革户籍制度，完善社会保障体系等，为农牧民市民化“赋能”；从微观主体视角来看，农牧民作为市民化实践的主体，通过获取各类资源、转变社会角色、扩大社会网络、积累社会资本、提升人力资本等方式增强立足城市的能力。实现完全意义上的城市人，是农牧民“再社会化”的过程，在这一过程中，农牧民逐渐摈弃农村传统文明形塑的价值观，适应城市异质的、科层制的、市场利益驱动的生活方式。

农民工市民化过程分阶段推进，包括从农村退出、进入城市和城市融入等环节，这个过程不是单线演进的，现实中表现为农牧民在城乡之间循环往复渐进式推进（刘传江等，2006；王竹林、王征兵，2008）。除少部分人成功实现转型外，大部分农民工的

① 谢建社：《新生代农民工融入城镇问题研究》，北京，人民出版社，2011。

② 陈文琼：《半城市化：农民进城策略研究》，北京，社会科学文献出版社，2018。

市民化处于“农民工农民化”“农民工内卷化”等中断、失败或停滞不前的状况（王兴周、张文宏，2008）。

2. 市民化影响因素研究

微观主体方面，人力资本（健康、受教育程度、年龄、语言、技能）、社会资本、认知水平（包括对城市价值观的认同）以及健康状况是决定农牧民能否进城以及在城市立足的前提。平等、充分地享受流入地医疗保险及健康层面的社会保障和社会权益能显著影响农民工市民化意愿（喻开志、屈毅、徐志向，2020）。农牧业转移人口是多元异质化的群体，在主动和被动两大市民化类型之下又因年龄、职业、身份、社会融入程度分为不同群体，不同群体的市民化意愿差异明显。王桂新等（2009）以上海市为例，研究发现农民工市民化意愿受个体因素与区域环境因素等多因素综合影响。社会制度方面，户籍制度以及与户籍挂钩的福利、利益与资源配置被认为是造成“城乡二元结构”，阻碍农民工从农民直接转变为市民的最主要的障碍因素（李培林，2003；刘传江，2004；黄祖辉，2004；赵立新，2006；王桂新等，2008）。熊易寒（2019）认为，户籍制度将个人的权利资格严格限定在特定区域。这不仅对流动人口不公平，也降低了人力资源的配置效率。[①] 袁潇（2019），“农民工与城市居民间的差异，其本质在于城乡二元体制，这种差异体现在职业机会、居住空间、消费空间等社会生活的各个层面，进而多维度、全方位地把

① 熊易寒：《移民政治：当代中国的城市化道路与群体命运》，上海，复旦大学出版社，2019。

农民工的社会生存空间从城市中隔离开来。”[①] 也有学者认为我国城乡二元结构为进城失败的农民提供了生活保障，在城市无法立足的农民工可返回农村继续经营农业，解决吃饭问题，从而维持了社会的稳定，避免了因农民工失业带来的社会动荡（贺雪峰，2014）。目前我国中小城市已完全放开落户条件限制，农民是否落户城镇，是基于现实利益权衡的理性考虑以及可行性的综合评估之上。农民工的终结不是简单的政策问题。从农村人向城市人转变，农村文明向城市文明转型的过程艰难而漫长。[②] 除此之外，有研究发现区位特征同样会对农民工市民化产生影响，距离城镇越近，受城镇文明辐射越明显，其市民化意愿越强烈。

3. 市民化意愿与能力研究

农民工市民化意愿的影响因素是多元异质的，深层的原因是农民工基于个体、家庭、制度环境作出的生存策略的选择，是规避风险的理性行为。从流入地看，农民工流入城市的规模、公共服务的可及性、社会保障体系的覆盖面、制度环境、户籍制度等影响农民工留居城市的意愿；从流出农村看，土地流转制度、确权制度，国家对“三农”的大力扶持影响农民工选择城乡两栖生活还是返乡创业等；除此之外，个体在城市的就业、居住、家庭结构以及认知等影响农民工的去与留。叶俊焘、钱文荣对浙江省不同城市规模 1205 名农民工实证调研得出，大城市农民工市民化意愿的形成更关注经济收益[③]，农民工在经济因素驱动下进入

① 袁潇：《数字边际人：新生代农民工的手机使用和社会认同》，北京，社会科学文献出版社，2019。

② 张文宏：《城市性：农民工市民化的新方向》，载《社会科学战线》，2008（12）。

③ 叶俊焘、钱文荣：《不同规模城市农民工市民化意愿及新型城镇化的路径选择》，载《浙江社会科学》，2016（5）。

大城市，但是大部分人在竞争激烈、生活成本高的大城市难以扎根，只有具备人力资本和社会资本的少部分农民工最终成为市民。在市民化的指标中，住房是成本最高也是最重要的组成部分，农民工是否有能力或意愿购房显著影响其留居行为。崔宝玉、霍梦婷（2019），考察了流动特征和政府服务对农业转移人口市民化意愿的影响，研究发现，政府为农业转移人口提供廉租房或公租房等保障性住房、缴纳住房公积金能够显著正向影响农业转移人口定居和落户意愿。社区是流动人口在城市落脚和活动的空间，流动人口主要居住在公共资源供给水平差的边缘、低端社区，与资源集聚的高端社区在空间上相区隔，产生空间社会分层，造成流动人口在社会环境上被剥夺的现象，导致流动人口缺乏城市认同（王兴中、王立、谢利娟等，2008；田莉、王博祎、欧阳伟等，2017）。“社区治理水平是影响非户籍人口市民化意愿的社区软性力量。”[①] 农民工对土地的情感复杂矛盾，一方面农业不再是家庭收入的主要来源，农民工将土地抛荒进城务工；另一方面农民工对土地保有难舍的依恋情结，不愿意彻底脱离农村与土地，导致土地资源难以有效整合和规模化、机械化生产，造成资源浪费，同样不利于农民工市民化。如何平衡土地与农民工之间的关系是推进农民工市民化、实现乡村振兴的重要抓手。农地承包、土地流转、集体累计权益享受等土地制度的改革，能盘活农村“沉睡资本”，提升农民工承担市民化社会成本的能力。[②]

① 王凯、李凯、杨胜慧：《基于非户籍人口市民化意愿的社区公共空间营造研究——来自国家级新区 181 个社区的调查》，载《中国人民大学学报》，2020（2）。

② 张国胜、陈瑛：《我国农民工市民化——基于政治经济学的分析框架》，载《经济学家》，2013（1）。

李勇辉、刘南南、李小琴研究发现，土地以出租、入股、合作及抵押贷款等方式的流转不仅能减弱农民工与土地、农业、农村的联系，还能通过土地资本化实现农民工携带资本进城，增强市民化能力。① 随着乡村振兴战略的大力实施、文化资本下乡以及信息资本的嵌入等，农村具备良好的创业环境，在城市积累了一定人力资本、社会资本的农村中青年选择返乡创业，实现就地市民化，他们居住在本地中小城市，在农村创业，广泛参与农村农业和非农生产，在城镇—乡村之间流动，被称为“小镇返乡青年”（王成龙、武晓伟，2019）、“农村中坚青年”（夏柱智，2019）。在互联网媒介迅速传播的背景下，小镇青年以拍摄、记录乡土味浓厚的短视频再现乡土社会文化价值，抒发乡土情怀，在乡村“在场”中重新寻找自我归属、自我实现。他们认为与其在陌生的大城市流动、脱域或遭受城市的隐性排斥，不如回归乡村更能成就精彩人生。吕德文认为，在城乡融合发展时代，“‘小镇青年’的出现或许预示着一个更高质量的城乡关系时代的到来，小城市或小城镇将城与乡有效地衔接起来。”② 作为经济理性人，农民工的留居意愿是基于自身能力做出的理性决定。苏群、李潇研究得出，生存能力和发展能力对农民工市民化意愿能产生显著正向影响。③ 在城市闯荡时间的长短、人生际遇以及自身能力禀赋的不同，使农民工群体内部在经济收入、职业声望和社会地位等方面发生了分层分化，少部分积累创业资本的农民工成为自雇

① 李勇辉、刘南南、李小琴：《农地流转、住房选择与农民工市民化意愿》，载《经济地理》，2019（11）。

② 吕德文：《“小镇青年”折射城市化另一面》，载《环球时报》，2018-11-22（014）。

③ 苏群、李潇：《农民工市民化能力对定居意愿的影响及群体差异——基于中国劳动力动态调查数据的分析》，载《湖南农业大学学报》（社会科学版），2019（5）。

者，大部分农民工仍然处在城市边缘受雇于他人，能力分化导致市民化意愿不同。孙迪、崔宝玉、霍梦婷以长三角、珠三角和京津冀三大城市群48个不同规模城市农业转移人口为研究样本，结果发现，在超大、特大城市和中小城市自雇和受雇型农业转移人口的市民化意愿和能力不同。

城市与农村是两种完全不同的社会形态。城市是现代文明、科技成果、知识人才等聚集的场所。在流动异质的城市中，个体以原子化的形态镶嵌在科层制的社会结构中，在社会形塑中追求生存价值。从农村进入城市的农民工以再社会化的历程逐渐适应城市的生活方式，以提升人力资本、社会资本与心理资本，再造在城市社会生存的能力。农牧业转移人口身份的转变受宏观政策因素与个体能动因素的双重影响。从政策制度看，政府以户籍制度改革、完善社会保障体系、改善流动人口住房条件、鼓励农牧业转移人口返乡创业等“赋权”与“增能”的方式日渐完善农牧业转移人口市民化的社会支持政策，去除制约农牧业转移人口市民化的制度藩篱。在这样的背景下，农民向市民转变的主要障碍成为农牧业转移人口是否具备市民化能力的考验。农牧业转移人口市民化能力是指农民工在城市生存和发展所必须具备的能力（刘同山等，2013；丁静，2014）。个体发展目标与家庭密切相关，有研究将农牧业转移人口市民化的能力分为个体的市民化能力和家庭的市民化能力两类（刘同山等，2013）。市民化的能力既与个体禀赋有关，还与家庭结构、家庭中劳动力数量、需要供养的成员数量密切相关。测量农牧业转移人口能力的指标是多维和多元的，主要包括与生存和发展相关的经济适应能力、文化心理能力、政治参与和利益诉求表达能力等（张笑秋，2016；竹林，2016）。经济能力是影响农牧业转移人口立足城市的基础性、决定性因素，指农牧业转移人口具备在市场竞争中实现稳定就业，挣得维持个体或家庭运转的工资收入能力等。在城市生活消费远高于农村，没有资金收入在城市寸步难行。因此，农牧业转移人口进入城市，首要的是尽快找到与自己能力相匹配的工作。成长于信息技术快速发展的新生代农牧业转移人口具备依靠手机等通讯手段在网络上搜寻工作的能力。在工作中，他们学到新的技能、知识，结交了更多的同事、朋友，业缘异质网络的拓展增强了其获取外界资源和信息的能力。经济能力的积累，提高了农牧业转移人口参与城市文化建设的自信心，他们更乐于接受新奇、先进的东西，视野更加开阔，思维更加活跃。文化心理能力，指农牧业转移人口在思想和行动上实践城市社会的主流文化价值观，在心理上融进城市社会。农牧业转移人口在城市长期生活和工作的过程是逐渐“去农化”与积累“城市性”的过程。随着在城市时间的增长，他们逐渐认同丰富多彩、高效便捷的城市生活，对单调、辛苦的农村生活产生排斥，农村不再是他们最终的归宿和依靠，他们希望扎根城市，成为市民。政治参与能力，农牧业转移人口以原子化或集体的形式嵌入在社区，社区是他们进入城市的主要活动空间，为了增强社会融入感，减少客居、漂泊感，他们以主人翁的姿态参与社区活动。除此之外，农牧业转移人口的维权意识随着人力资本的提升而增强，他们通过网络、书籍、电视等了解如果自身权利遭到剥夺、贬低时如何维权以及维权程序，通过争取正当权益提升政治地位，争取发展话语权。研究发现，作为人力资本重要组成部分的非认知能力对于农牧业转移人口市民化能力的提升具有显著的正向作用，原因在于非认知能力具有社区融入、就业稳定和心理资本的效应。非认知能力强的农牧业转移人口有更强的社交能力，更能适应新环境，更能坚持不懈，对待生活更加自信、乐观和向上。因此，政府在开展技能培训时应关注提升农牧业转移人口的非认知能力。[①]

4. 市民化成本测算及指标体系

市民化过程是公共服务均等化的过程（谢建社，2015），即农业转移人口与城市居民享受同等的公共服务，主要包括教育培训、医疗卫生服务、就业、住房、养老、基础设施等。农业转移人口进入城市无疑会挤占城市的公共资源，建立并完善覆盖数量庞大的农业转移人口社会保障体系及公共服务供给体系需承担高昂的经济成本、社会成本。我国不同地区、不同规模的城市经济发展水平、消费需求存在显著差异，因而不同区域所承担的市民化成本与风险不同。总体上说，农业转移人口市民化程度与当地经济发展水平呈正相关的关系。学界对市民化进程、成本的测算同样以不同地区的省份、不同规模的城市为例。周春山、杨高建立了农业转移人口市民化成本—收益计算模型，对广东省不同级别城市的市民化成本进行测算，得出广东省农业转移人口市民化成本为 93523 元，各市因经济发展水平不同，市民化人均成本呈现出较大的空间差异性。农牧业转移人口进入城市为城市建设、拉动消费、经济发展做出了贡献，产生了经济收益。周春山、杨高测算出广东省农业转移人口市民化人均收益为 31242 元，达到成本—收益平衡需要 5.5 年。[②]魏丽莉从公共成本和个人成本两个方面测算城市和农村发展均落后的甘肃市民化成本，认为甘肃市

① 刘传江、龙颖桢、付明辉：《非认知能力对农民工市民化能力的影响研究》，载《西北人口》，2020（2）。

② 周春山、杨高：《广东省农业转移人口市民化成本——收益预测及分担机制研究》，载《南方人口》，2015（5）。

民化年人均总成本为85499.4元。① 除了对不同省份城市的市民化成本进行测算外，学者对一些大城市，特别是超大城市市民化成本构建指标进行测算。大城市流动人口集聚，数量多、基数大，房价、生活成本高昂，需要政府投入的市民化公共成本更高。葛乃旭等认为，上海市每增加一个农民工，实现市民化的成本约为63.88万元。② 因此，特大城市市民化的成本远高于其他城市，制约市民化的主要因素之一是巨大的公共财政压力。农牧业转移人口市民化成本是动态变化的，物价尤其是房价的迅速增长，增加了居住成本。房价远远地超出了农牧业转移人口所能承受的能力范围，地方政府建设的保障性住房难以覆盖所有的农牧业转移人口，导致农牧业转移人口在城市没有稳定的居所，只能在乡村和城市之间迁徙流动。程名望测算出上海市市民化成本2006年为204.97亿元，2016年增至1231.68亿元（程名望、何洋，2019）。李永乐、代安源测算了南京市2005—2014年市民化成本，得出2014年的成本是2005的2.89倍。因区域经济发展水平、地方政府治理水平与能力不同以及测算时间、方法的不同，市民化成本测算表现出巨大的区域差异性。唯一的相同之处乃是高额的经济成本，面对财政压力，需建构政府、市场、企业、个人多元成本分担机制（谢建社，2015；周春山，2015；姚毅、明亮，2015）。

5. 新生代农牧业转移人口市民化研究

王春光（2001）、刘传江（2005）等相继提出“新生代农民

① 魏丽莉：《双重滞后型区域农业转移人口市民化成本测算及分担机制研究——以甘肃为例》，载《中南民族大学学报》（人文社会科学版），2016（4）。

② 葛乃旭、符宁、陈静：《特大城市农民工市民化成本测算与政策建议》，载《经济纵横》，2017（3）。

工”“第二代农民工”概念，2010年中央一号文件则使“新生代农民工”成为官方提法。[①] 随着年龄的增长，老一代农民工逐渐退出劳动力市场，新生代农民工成为主力军。因生活的社会环境、时代背景、成长经历、学校教育、家庭条件和工作体验等不同，与老一代农民工相比，新生代农民工追求时尚、个性、多元的生活方式，他们融入城市的愿望更强烈，对自身有更高的期望，价值取向独特与多元并存，利益诉求强烈。[②] 刘传江、程建林构建了农民工市民化进程测算指标体系，数据显示，第二代农民工处于中市民化阶段。与第一代农民工相比，第二代农民工有较强的市民化意愿和能力，但在宏观制度制约、缺乏社会保障的现实条件下，其市民化的道路任重道远。需要完善户籍、就业在内的社会保障制度，为第二代农民工市民化创造政策环境。[③] 新生代农民工因务农本领的缺失与“乡土认同”的减弱，对农村没有感情，不可能将土地作为最后的退路或“社会保障”。他们又因城乡二元结构的制约，难以享受到城市社会保障体系等不能扎根于城市，处于“城乡双重边缘化”，是真正的“失根群体”。黄斌欢认为，成长过程中的留守经历，使新生代农民工对家庭、对乡村缺乏认同，处于乡村“脱根”状态；他们虽然向往城市生活，但因城市提供的就业机会和生活空间没有多大的改善而频繁地更换工作岗位与生活的城市，对城市社会和工厂表现出不适应，处于“脱嵌”的状态。“双重脱嵌”下的农民工处于持续不

① 董延芳、刘传江、胡铭：《新生代农民工市民化与城镇化发展》，载《人口研究》，2011（1）。

② 王春光：《中国社会政策调整与农民工城市融入》，载《探索与争鸣》，2011（5）。

③ 刘传江、程建林：《第二代农民工市民化：现状分析与进程测度》，载《人口研究》，2008（5）。

断地流动和漂泊状态中。[①]赵巍认为，成长过程中的留守经历、农村教育体系的衰落以及城市阶层固化等现实社会中的结构性障碍导致新生代农民工在成长过程中遭遇系列的社会化失败，从而形成“双重脱嵌”的处境和“双重边缘人”认同。[②]新生代农民工“双重边缘”的处境将其带入身份认知的困境中，这种认同困境是在“过去”基于历史性记忆的乡土文化与“现在”基于共时性记忆的城市文化的基础上建构起来的，记忆的解构与重组中，对乡土认同变得弱化，对城市的认同模糊不确定。[③]

新生代农民工市民化的意愿受宏观制度与个体微观能力不足等多重因素制约。宏观制度方面，包括传统二元户籍制度隐性或显性的影响以及与户籍制度相挂钩的社会保障制度将农民工群体排斥在外，等等。微观方面，人力资本、社会资本、心理资本等仍然是影响新生代农民工的重要因素。陈延秋、金晓彤，基于全国范围内新生代农民工市民化的调查数据，从人力资本、社会资本和心理资本三个维度分析新生代农民工市民化现状及影响因素。研究发现，人力资本中，是否参加过培训、培训次数、拥有的技能数以及技术等级四个变量对新生代农民工市民化意愿有显著的影响。社会资本中，外地同学亲戚数和参加社会活动的数量对新生代农民工市民化意愿有显著影响。心理资本中，城市归属感、本地人态度、对城市同龄人看法三个变量对新生代农民工市

① 黄斌欢：《双重脱嵌与新生代农民工的阶级形成》，载《社会学研究》，2014（2）。

② 赵巍：《从留守儿童到三和青年——新生代农民工的社会化与自我认同》，载《求索》，2021（3）。

③ 胡晓红：《社会记忆中的新生代农民工自我身份认同困境：以S村若干新生代农民工为例》，载《中国青年研究》，2008（9）。

民化意愿有显著影响。[①] 新生代农民工市民化水平表现出“强意愿、弱能力”，市民化意愿与能力之间存在张力。在城市融入方面，新生代农民工渴望融入城市，但在自身能力不足和社会制度制约下，难以扎根城市。孙文中从生命历程的视角对比研究两代农民工的城市融入，得出农民工的城市融入程度低。新生代农民工对城市有较高的认同，但由于发展趋向与机会结构间存在很大的张力，在一系列社会结构因素和经济压力下被动放弃融入城市。[②] 袁潇认为，新生代农民工的城市认同感较高，拥有较为强烈的融入城市的愿望与预期。但社会偏见、经济收入、工作环境等原因导致他们融入城市有一定的难度，在农村和城市都很难找到归宿，出现“内卷化”的认同倾向。[③] 除此之外，有学者结合新生代农民工所处的时代背景，分析成长于逐渐膨胀的消费文化和网络信息化时代的新生代农民工城市融入问题。新生代农民工处在我国信息技术高速发展的时期，手机、互联网等新技术媒介在他们的日常生活和工作中发挥着重要作用。新生代农民工依靠新技术维系和建构社会交往，获得情感支持；娱乐消遣，学习新事物、开阔眼界，寻找就业机会、加强业务交流等（何晶，2014）。

6. 市民化路径研究

在城市化的快速发展中，农牧民以不同需求、个体化的追

① 陈延秋、金晓彤：《新生代农民工市民化意愿影响因素的实证研究：基于人力资本、社会资本和心理资本的考察》，载《西北人口》，2014（4）。

② 孙文中：《殊途同归：两代农民工城市融入的比较——基于生命历程的视角》，载《中国农业大学学报》（社会科学版），2015（6）。

③ 袁潇：《数字边际人：新生代农民工的手机使用和社会认同》，北京，社会科学文献出版社，2019。

求、差异性的意愿进入城市。应根据农牧业转移人口的意愿和需求推行不同的市民化路径，防止城市中心主义的“被市民化”（江立华、谷玉良，2013）。有学者以共生、共享的理论探讨了共生进化价值观、共享发展理念对于推进农业转移人口市民化的实践引领作用及行动路径。[①] 共享社会应打破社会阶层固化，实现公共资源公平配置，让农村流动人口共享发展成果（郑志来，2016）。农业转移人口与市民是同一共生系统的共生单元，然而因经济、制度、历史等原因农业转移人口处于共生系统中的劣势地位，学者提出以户籍制度变革、城市地方政府转变理念，实践共生理论，发挥公共政策的主导建构功能，提升农业转移人口可行性能力等路径改变农业转移人口与市民不对等的共生地位，实现共生系统从低级到高级进化，达到对称性互惠共生关系。[②] 市民化主体数量庞大，并包含许多亚群体，如被征地农民市民化群体、新生代农牧业转移人口以及返乡创业者市民化群体，等等。基于个体诉求之上的市民化路径选择表现出差异性和多样性。失地农民以被动的方式卷入城镇化潮流，价值观、思想认同滞后于户籍身份的转变。失地农民对城镇缺乏归属感和认同感（严蓓蓓、杨嵘均，2013）。邓智平、刘小敏研究指出，被征地农民的心理认同、政策安排并没有发生根本转变，总体上处于“非农非工”的“半市民化”状态，通过增强被征地农民的就业能力，加快推进社区公共服务均等化推动被征地农民走出市民化陷

① 姚德超：《农业转移人口市民化的共生逻辑：价值、机理与路径》，载《青海社会科学》，2020（6）。

② 姚德超：《农业转移人口市民化的共生逻辑：价值、机理与路径》，载《青海社会科学》，2020（6）。

阱。[①] 陈浩、葛亚赛基于可行能力理论以及对苏南地区的实证调查发现，被征地农民市民化能力不高，制约市民化的突出瓶颈为经济能力和发展能力低下，征地补偿、人力资本、公共服务、社区支持对提升失地农民市民化能力有显著的正向作用。[②] 实施新型城镇化战略，是缩小城乡差距，实现城乡融合发展的关键性手段。在以人为本的新型城镇化战略中，根据农业转移人口的群体意愿、能力分类推进市民化，在消除农业转移人口市民化的制度壁垒，引导农业转移人口在大城市实现"异地市民化"的同时，为在城市积累了一定资本、技能、经验、社会网络的返乡创业人员提供政策支持。罗竖元对湖南、安徽和贵州三省农民工意愿模式实证调查发现，返回当地中小城市实现"就地市民化"已逐渐成为农民工的主要选择。[③] 农民工就近转移就业，对于促进乡村振兴，促进地方经济发展，缓解家庭分离的留守之痛等方面具有重要的意义。就地市民化模式能够降低农业转移人口市民化的居住和生活成本，规避属地化管理模式带来的制度障碍，解决家庭团圆、子女教育和乡土情结等问题。[④] 另外，就地就近就业能有效促进农民工市民化，因为大城市房价、消费太高，农民工实现定居大城市的成本太高，困难太大。除此之外，就地就近就业能缓解大城市人口密度过大等城市病。乡村振兴战略的大力实施，

① 邓智平、刘小敏：《村改居社区原村民的半市民化问题研究》，载《南方人口》，2019（2）。

② 陈浩、葛亚赛：《基于可行能力的失地农民市民化测度及其影响因素研究》，载《华中农业大学学报》（社会科学版），2016（6）。

③ 罗竖元：《农民工市民化意愿的模式选择：基于返乡创业的分析视角》，载《南京农业大学学报》（社会科学版），2017（2）。

④ 何鹏杨、龚岳、李贵才：《基于空间视角的农业转移人口市民化文献综述》，载《农业经济》，2021（1）。

为乡村非农化发展带来了契机。刘小敏、黎明泽提出了“原地市民化”，即农民居住和生活在农村，职业和就业、生活与消费方式、角色认知与心理认同已经市民化或城镇化，基于对长三角和珠三角发达地区 15 个非农化乡村的调查，他们发现这些地区的乡村已经隐显“原地市民化”的曙光，正逐渐走向“乡村市民型村落”。①

7. 新型城镇化背景下的市民化研究

新型城镇化是人的城镇化，包括要重视流动人口和农民工的市民化和社会融合，将满足人民的福利、提升人民生活的幸福度作为追求目标，重视提升人的发展能力等（任远，2014）。衡量一个国家或民族的进步不仅是依据国家生产总值和人均收入，发展也要求有高度成熟的政治水平，大众教育的成就以及艺术、建筑、交通的发达和闲暇生活的丰富。当然，发展的根本是实现人的现代化。②我国提出新型城镇化战略就是要解决人的现代化，促进乡村社会转型，重塑城乡关系，解决区域发展不平衡问题。农民工市民化是“虚”的城镇化、“半城市化”向“实”的城镇化和完全城市化转变的关键（丁百仁，2020）。但在实践中，城镇化的经济驱动型特征与农民工市民化的经济给予型需要错位，国家推进人口城镇化的“强意志”与地方政府的“弱反应”错位，城市不平衡发展现实与农民工市民化意愿错位，最终使得农

① 刘小敏、黎明泽：《“原地市民化”：乡村振兴背景下中国农民市民化的新路向——基于发达地区 15 个非农化乡村的调查》，载《学术研究》，2019（9）。

② [美]阿列克斯·英克斯（Inkeles，Alex）、戴维·H·史密斯（Smith，DavidH.）著，顾昕译：《从传统人到现代人——六个发展中国家中的个人变化》，北京，中国人民大学出版社，1992。

民工市民化与城镇化进程形成差距。① 农民工与城市在市民化的互动中处于非均衡状态。农民工的意愿、能力与城市的接纳和容量不相匹配。城市因资源垄断，对农民工在落户、就业上方面存在利益排斥（刘小年，2018）。面对农牧民市民化需求与现实不能满足之间的张力，需要与时代同步走城乡融合发展之路，促进城乡之间互动和文化交流，提升农民整体素质，统筹城乡两个市场，为市民化的推进寻找出路。

8. 少数民族市民化研究

城市的历史是自由的历史，城市是权利共生的城市。城市的扩张进程吸纳了更多的移民与族群。城市以极大的包容性容纳异质多元的族群共有、共治、共享城市。② 在城市的拉力和乡村的推力下，少数民族青壮年进入城市谋求生计。地处西部地区、携带族群文化的少数民族进入城市面临地域、经济、文化、社会融入难题。在城市治理中要保障各族群众共享城市发展带来的权利生长，打破阻碍少数民族融入城市的制度壁垒。国家在全国城市民族工作会议上强调，"让城市更好地接纳少数民族、让少数民族更好地融入城市"。少数民族流动人口与市民化是密切相关的主题，可以视为原因→进程→结果的关系。学界对少数民族流动人口的城市融入现状、困境进行了实证研究。少数民族城市适应面临从事的职业单一、非正规化，社会交往（认同）内卷化，身份认同模糊，文化适应能力弱以及城市居民对少数民族流动人口

① 张红霞、汪立华：《农民工市民化与城镇化进程的共生与错位》，载《华南农业大学学报》（社会科学版），2019（1）。

② 姚尚建：《城市权利：公共治理的历史演进与角色回归》，北京，北京大学出版社，2019。

存在偏见等困境（马冬梅、李吉和，2013；胡兆义，2018）。促进少数民族流动人口城市融入，让城市更好地接纳与包容少数民族流动人口，学者提出发展族裔特色经济（汤夺先，2019）、构建社会支持网络（马伟华，2018）等实践路径。加强对城市少数民族流动人口管理，保障少数民族合法权益是城市民族工作治理的要求。随着少数民族主体权利意识的增强，享有与城市居民平等权利诉求逐渐增强。朱军考察了8个城市少数民族流动人口市民权益保障的情况，得出少数民族流动人口的住房、子女教育、社会与政治参与权、户籍身份的保障都存在较大的提升空间[①]。针对少数民族市民化进程中城市融入困境，结合少数民族独特文化提出市民化的实践路径是目前研究的关注点。

青觉认为少数民族流动人口市民化包括两个层面，即意愿上的市民化和结果上的市民化。他指出市民化是少数民族流动人口治理的根本，应坚持中国实际，遵循"农民→牧民→农民工→新市民→市民"的市民化路径。[②]顿珠罗布、孙自保（2019），对西藏新生代农民工的特征和生活现状进行了实证调研，调查发现藏族新生代农民工具有受教育水平低、家庭外出人数较多、外出务工的原因开始注重自我发展等特征；在生活现状方面存在农民工流动性较大、居住条件差、社会交往内卷化等困境。[③]倪超军、李兴中、刘星宇调查了新疆少数民族农民工城市体验以及社会融

① 朱军：《新型城镇化中少数民族市民权益保障研究》，载《湖北民族大学学报》（哲学社会科学版），2020（3）。

② 青觉：《城市少数民族流动人口市民化研究》，载《中南民族大学学报》（人文社会科学版），2017（1）。

③ 顿珠罗布、孙自保：《新生代农民工的特征与生活状况调查：基于西藏4407分调查问卷》，载《高原农业》，2019（1）。

合对市民化意愿的影响，得出少数民族对生活越满意、遭遇的城市偏见越小、迁入到城市的亲戚越多，其市民化的意愿就越强。① 陈秋燕等以综合量化与质性研究方法，对新型城镇化背景下西部民族地区青少年进城动机、方式和进城后的生活质量进行实证研究，研究发现，西部民族地区青少年以学习知识和技能为目的主动进入城市，对城市生活满意度高，认同城市文明，渴望扎根城市的意愿强烈。但因相关制度以及自身各项资本匮乏限制，实现市民化面临种种困境，提出从西部小城镇经济发展道路创新、城市制度创新和人力资本提升三个方面破解农村青少年市民化困境。② 张俊明的博士论文以宁夏银河苑小区移民群体为研究对象，探讨政府推进的"市民化"。与农牧民自发进入城市不同的是，政府主导的市民化在一定程度上提供了住房、就业、教育等保障。移民群体市民化的关键在于如何转变身份、改变传统的生活方式及价值观念、宗教生活等实现与城市文明的接轨。不难发现，移民群体自身携带的乡土文化、民族文化与城市多元、现代文明之间难免存在冲突。市民化是一个长期的过程，同样，移民群体市民身份的获得是长期调适的结果。③

对于少数民族城市融入，研究者注意到了民族身份与独特民族文化的促进与障碍。程芳认为，少数民族新生代农民工拥有"城市的""新生代""民族的"的"三元身份"。这个"三元身份"使得他们强烈向往城市，但又在宗教信仰、语言、生活习

① 倪超军、李兴中、刘星宇:《城市体验、社会融入与市民化意愿》，载《世界农业》，2019（11）。

② 陈秋燕、王晓刚、程科、张海滨、吉木哈学:《新型城镇化背景下西部民族地区农村青少年城市融入过程研究》，载《西南民族大学学报》（人文社会科学版），2019（2）。

③ 张俊明:《宁夏回族劳务移民的市民化研究》，兰州大学博士学位论文，2014。

惯和文化层次等方面频频受挫，因而心理上的压力和障碍更加明显。[①]郭玲认为传统城乡二元分割政策对民族地区农村的历史影响，少数民族农民工融入城市进行市民化转变时，在经济、文化、心理方面与城市存在隔阂，问题的解决需要城市构建多元包容的文化环境，完善适应少数民族农民工的公共服务体系，从教育、技能提高等方面增强少数民族农民工的城市适应能力。[②]与少数民族流动人口进入城市面临“乡土文化”“民族文化”与城市主流文化的冲撞（马冬梅、李吉和，2013；郭玲，2016；何月华，2019）。有研究者将闲暇时间的消遣方式、使用媒介等作为考察少数民族务工人员城市融入状况的指标之一，认为自媒体等新兴媒介是少数民族进城务工人员构建闲暇时间的重要工具，也是体现城市融入的重要因素。尤其是手机 App 这一方便廉价的媒介工具，满足了务工人员对多元化闲暇资源的需求，丰富了他们的闲暇时间，获得更多的心理与情感慰藉，增强了他们对城市生活的归属感和认同感。[③]

总体来看，我国市民化研究特点呈现出：东部城市多中西部城市少，少数民族更少的特点。这与我国城市化发展的速度和流动人口集中的疏密度相关联。城市化正成为席卷全国的趋势，中西部地区的城市建设也在如火如荼地进行，西部地区少数民族同样不可避免地被卷入城市化的进程中，由原来的农民、牧民转为

① 程芳：《市民化背景下新生代少数民族农民工心理障碍与对策研究——以武汉市为例》，载《湖北民族学院学报》（哲学社会科学版），2015（3）。

② 郭玲：《少数民族农民工基于城乡分割的市民化转变》，载《贵州民族研究》，2016（5）。

③ 滕驰：《从少数民族进城务工人员闲暇生活变迁看城市适应——基于自媒体的视角》，载《西南民族大学学报》（人文社会科学版），2018（10）。

市民，市民化是少数民族流动人口治理的根本，应当加强研究。

（二）研究现状述评

城市作为人类文明的集合体，是代表成就的中心：智力、交流、知识。[①] 在工业化、城市化的推动下，必然带动农村人口大量进入城市。西方国家乡—城人口迁移在空间、职业转变的同时实现了身份转变，由“农村人”变为“城市人”，也相应地获得了市民权利。因而，西方没有关于“市民化”的直接论述。但西方人口迁移、社会融合、社会资本、脱域与嵌入以及城市社会的理论为我们研究与市民化主题相关的人口流动、流动人口的城市融入等问题提供了理论指导。在我国，受传统城乡二元户籍制度制约，城市与农村沿着两种完全不同的路径发展，产生了不同的生存价值观、文明形态与社会结构。卷入城镇化潮流的乡村面临着社会转型的困境，农牧民面临生活方式、价值观念、思想认同的转型、调适与再建构等问题。进入城市的农牧民在经历市民化的过程之后才能最终扎根城市，成为真正的市民，也即农牧民市民化需经历由农牧民到农民工再转变为市民的三个阶段。由农牧民到农民工的阶段在城市发展需求和政策逐步完善之下已完全实现，然而农民工转变为市民还需要经历漫长的转型之路。梳理文献，市民化的内涵、影响因素、意愿与能力、成本测算以及市民化路径是相关研究的重点。

市民化是我国城镇化发展的特有产物。城镇化与区域经济发展水平密切相关。东部地区城镇化发展速度快，城市商业繁荣、

① ［英］威廉斯（Raymond Henry Williams）著，韩子满、刘戈、徐珊珊译：《乡村与城市》，北京，商务印书馆，2013。

资本积累雄厚，能够提供较多的就业岗位，因而吸纳了大量中西部地区农村剩余劳动力流入。沃思（Louis Wirth）认为，由于背景不同，类型不同的人往往强调视角的认同和象征主义，因而，居住区域成为身份的象征。在人口高密度的城市居住区呈现出区隔化的特征，具有相似背景和需求的人们居住在同一居住区域。[①]进入城市的农牧业转移人口一般居住在城乡接合部、城中村或城市老旧小区，在城市内部形成了"都市村落"，如"浙江村""河南村""新疆村"，等等。由乡村移民构成的都市村落为学者对流动人口进行民族志式的深描提供了场域，如项飚、张锦鹏对北京"浙江村"的产生、形成、内部组织结构、发展及消亡的研究。总体来看，人口流动集中的东部地区以及全国的大城市是市民化研究的重点区域，大城市农牧业转移人口市民化是主要的研究对象。随着城镇化的快速推进，异地市民化、被征地农民市民化以及就地市民化等多种类型共存，不同市民化类型的驱动力不同，相应的实践推进路径也不同。除研究农牧业转移人口"异地市民化"之外，还需加强其他类型市民化的研究。

一个健康的社会必然是一个流动的社会。这种流动既包括横向的人口迁徙与流动，也包括纵向的社会流动。[②]如果农牧业转移人口长期处于社会底层，难以借助社会流动实现社会阶层跃升，将会影响社会和谐、稳定。目前在城市社会内部产生了新的"二元社会"，缺少技能与资本的农牧民只是城市的建设者而

① [美]布赖恩·贝利（Brian J. L. Berry）著，顾朝林等译：《比较城市化：20世纪的不同道路》，北京，商务印书馆，2011。

② 熊易寒：《移民政治：当代中国的城市化道路与群体命运》，上海，复旦大学出版社，2019。

不是城市的主人，城市的社会保障、公共服务未能覆盖农牧业转移人口。在体制机制不完善和自身能力不足的制约下，农牧业转移人口被迫将子女与老人留在农村，自身在城乡之间两栖流动。农牧业转移人口长期工作、生活在城市，很少参与农村社区建设以及民俗活动等，对家乡、农村的感情逐渐淡化，城市又难以融入，因而处于双重脱域的状态，缺乏归属感以及处于社会底层的现实让他们难免产生“社会焦虑感”。学界以“半城市化”“伪城市化”“虚城市化”等描述农民进城不定居，定居不融入的状态。针对农牧转移人口在城市生存面临的困境和遭遇的不公平，学界从政府“赋权”与农牧业转移人口自身“增能”方面结合区域发展实际提出多种实践路径。市民化的过程即农牧业转移人口享受均等化公共服务的过程。从现实看，因市民化成本高昂，在资源、财力以及地方政府认识不足的制约下，市民化进程缓慢，农牧业转移人口在城市处于“经济接纳，社会排斥的”的状态。市民化是城镇化发展中出现的社会问题，缺乏资本的农牧民承受了较多的发展代价。无论是留守在农村缺乏父母抚育的孩子还是无人照料的老人都在触痛着我们的内心。如何阻断农牧民的社会贫困，为其社会阶层地位的跃升提供制度支持无疑是政府应承担的社会责任。

现有市民化研究呈现出多维度的理论建构和实践路径分析，为本研究提供了理论与方法指导，但还有拓展的空间。总体来看，我国市民化研究特点呈现出：东部城市多中西部城市少，少数民族更少的特点。这与我国城市化发展的速度和流动人口集中的疏密度相关联。城市化正成为席卷全国的趋势，其主要特征表现为农村人口大量进入城市，“农村人”向“城市人”的转变。西部大开发、“一带一路”倡议加速了西部地区城镇化建设，在经济拉动、生态移民和子女教育等多种原因驱动下，少数民族进入城市，由原来的农民、牧民变为市民。进入城市的少数民族农牧业转移人口，在空间转换、权利获得、身份变迁与社会网络重构中，重塑国家—社会—个体关系。受文化水平低、社会资本薄弱、上升渠道狭窄等制约，少数民族农牧业转移人口目前只在空间场域与从事职业上实现了市民化，大多数人并没有获得市民身份。市民化是少数民族流动人口治理的根本，应当加强研究。在坚持城乡融合发展和实现乡村振兴战略背景下，中小城市就地市民化的研究仍需加强。中小城市同样有多种类型的市民化，除务工经商、被征地农民、陪读者市民化外，还有政府主导推进的易地扶贫搬迁移民、生态移民市民化等。笔者选取甘肃三个中小城市的农牧业转移人口为研究对象，分析嵌入中小城市农牧业转移人口市民化影响因素，调研他们在城镇何以生存，思考他们如何扎根城市，同时为县域城镇化的发展提出建议。笔者所关注的中小城市市民化与高君提出的居村农民市民化大体相同，即“在城乡一体化、新型城镇化和新农村建设的大背景下，以小城镇和新型农村社区为依托”[①]，以推进城乡公共服务、社会保障一体化，促进农民非农化就业，改善农民居住环境等措施改变农民生产生活方式，让农民在思想和行动上与市民靠拢，实现“就地城镇化”“就地市民化”。中小城市就地市民化拓宽了农牧民市民化的道路，突破了以往农民工在大城市实现“异地市民化”的难题，扩大农民市民化覆盖群体，惠及更多的城乡居民。

① 高君：《推进居村农民市民化发展的现实困境与改革路径》，载《社会科学辑刊》，2017（4）。

第一章　研究对象与田野概述

本书是从县域城镇化的视角研究农牧民市民化。经济增长、政府主导推进、社会需求是县域城镇化的主要驱动因素。县域城镇化满足了在大城市难以扎根的农牧业转移人口城镇化的需求。根据笔者在甘肃的调研，41% 的农牧业转移人口选择将来定居在老家的城镇。在大城市面临社会地位边缘化、遭遇制度壁垒、社会阶层固化等困境的农牧业转移人口将城市视为获取人生“第一桶金”的客居地，在城市积累了资源、资本、经验和社会关系的农村青壮年，会返回本地城镇创业，即使不能在本地创业成功，也会选择在老家县城买房，将家庭其他成员搬迁至县城，实现农民家庭本地城镇化，等到自己将来从城市返乡时也会变为城里人。除此之外，县域经济的发展吸引了一批劳动力在县城就业，兼顾了家庭的完整性，减少了离散型痛苦。地方政府在县域城镇化进程中发挥主导推进作用，在城乡融合发展实践中产生了政策性市民化，如生态移民、精准扶贫户、易地搬迁移民、被征地农民市民化等。大部分农牧民以享受县城教育、医疗服务等社会需求进城。我国城乡教育资源分布不均衡，优质的教育资源集中在县城，让孩子从小在县城接受教育已成为大部分农村家庭的普遍选择，孩子进入县城求学必然要有家长陪伴，因而产生陪读型市民化。地域文化是地方发展的资源、影响因素，如 H 县是历史宗教文化名城，因 W 寺兴城，围寺发展，有些信教群众在年老的时候选择在H县买房定居，因而出现宗教养老型市民化。总之，地域环境、经济、社会、文化、政治等多元因素驱动县域城镇化，不同市民化类型的主体融入城市的能力与水平不同。笔者深入天祝县、H县以及兰州新区移民安置点，比较研究不同的市民化类型，归纳中小城市农牧民市民化的共性与个性。

第一节　研究对象

根据文献梳理，农民工以及农民工集中的大城市是市民化研究的主要对象。据2021年农民工监测调查报告数据显示："东部地区农民工10282万人，比上年增加158万人，中部地区农民工9726万人，比上年增加279万人，西部地区农民工8248万人，比上年增加214万人，与上年基本持平。"① 经过几十年的人口流动，基于主客观因素驱动下的人口流动呈现出新的时代特征。城乡两栖流动仍是不少人的选择，因为大城市仍然是吸纳人口的主阵地。然而在大城市定居面临较高的制度及主观能力成本，在制度条件不成熟和自身能力有限的情况下，一些人在大城市逐梦打拼的时候将农村作为将来的退路，尤其经历大城市不确定性和充满风险生活洗礼的人，在心理上不愿放弃农村低成本的生活方式。他们在城乡不同的空间场域往来迁徙，结合空间、资源、发展等要素进行理性的权衡和选择，最终的城市化实践路径体现出主体社会价值观的策略性。以青年为主体的返乡创业流动类型随

① 国家统计局:《2021年农民工监测调查报告》，http://www.stats.gov.cn/xxgk/sjfb/zxfb2020/202204/t20220429_1830139.html。

着国家对农村投入的逐渐加大而日渐增多，尤其是在乡村振兴战略的强力推动下，农村的面貌正在发生巨变，如今农村基础设施条件大为改善，自然环境更加和谐优美，城市生活方式的席卷使得农村变得更加开放。在大城市积累资源、社会资本与资金的青年将城市积累与农村特色资源有机结合，利用新技术、新手段开发农村资源，返乡创业的青年在农村创业，居住在本地城镇，走的是本地城镇化之路。本地城镇化兼具其他社会优势，它保护了家庭的完整性，减少留守和家庭成员离散的痛苦。除此之外，网络信息化的快速发展，使小镇青年不仅能够紧跟时代潮流还能享受更低竞争、更高品质的生活。另外，面对大城市高昂的房价，较高的生活成本，举家迁移流动的家庭会选择中小城市定居。近年来，旅游业得到快速发展，随着经济发展和人们收入的增加，旅游由有闲、有钱阶层迅速扩张到普通大众。在体验异域风情的刺激下，出现由城到乡，由乡到城，由城到不同城的跨区域流动旅游群体。根据笔者的调研，上文所提到的流动类型在甘肃均不同程度地存在。笔者在不同的城镇选择不同的市民化类型进行横向对比研究，比较研究的目的在于发现个性与共性，最终的目的在于整合出中西部中小城市市民化发展的内在动因、类型及实践路径。

工业化、市场化并非西部中小城市快速发展的主要驱动力，教育及政府推动是主要原因。教育是农民家庭打破阶层固化、实现家庭地位向上流动的希望所在。优势的教育资源集中在城镇，为了子女能够享受到较好的教育资源，增多教育改变命运处境的机会，农村父母不惜投入高昂的经济成本，让子女在城镇接受教育，自己半工伴读或由家庭中其他成员陪读，陪伴孩子学习，十几年生活在城镇，促进了陪读者市民化。大部分西部地区生态脆弱，人、地、环境矛盾突出，存在一方水土难以养活一方人的现象；另外，西部不少地区占据重要的生态地位，是大江大河的发源地，发挥重要的生态屏障作用，为缓和人地矛盾、减少人对自然环境的影响，由政府主导进行生态移民，政府将部分移民安置在城镇，促进移民市民化。城镇化快速发展的表现之一为各个层面的城镇在空间上的扩张，城镇向周边地区扩散，郊区农民的土地被征收用于城镇化建设，被征去土地的农民被动卷入城镇化的潮流。生态移民、被征地农民市民化是政府主导推进的城镇化，农牧民扮演被动适应的角色，并在各方利益群体间的博弈中处于边缘、弱势的状态。新型城镇化是人的城镇化，让更多的底层群众共享发展成果才能体现社会的公平、和谐。那么，在新型城镇化中政府采取哪些措施为农牧民赋能，增强农牧民在城市生活的能力？农牧民如何自我增能，实现身份、自我认同的转型与心理层面融入城市？本书试图研究中小城市农牧民如何实现就地市民化，就地市民化面临哪些困境与张力，如何推进中小城市农牧民市民化。

本书从广义上理解市民化，将生产生活的地域空间从农村、牧区变为城镇，从事的职业由农业、牧业变为非农非牧的群体或个体，作为市民化研究对象。研究涉及县城、县级市、省会城市新区等不同规模的城市。研究的主体为甘肃的农牧业转移人口。因语言、风俗习惯、宗教信仰等文化因素的不同，少数民族流动人口更难融入流入的城市。文化因素同样限制了少数民族农牧民流动的地域空间。根据笔者的调研，甘肃的藏族主要在青海、西藏、四川等具有相同文化的地域务工经商。相较而言，少数民族农牧民市民化具有共性与个性特征。本书以多点民族志的方法研究甘肃的市民化类型。将具体的研究对象确定为：天祝县因生态和教育进城的农牧民、H县因县城扩张而失地的农民、迁移到兰州新区的舟曲地质灾害避险移民，相对应的市民化类型分别为生态移民市民化、陪读者市民化、失地农民市民化以及避险搬迁移民市民化。

综上，本书的研究对象为中小城市农牧业转移人口及其市民化问题，具体研究中小城市市民化的驱动力、市民化的类型、市民化的实践路径以及市民化对农牧业转移人口的影响等。从农村、牧区脱域的农牧民如何经过就业、消费、社会关系网及价值观念的再社会化，实现将城镇作为一种生活方式是论文研究的重点所在。

第二节　甘肃农牧民市民化类型

有研究将农民工（流动人口）的市民化类型划分为三种，即"市场型"（城乡就业机会与工资差距推拉作用驱动之下的农村劳动力"异地城镇化"）、"市场—政府型"（城市扩张中失地农民"就地城镇化"）、"政策型"（易地扶贫搬迁带来的农村人口向城镇转移）。[①] 根据笔者的调研，甘肃农牧民从农村、牧区脱嵌，嵌入城市的市民化类型有以下几大类：生态移民型、陪读型、养老型、被征地型以及易地搬迁型。每一种类型涉及不同的人群，城市融入程度表现得差异多元，并呈现出不同的市民化路径，以下分类论述。

① 刘建娥：《乡—城人口迁移与社区转型》，2页，北京，社会科学文献出版社，2018。

一、生态移民市民化

天祝县一部分农牧民位于祁连山生态环境保护核心区。为了减少对生态环境的人为影响，政府将位于生态核心保护区的村落整体搬迁，部分农牧民被搬迁至县城的Z和L等移民安置小区。Z和L小区是天祝县政府投资建设的保障性住房小区，住户基本上是来自全县各个村子的村民，有进城务工的人，也有生态搬迁安置的农牧民，还有一部分精准扶贫户。对于生态移民，让其搬得出、住得下、留得住、融进去的关键是就业，在城市生活没有工作就没有收入来源，进而难以维持以消费为特征的城市生活。因为中小城市可提供的就业机会少，加之从小放牧的牧民缺乏在城市生活的技能，因而如何让这些牧民的生活可持续下去是政府面临的难题。来自天祝县崖山岭镇四台沟村的牧民DZ说，自己不能适应县城生活，什么都要花钱，自己又没有稳定的工作，没有收入来源，虽在城市生活，感觉比在牧区还要艰苦。“以前放牧的生活自由自在，最主要的是有肉吃。现在成天没事干，出去打工吧又没有技术，因为我从小放牧，除了放牛羊其他什么都不会。家里有老人要赡养，孩子在上大学，开支太大。”牧民们认为自己是响应政府号召下山入川进了城，为当地做出了贡献，理应给予补偿，保障他们的生活、维护他们的权益。现在的他们仿佛是被送到陌生环境的孩子，茫然又无所适从。他们的市民化是政府推进的被动型市民化，不是出于经济或其他原因主动选择的结果。因而在身份认同方面多数人模糊不清，“说是农民吧，在城里生活；说是城里人吧，我们的户口没迁过来，房子也没有房产证”。打破原有生活方式到重新建构，需要政府、社会与农牧民共同努力，政府尽快出台政策，加强对农牧民技能培训，农牧民摈弃“等靠要”的思想，积极主动作为，才能尽快摆脱困境。

事实上，生态移民群体内部已经发生了分化，一部人抓住商机，经营小本生意，生活有稳定的收入来源。这部分人有较强的城市适应能力，城市融入程度高，喜欢城市生活。ZM 经营着一家超市，超市的租金一年 5 万元，每年纯收入 6 万 ~ 7 万元。她喜欢县城便捷、舒适、挣钱不太辛苦的生活。“县城有自来水，有暖气，生活方便、舒适。现在回去别说其他的，就连上卫生间都不习惯了。老家的炕也不适应，冬天身体是热的，脸是凉的。”

二、陪读者市民化

工业化和农业的现代化提高了教育和其他技能的回报。结果导致父母的行为从生育很多的孩子变为对每个孩子进行更多的投资。（贝克尔，2016）教育是最为重要的投资之一。随着农村中小学校的撤并重组、教育结构的优化以及农牧民教育观念的转变，在我国产生了陪读现象，陪读行为促进了陪读者的市民化。在甘肃，很多家庭为了让孩子接受更优质的教育资源，从小学甚至幼儿园开始就将孩子转入县城。陪读表现出以下几种类型，一是由父母双方进城陪读，父母边在县城打工边照顾孩子上学。二是父母一方进城陪读，多为母亲，父亲则继续在农村经营农业，农闲时间到县城团聚并以打零工的方式补贴家用。三是隔代陪读，即爷爷奶奶进城照顾接受教育的孙子辈。孩子的父母外出打工或经营农牧业。隔代陪读在牧区尤为普遍，为了老人看病、转经等方便，不少家庭选择在县城周边或县城买房、租房，让老人和正在接受教育的孩子进入县城，由老人照顾小孩读书、生活，青壮年夫妇作为家庭的主要劳动力，在距离县城几公里、几十公里，甚至几百公里的地方继续放牧、经营牧场、维持家计。陪伴一个孩子从小学到高中毕业，至少需要 12 年。10 多年生活在城市，就会逐渐适应城市的生活方式，行为、意识或价值观念上实现市民化。“来县城 20 年了，为了孙女的教育进城。当时在县城花了 15 万元买了一个二手房，我们老两口专职照顾孙女上学，一直从小学照顾到高中毕业。现在我们定居在县城养老。刚来县城因为忙着接送小孩、给小孩做饭也没意识到适不适应县城生活，一晃 20 年，已经习惯。”（男　藏族　69 岁）进一步访谈得知，老人的生活方式已经市民化，他每天早上坚持散步锻炼身体，闲暇时间看报纸、上网浏览新闻、刷小视频等，通过微信等通讯手段与家人、亲戚、朋友保持联系。在身份认同方面，“半个城里人吧，我来县城之前是一个地地道道的农民，后来生活在县城，融入县城的生活，也算半个城里人”。大学毕业，考进政府部门或事业单位，有一份稳定的工作是农牧民家庭所认可的理想职业。但是许多高校学生毕业后，并没有找到稳定的工作，而是四处奔波，处于失业或半失业的状态。即使就业前景并不乐观，教育仍然得到广泛的重视。对此村民普遍认为：“人的观念不一样了，上了学就可以去外面的世界，即使打工，也不会再干苦活。不上学就种地、放牧，一辈子又苦又没出路。”（男　藏族　63 岁）

三、养老型市民化

进入 Z 和 L 这两个小区，看到最多的景象是，颤颤巍巍的老爷爷老奶奶提着小马扎，聚在一起聊天、打牌、下象棋或者只是在楼底下静静地坐着，晒晒太阳，看看天。给人的印象是，这里是农村的集中缩影。老年人普遍进入城镇的原因，除了上文提到的生态移民整体搬迁、陪读以及精准扶贫之外，最主要的原因为城镇有较好的医疗条件，许多家庭认为老人住在城镇遇到生病可以及时治疗。另外，年轻人可以边在县城打工边照顾年迈的老人，减少了在城乡之间来回奔波的时间、金钱和精力成本。这种基于家庭资源、能力、利益做出的理性选择，加速了老年人市民化。老年人在城镇生活面临最大的难题是养老和看病。来自农村、牧区的农牧民，常年辛苦劳作，身体难免有这样那样的疾病，治病吃药在家庭支出中占很大比例，尤其是患有慢性病的老年人，常年吃药，导致家庭负担较大，老年人在城市生活的压力也大。除此之外，老年人长期生活在农牧区，形成了固定的生活方式、消费理念、行为习惯和价值观念，较难适应新的环境，在城镇生活产生了诸多不适应，表现出城市融入的能力和水平更低。

除此之外，宗教养老型市民化在H县较为普遍。坐落在H县的W寺是甘肃最大的藏传佛教格鲁派寺院，其在宗教教育、文化传承等方面发挥着重要作用。为了老年人转经方便，家庭条件较好的人家会选择在W寺周围买房。不少来自甘肃玛曲县、碌曲县等地的人也选择在W寺附近买房，导致越靠近寺院的地方，房价越高。这种现象一定程度上阻碍了其他农牧业转移人口市民化的进程，面对高房价，低收入，进城务工经商的人只能选择租房住。宗教养老型市民化是信教群众为满足对民族文化、宗教信仰的需求而出现的一种市民化。

四、被征地农民市民化

被征地型市民化是H县农民市民化的另一种类型。从地形看，H县四周被群山环绕，大河穿城而过，县城空间扩张和基础设施建设受限，向郊区村落延伸是县城扩张的唯一出路。县城周边的村子如G村、T村，因政府机关搬迁至村子旁边而被动卷入城镇化的潮流。这两个村子的农田大部分被征用。失去土地，村民传统的生计类型发生转变，新的社会结构、邻里关系、价值观念正在传统与现代此消彼长的过程中重新形成、重新建构、重新再造。封闭的、稳固的、同质性的传统村落逐渐走向开放的、流动的、异质化的现代化村落。在市场观念和个人权利意识还没有完全培育起来的村子，村民们普遍认为土地是国家的，被收回也是理所当然的。面对被征地压力，基于个人能力、资源禀赋不同，村民寻找就业的出路呈现出多元化。村与村之间以及村子内部出现新的社会分层。G 村和 T 村虽只有一条马路之隔，却因外部嵌入的资源不同，导致发展速度、方式不同。住在马路附近的 T 村民，利用征地补偿款发展餐饮、宾馆、农家乐、电商等产业，或经营水果、蔬菜商铺和超市等。总之，经营性收入已成为这部分村民的主要收入来源，在收入得到极大提高的同时，村民的生活方式实现了完全商业化。G 村是一个藏族村落，村子的土地全部被征用，没有空间发展其他产业。村民们只能以打工为生，由于受语言、民族文化等影响，不少村民选择去西藏、青海等地打工，一般从事搬运、打零工、餐饮和酒店服务员等工作。也有人在县城工地打零工，一天挣 130 ~ 260 元不等。少部分人利用土地补偿款购买翻斗车、挖掘机等用来挣钱，也有人利用补偿款在县城开铺子、做生意。大部分家庭将补偿款用来盖房子和买车。走访调研发现，除个别因病致贫、老人独居的人家没有建造新房外，其余人家都翻建了新的藏式房子，房屋外表漂亮，内部装饰风格与城市家庭完全雷同，电冰箱、热水器、洗衣机、微波炉、油烟机等现代化家电设施齐全。相比 T 村来看，G 村民的经济收入、住房条件大为改善，幸福指数较高。其实，在征地之前就有不少村民外出打工，从事非农职业，土地只是满足口粮之需。村民们认为每亩十几万元的补偿款相对来说较高，都愿意土地被征用。

五、易地搬迁移民市民化

避灾移民、生态移民与易地扶贫搬迁在本质上都是国家主导的外推式移民（张世勇，2017）。避灾移民与易地扶贫搬迁移民具有相同的目的、效果，都是将生活在空间资源禀赋脆弱区的群众搬迁至发展能力较好的区域，达到生态修复、经济发展、脱贫致富的多赢结果。易地扶贫搬迁是精准扶贫"五个一批"工程之一，"十三五"时期，我国对960多万贫困群众进行易地搬迁，为打赢脱贫攻坚战作出了重要贡献。从空间视角看，"易地搬迁是一个由外力推动的典型'空间再造'，即通过对多维空间形态以及属性进行再建构，让移民能够适应和融入新的空间。"① 对移民而言，从熟人社会空间脱域，嵌入完全陌生的空间是一种再社会化的过程，更是生命历程中的重要转折点，影响家庭、个体生命轨迹的波动起伏。在政府与群众共同发力完成的迁移行动中，政府为移民再造了新的居住空间、社区空间与公共文化空间，移民面临社会空间、主观心理空间及身份认同的重塑与再建构。

易地扶贫搬迁是一项系统的、涉及诸多因素的重大民生工程，包括移民生产生活空间的突变，经济、文化、社会和心理上的变迁以及社区治理模式、体系的再造。易地搬迁遵循就近安置的原则，政府新建的社区通常分布在本地县城、城市新区或交通便捷的乡镇及中心村。在市场经济的影响下，非农收入是农民家

① 王寓凡、江立华：《"后扶贫时代"农村贫困人口的市民化——易地扶贫搬迁中政企协作的空间再造》，载《探索与争鸣》，2020（12）。

庭收入的主要组成部分，易地安置城镇的方式加速了农牧民非农化的进程。经过几十年乡城流动，农牧民对非农化生产方式早已不陌生，政府组织他们定居城镇，事实上是终结了他们城乡二元流动的生活模式。促使农民生产方式由以二三产业为主、农业为辅的“半城市化”方式走向完全工业化、城市化，农牧民是在外力干预之下，裹挟进城镇化的潮流，而非其主动选择的结果。县域内文化相似，搬迁前农牧民就与县城联系紧密，搬迁后很少会感受到来自文化层面的冲击。虽然从熟人组建的社会关系网络脱嵌，进入相对陌生的网络，会遭到城市居民的排斥，但是，移民平时交往的对象仍然是来自县城不同乡镇的农牧民。他们遇到的最大困境为：脱离土地后，对自己到底是农民还是城市居民的身份感到模糊不清，从而导致角色意识淡漠、缺乏心理归属感。

笔者所调研的舟曲地质灾害避险移民是跨区域、长距离的异地空间安置方式，即避险移民被安置在距离舟曲县 400 多公里以外的兰州新区。政府选择跨区域安置的原因为：一方面舟曲县近一半以上的区域属地质灾害多发区，缺乏足够的空间安置移民；另一方面，兰州新区作为国家级新区，需要人口带动城市的综合发展。一方的供给满足另一方的需求，驱动跨区域搬迁顺利进行。跨区域搬迁，空间、地理环境、社会关系、文化等发生巨变，给移民带来强烈的冲击感，移民初入新居会面临诸多的困难和不适感，尤其老人，难以适应城镇化的生活方式，无田可耕、无事可做的现状导致老人的自我价值难以实现，因而思乡心切，怀念过去的生活，被动适应现在的城镇化生活。年轻人长期流动在外，认为生活在哪里都一样，对他们来说，最主要的是努力工作，积累家庭财富，以应对城镇化的消费方式。来自全县不同乡镇、拥有不同民族身份的移民组成的新社区具有移民来源的分散与异质化、移民之间社会关联薄弱、社区共同体意识缺乏等特征，增强移民凝聚力与向心力，深化民族团结进步社区创建，铸牢中华民族共同体意识等考验地方政府治理能力。

综上所述，在甘肃的城镇化发展中，存在多元化的市民化类型。从农村、牧区“脱嵌”的农牧民，在城市“再嵌入”的进程中面临制度赋权不充分、主观能力不足的制约。由政府主导的市民化，因为没有解决好后续产业发展、农牧民就业问题，加之社会保障体系不够完善等导致进城农牧民在城市生活面临诸多困境，处于城市底层，缺乏自我归属，角色认同混乱，城市融入水平较低。养老型的市民化同样处于较低水平。老年人一辈子生活在农村，有些观念根深蒂固，很难发生改变，导致他们不能适应消费型的城市生活。老年人普遍反映进城生活消费高，难以承受，甚至有些老人说吃不饱肚子，生活处于贫困状态。“在农村再不行，可以种点菜，还可以种一些吃的粮食。农村人进城，什么都要买，肚子都吃不饱，农村人离开土地不行。”（男　藏族　62岁）打工虽然已经成为农村家庭的主要收入，但不少家庭在打工的同时兼营农业，农业能够维持口粮，彻底不经营农业，菜和粮食都要购买时就觉得有负担，不能敞开心情想吃什么就吃什么，表现出购买能力不能满足消费需求。因城市扩张被动卷入市民化进程中的被征地农民，市场经济下的自谋出路导致其内部出现社会分层，一些人利用补偿款投资生意，生活大为改观；另一部分人因缺技术、少文化、年龄偏大等原因，陷入新的贫困。务工经商型市民化产生了新的留守之殇。因为中小城市就业机会少、工资低，许多家庭的男性青壮年选择跨县、跨市或跨省外出务工，留妻子、孩子、老人在县城。也有家庭夫妇两人常年在外打工，留孩子和老人在县城。“我和老伴儿为了照顾两个孙子上学来到县城。两个孙子上了大学以后，我们也老了干不动了，在县城养老。他们的父母在新疆打工，几乎不回来，除非有什么事。”（男　藏族　74 岁）“我老公在新疆跑车，两年没回家了。我们县城的新家，他还没住过呢。”（女　藏族　36 岁）

第三节　田野概述

本书对甘肃农牧民市民化的研究，采取多点民族志的田野调查方法。选取天祝县、H 县以及兰州新区舟曲移民安置点为田野点，研究这些地方的某一类型市民化，分类研究之后进行整合归纳，思考甘肃中小城市市民化路径，为其他地区中小城市市民化推进提供借鉴。对生态移民型、陪读型市民化的研究以天祝县为例，对被征地农民市民化的探讨以 H 县为例，对易地搬迁移民市民化的研究以搬迁至兰州新区的舟曲地质灾害避险移民为例。

甘肃位于藏彝走廊的北部。藏文化、藏传佛教、高原风光是甘肃发展旅游业的独特文化资源。地方政府着力将文化资源打造升级为促进当地旅游业发展的文化资本、经济资本。在乡村振兴战略背景下，更是抢抓机遇，以独特的地域文化和自然风光加速乡村旅游业发展，支持农牧民以开办农（牧）家乐、在景区提供服务、出售农畜产品等形式参与旅游开发，为实现农牧民收入多元化创造条件。乡村旅游业的快速发展进一步加快甘肃对外开放的进程，带动当地农牧民实现“非农非牧”，农牧民收入增加后，有资本有能力在县城购房定居，从而实现本地市民化。除经济驱动外，甘肃因地处生态屏障区，具有重要的生态战略地位。天祝县生态地位十分重要，祁连山国家级自然保护区占全县国土面积的 61.4%，是石羊河流域 6 条内陆河（金塔河、杂木河、黄羊河、古浪河、大靖河、西营河）和黄河流域2条外流河（大通河、金强河）的重要水源涵养区和水源补给区①。生态核心区的农牧民搬迁至城镇，产生了生态移民型市民化。另外，农村教育改革带来陪读型市民化，还有家庭为满足老人宗教生活的需求，为老人在县城买房，因而产生宗教养老型市民化，等等。个体、家庭的市民化诉求是适应社会转型的一种生存策略，个体的发展与时代紧密相连，在城镇化快速发展的时代，农牧民基于个体、地区资源禀赋选择城镇化的实践路径。

天祝县地处河西走廊的东端，素有河西走廊"门户"之称，位于县境中部的乌鞘岭横亘东西，是古丝绸之路咽喉要塞。历史上，天祝县就是多民族多文化交流互动的区域，各民族在长期的交往交流交融中形成了以藏文化为主体的多元文化共生发展格局。在天祝县，笔者深入县城北新区的安置小区及天祝一中周边地区，调研生态移民型和陪读型市民化。天祝新区目前已建成三个安置小区，主要安置全县各个乡镇的精准扶贫户、易地搬迁户、生态移民等等，也有家庭自发在安置区购房或租房。笔者选取其中的Z和L两个小区调研，这两个小区的房子以小户型为主，房屋面积在40 ~ 89平方米之间，有公租房、廉租房、安置房等多种房源，能够满足不同家庭的梯度需求。Z小区共有12栋楼房；L小区共有17栋，其中1 ~ 7栋安置的是精准扶贫户。初入这两个小区给笔者留下最深的印象是随处可见的爷爷奶奶。老人们聚集在一起闲聊、打牌或晒太阳，如此多的农村老人生活在县城的现象较为独特，老年人市民化问题

① 天祝藏族自治县人民政府：《天祝县情》，http://www.gstianzhu.gov.cn/zjtz/tzjj/201911/t20191118_553329.html。

引起笔者的兴趣，因而，以深度访谈的形式调研农村老人为何进城，进城的生活现状等。

H 县地处青藏高原东北边缘、甘肃省西南部、甘南藏族自治州西北部，总面积 6274 平方公里，平均海拔 3000 米以上，全县共辖 8 镇 5 乡 1 个办事处，总人口 9.06 万人，其中藏族人口 7.4 万人，占 81.6%，有藏、汉、回等 18 个民族[①]。畜牧业和旅游业是 H 县的两大支柱产业，有几家大型龙头企业落地运营，使畜产品加工技术成熟、品牌享誉全国，电子商务发展势头强劲，产品销售渠道不断拓宽。H 县旅游产业资源丰富，县内有 7 大景区 51 处景点，自然风光秀丽，文物古迹众多，佛教文化独特，民俗风情浓郁，有藏传佛教寺庙 25 座，W 寺更是享誉世界中外；还有辽阔的桑科草原、保存完好的汉代古城遗址“八角城”、神秘的白石崖溶洞、秀美的达尔宗圣湖、奇险的大夏河森林峡谷等自然风光和瞻佛节、插箭节、香浪节、娘乃节等丰富多彩的民俗活动吸引中外游客纷纷前往[②]。H 县因 W 寺的缘故，历史上就是商贸发达、多民族往来互动的区域。H 县的居民围寺而居、因寺而兴。W 寺周围有来自云南、四川等地的商人经营藏传佛教用品、藏族日常用品店铺和餐馆，等等。H 县的回族、撒拉族等民族散布在全县以经营餐饮业为主。甘肃省玛曲县、碌曲县以及西藏的信教群众会在冬季农闲时节到 W 寺转经朝拜，经济宽裕的群众会选择在 W 寺周围买房。浓厚的佛教文化、优美的高原风光是 H 县旅游业发展的独特资源。W 寺周围的居民以从事旅游业为主，不少家庭因此脱离农业、牧业，财产性、经营性收入成

① 夏河县人民政府：《县市概述》，http://www.xiahe.gov.cn/zjxh/xsgs.htm。

② 夏河县人民政府：《县市概述》，http://www.xiahe.gov.cn/zjxh/xsgs.htm。

为家庭收入的主要来源。笔者深入以藏族为主的G村和以汉族为主体的T村调研被征地农民如何进行生计转型，如何适应新的身份，如何转变观念融入城镇发展格局。另外，笔者在H县调研期间，发现不少没有考上大学的学生选择学习唐卡绘画技艺，他们学成唐卡画师之后可实现就业或创业。唐卡被誉为笔尖上的艺术和信仰，出于对本民族文化的热爱，不少年轻人选择学习唐卡绘画。加之唐卡在当地有广阔的销售市场，因而学习民族艺术是当地年轻人实现市民化的另一种出路。

舟曲县位于甘肃南部，地处南秦岭山地，岷山山系呈东南—西北走向贯穿全境，地势西北高，东南低。县境内山峦重叠，沟壑纵横，地形复杂，是典型的高山峡谷区。山高、谷深、石头多、坡陡、土薄、水流急，荒山荒坡水土流失、泥石流、滑坡严重是舟曲的自然现状。虽然舟曲境内自然灾害频发，但自然资源丰富，主要有水力、矿产、中药材、经济林果、山野菜等。除此之外，境内旅游资源独具特色，既有雄伟奇特的自然景致，又有藏羌民俗文化和景观①，博峪采花节、天干吉祥节、东山转灯踩道节、坪定跑马节、正月十九“迎婆婆”等各类民俗文化活动异彩纷呈，藏民族原生态舞蹈、音乐、服饰和宗教活动将舟曲民俗文化点缀得更加绚丽多彩。

兰州新区位于兰州市区北部秦王川盆地，处于陇西黄土高原的西北部，是青藏高原、蒙古高原和黄土高原的交汇地，也是祁连山脉东延之余脉插入陇西盆地的交错地带。地区属典型的黄土高原丘陵地貌类型，平川、梁峁、沟壑及河谷地貌发育。整个地

① 舟曲县人民政府：《舟曲概况》，http://www.zqx.gov.cn/zjzq1.htm。

域宽阔，地势由西北向东南倾斜，东西两面是低矮黄土山丘，南北长 60 千米，东西最宽处 21 千米，平均海拔 1910 米。2010 年 5 月，国务院办公厅印发《关于进一步支持甘肃经济社会发展的若干意义》，明确提出“加快兰州新区建设”；2010 年 8 月，甘肃省委省政府开始筹建兰州新区；2012 年 8 月，国务院批复设立兰州新区。[①] 经过 10 年发展，兰州新区破茧蝶变、加速腾飞，逐步建成一座现代化的城市。“十四五”兰州经济圈发展规划中，兰州新区的定位为：围绕西北地区重要的经济增长极、国家重要的产业基地、向西开放的重要战略平台和承接产业转移示范区的定位[②]，立足“经济新区、产业新区、制造新区、创造新区”，加速聚要素、增量级、提质量、强功能，构建现代化经济体系，进一步激发兰州新区的发展活力，加快与中心城区的同城化发展，打造西北地区产业发展聚集区、集成改革先行区、创新驱动引领区、生态治理示范区、对外开放新高地、城市建设新标杆，努力建设现代化国家级新区。笔者原计划于 2021 年 11 月深入兰州新区调研舟曲地质灾害避险移民市民化问题，受新冠肺炎疫情影响推迟至 2022 年 2 月，当时，易地搬迁群众已在新的居住点度过他们的首个春节。第一批搬迁群众也已在兰州新区生活了近 6 个月。对移民群众而言，兰州新区是完全陌生的空间场域，置身于其中的他们，感受不到一丝故乡的景、故乡的情、故乡的气息，故乡的人也变得疏远，大家都忙于适应新的工作、新的生计，故

---

① 《甘肃发展年鉴》编委会编：《甘肃发展年鉴 2017 年版》，17 页，北京，中国统计出版社，2017。

② 甘肃省人民政府：《甘肃省人民政府办公厅关于印发〈“十四五”兰州经济圈发展规划〉等 3 项省级区域规划的通知》，http://www.gansu.gov.cn/gsszf/c100055/202110/1875230.shtml。

乡的那些传统节日还能不能过，失去传承土壤，丧失文化语境与象征、隐喻功能的传统节日还能延续多久？身处乡与城、传统与现代过渡中的移民在固守中选择、调适，再造乡土文化、地域文化与民族文化。舟曲博峪采花节、天干吉祥节、东山转灯踩道节、坪定跑马节、正月十九“迎婆婆”等这些独具地域特色、民族特色的传统节日，因地理空间的转换、城市现代文化的冲击以及群众思想观念、社会心理的变化而面临流失困境。

选择研究农牧业转移人口市民化，是笔者长期对流动人口、“社会资本”“社会融合”“社会关系网”等相关主题关注的结果。确定研究主题后，笔者在兰州市开展少数民族农牧业转移人口市民化的试调研，困难如同所料，在异质性、流动性和陌生性的城市做问卷调查和访谈的拒绝率近乎 99%。后来穷尽各种办法，坚持完成 150 份问卷调查，在此基础上完成论文《欠发达城市少数民族农牧业转移人口的市民化——基于甘肃省兰州市的调查》。随着知识的积累以及认知的深化，经过反复思考之后，笔者将原计划的主题“牧民市民化”，改为“农牧业转移人口市民化研究”，将田野点定为甘肃的天祝县、H 县以及兰州新区。

第二章　生态移民市民化

生态移民与“生态”密切相连，因有“问题”的生态而产生。“问题”生态的出现与人类过度干预生态环境，造成生态系统超负荷运转有关。其根本的原因是人与生态环境的平衡系统被人为破坏。生态移民是为了修复生态系统，实现人与自然和谐发展的政策性实践举措。大体来看，生态移民有以下几大类：一是草原生态移民，生活在草原的牧民以放牧为生计，多为少数民族群众。牧民、草场和牲畜共同构成一个联系极为紧密的“生态型”生活共同体①，牧民搬离草原意味着生活共同体的解体，带来牧民生活空间、生计方式和社会关系网络发生巨变。在移民社区的重建中，少数民族移民面临如何适应“静态的”生活方式，如何传承传统文化以及如何适应迁入地新的文化与社会结构的问题。移民在促进少数民族农牧区现代化发展的同时，也因牧民缺乏在城市谋生的技能，语言不通，难以适应陌生、异质、消费型的城市生活而产生了许多社会问题。面对传统草原游牧文化与现代城镇文化之间的冲突、碰撞，在移民群体身上出现文化错位、文化断裂的现象。二是生态脆弱区的易地扶贫搬迁。自然环境和社会环境的改变对移民生计模式产生了影响，移民经济适应是易

① 苏米雅、连雪君、秦小峰：《共同体的解体与重构：牧区社会工作的行动研究》，载《社会建设》，2020（3）。

地扶贫搬迁工程的核心①。生计资本、家庭禀赋、搬迁的方式、不同的安置方式等多因素影响移民经济适应。三是城镇化快速发展带来的移民，包括“自发移民”与“政府主导移民”。四是大型项目建设引起的移民，如长江三峡移民等。除此之外，还有自然灾害引发的移民。本章的研究对象为：被政府分散安置在县城的草原生态移民，以及由政府主导的易地扶贫搬迁移民。本章将分析他们从农牧区脱嵌之后，如何嵌入城市，如何在新的生活场域调整生存策略，实现对城市经济、社会、文化和心理等层面的多维度融入。田野点位于天祝藏族自治县（以下简称天祝县）县城北新区的“Z”和“L”安置小区。

第一节　因生态脱嵌：市民化的驱动力

生态移民兼具生态环境保护与经济发展的双赢功能。除恢复生态脆弱区生态外，生态移民也是精准扶贫政策中的一项实践措施，由政府组织搬迁，实现贫困户“拔穷根、挪穷窝”。政府投资建设并完善移民安置点的基础设施、移民住房，培育特色产业，组织移民进行职业技能培训，多形式多渠道解决劳动力就业的优惠性扶贫政策，为生态移民有效脱贫致富铺就了道路。生活在生态环境脆弱且持续恶化的村落，农民的付出与回报难成正比，微薄的土地收入迫使农村劳动力进城务工，导致农村更加衰败。长期在都市工作生活的农村人，对生存环境恶劣、生活贫困的乡村缺乏依恋感，想尽最大努力在县城或乡镇买房定居，以举

① 吴晓萍、刘辉武：《易地扶贫搬迁移民经济适应的影响因素——基于西南民族地区的调查》，载《贵州社会科学》，2020（2）。

家迁移的方式与过去彻底断裂。留守在乡村的人缺乏发展动力，因各种家庭原因不能外出时，产生了自己命中注定要贫困的悲观“宿命论”。流动中蕴含着新的机遇。正所谓“人挪活，树挪死”。穷则思变，在与外出人员的生活横向对比之后，村民认为固守落后就是坚守贫穷，他们改变生存现状、摆脱贫困、共享现代文明生活方式的愿望强烈。移民为缺乏发展动力的群众赋予了新的希望并创造了机会。住进政府新建的房屋，享受便捷的、舒适的现代化生活，移民为追求更加富裕更加幸福的生活而改变生存策略，努力寻找多元化出路。

生态移民市民化是由政府主导推进的“被动型”市民化，而非农牧民自愿离开原有生活场域，主动选择进入城市的行动实践。生态移民通常被政府集中安置在指定的区域或分散安插在城镇。生态移民是外界力量驱动之下的突变行动，必然导致移民在生产生活方式、价值理念等方面的急剧变迁。尤其对草原游牧民来说，自然环境、经济、文化和心理层面的多重转型，使其面临再社会化的过程。草原牧民以广袤的大草原和牛羊牲畜为伴，远离外界的喧嚣与繁华，知识储备、谋生技能相对单一，消费以及饮食结构简单，然而，牛羊牲畜交易能够带来较多的家庭财富，尤其是拥有上百头牲畜的家庭，生活相对富裕。草原、牲畜、人是组成草原文化生态系统的共同体。在三者组成的共生共享系统中，塑造了牧民遵守自然规律、维持人与自然和谐共处的价值理念，也即朴素的一山一水一草皆神圣的生态伦理观。牧民早期的生活经历、知识积累与当下的城市生活是断层的。迁移、生存空间的转换、身份的改变构成移民生命历程中的重要事件，这些重要的人生事件促使移民生命轨迹发生重大转折。部分人因人力资本匮乏，缺少掌握新的生存技能的能力，无法应对城市生活中出现的风险，而对未来充满不确定性和风险性的生活深感担忧。“生态移民所面临的风险是在一般农户面临的风险基础上由搬迁冲击而形成的叠加风险。”① 特别是以原子化形式分散嵌入城镇的农牧民完全脱离原来的社会结构和熟人社会关系网络，在陌生的环境缺乏“集体归属感”，较难融入新的社区组织，失根感、漂泊感强烈。在与自己先前相对富余的生活纵向对比之后，产生了回迁的念头。宁静而又广阔的草原与喧闹拥挤的城市是完全不同的社会文化系统，二者在社会运行的法则、行动主体实践逻辑、个体与社会组织的关系上迥然不同。从草原社区脱嵌的牧民，在车来人往的城市找不到自身的归属，角色冲突不断、身份认同模糊不清，因而部分牧民滋生了焦虑、空虚、挫败的负面情绪，长期处于撕裂状态的生活，容易对身心产生不良影响。经过长期的碰撞、调适、重组，牧民会逐渐适应城市的生活方式。城市便捷的交通、更多的就业机会、丰富的信息资源以及政府有力扶持等优势效应的叠加，使移民获得立足城市的正式社会支持。同时移民在城市文明的长期浸染与洗礼之下习得城市生存的价值理念，积极从事第二三产业，在与其他民族的交往交流交融中拓展了社会关系网络，从而获得更多的非正式社会支持。在实践中，他们重视子女的教育，将家庭中更多的资源、经济等投入到子女的教育上，寄希望于子女通过教育获得成功，从而实现家庭社会阶层向上流动。

相比草原牧民，易地扶贫搬迁农户以经济适应为核心。城镇化的快速发展引发乡土社会巨变，同时为农民改变贫困的处境带

① 冯伟林、李树茁：《生态移民风险应对策略的选择及影响因素》，载《农村经济》，2016（9）。

来机遇，大量青壮年涌入城市寻找出路。在移民前，青壮年农民就已经长期在城市务工经商，城市的景象不再陌生和模糊，他们在日常生活方式、行动逻辑上主动与城市靠近，反而与农村的联系具有象征性，通常只是在逢年过节的时候礼仪性地回乡探望父母以及留守在家中的孩子和亲戚。农村已不是他们最后的归宿，土地不再是生活的主要来源。迁移到城镇后，面对家庭消费支出陡然上升，青壮年会继续跨区域外出，与老人、子女分离。在大城市积累经济、资源和社会资本后，返乡创业实现市民化已经成为大部分流动人口的城镇化实践方式。生态移民提供的政策性优惠住房，一定程度上满足了部分乡城迁移人口的市民化诉求。本节内容分述天祝草原生态移民和易地扶贫搬迁移民的市民化。

一、生态核心区整体移民

（一）生态核心区农牧民搬迁情况

“祁连山国家级自然保护区天祝段面积为4390平方公里，占全县国土面积的61.4%，其中，核心区860平方公里，缓冲区683平方公里，实验区2297平方公里，外围保护地带550平方公里。”[①] 核心区共居住农牧民群众59户217人，其中，涉及炭山岭镇41户156人，毛藏乡8户27人，抓喜秀龙镇5户21人，打柴沟镇5户13人。

位于核心区59户农牧民群众已全部完成搬迁安置，其中，在县城购房安置43户（购买保障性住房35户、购买商品房8户），乡镇镇区购房安置15户，县外投亲靠友1户。迁出区原有

① 丁文广、勾晓华、李育主编：《祁连山生态系统发展报告》，210—232页，北京，社会科学文献出版社，2020。

住宅及棚圈已全部拆除，对拆除区及周边区域进行复垦覆土，其中拆除住房面积 7100.78 平方米，拆除棚圈面积 12116.49 平方米，清运建筑垃圾 4771.36 立方米。对确权到户的 4.76 万亩草畜平衡草原全部实施禁牧，完成减畜 17759 个 / 羊单位，生态修复稳步推进。

（二）地方政府落实的相关政策

补助资金落实情况。一是房屋棚圈拆迁补偿。根据天祝县政府印发的《祁连山国家级自然保护区核心区农牧民群众生态搬迁工程建设及资金补偿方案的通知》（天政发〔2018〕355 号）文件，对核心区 59 户常住居民住房、棚圈及附属物按照评估价格的 50% 进行拆迁补偿。各类设施评估价格为 1229.6 万元。补偿资金为 614.81 万元，其中：抓喜秀龙镇 39.02 万元，毛藏乡 122.48 万元，炭山岭镇 438.63 万元，打柴沟镇 14.68 万元。该项补助资金已落实到户 1239.89 万元，尚缺 62.71 万元，全部为毛藏乡所缺。二是新建（购置）住房补助。为减轻搬迁群众新建或购置住房负担，确保群众搬迁后“有房可住”，参照“十三五”易地扶贫搬迁政策，安置住房面积人均 25 平方米，按城北新区保障性住房价格 0.27 万元 / 平方米计算，扣除保障性住房的补贴政策，人均补助建（购）房补助资金 6.7 万元。其中，打柴沟镇 2 户 5 人已通过棚户区改造房屋安置，不再发放建（购房）补助。剩余 57 户 212 人，共计补助 1420.4 万元，其中：抓喜秀龙镇 140.7 万元、毛藏乡 180.9 万元、炭山岭镇 1045.2 万元、打柴沟镇 53.6 万元。目前，已补助 1009.4 万元，尚缺 411 万元，全部为炭山岭镇补助资金缺口。三是差异化奖励补偿。考虑到生态搬迁工作的复杂性，各乡镇之间的差异情况及搬迁群众诉求，对在 2018 年 9 月 30 日前完成搬迁及住房拆除的乡镇，按每人 2 万元标准给予差异化奖励补偿，由乡镇根据各自实际及群众意愿，统筹安排用于房屋拆迁奖励补偿、生产资料补偿、安置过渡补偿等费用，结余资金可安排用于拆除周边无主设施、圈窝及生态恢复治理等其他费用，确保全面彻底完成生态搬迁工作。总投资 434 万元，其中：炭山岭镇 312 万元、抓喜秀龙镇 42 万元、打柴沟镇 26 万元、毛藏乡 54 万元。该项资金落实 366 万元，尚缺 68 万元，其中抓喜秀龙镇缺 42 万元，打柴沟镇缺 26 万元。

后续产业培育落实情况。一是产业培育过渡补偿资金。为保障搬迁群众后续产业培育，从 2018 年开始对核心区搬迁群众每年按照人均 0.5 万元的标准发放后续产业过渡补偿资金，连续发放 5 年，共计 542.5 万元。对已经就业的，根据搬迁群众申请一次性发放到位，确保搬迁群众在产业过渡期内收入不降低。截至目前已发放产业过渡补偿资金 487.5 万元，其中炭山岭镇 156 人 5 年过渡资金 390 万元一次性全部发放到位；抓喜秀龙镇 21 人一次性发放 3 年过渡资金 31.5 万元；毛藏乡发放部分群众过渡资金 46.5 万元；打柴沟镇 13 人一次性发放 3 年过渡资金 19.5 万元。尚缺资金 55 万元，其中，抓喜秀龙镇缺 21 万元，毛藏乡缺 21 万元，打柴沟镇缺 13 万元。二是落实搬迁群众禁牧奖补政策。对 4.76 万亩草畜平衡区草原实施禁牧，县财政每年筹措资金 87.26 万元发放草原禁牧补助，从 2019 年开始，连续补助 2 年，共 174.52 万元，全部为炭山岭镇核心区禁牧补助。2020 年实施下一轮草原奖补政策时，将核心区草原全部纳入禁牧范围，享受国家禁牧政策。三是优先安排公益性岗位。对年龄偏大，缺少技能，文化程度低但就业需求大的进城农牧民优先安排公益性岗位。四是强化技能培训引导迁移农牧民就业。对搬迁群众特别是迁入县城的群众开展就业技能培训及就业指导，实现人均掌握1门以上实用技术，拓宽就业和增收渠道。对家庭条件宽裕的，引导在县城和乡镇发展个体经营和服务业，实现转产转业；对劳动力富余的，利用掌握的就业技能就近或外出务工，增加家庭收入。五是培育发展特色养殖业。对在乡镇镇区安置原来有养殖业基础，且有意愿继续发展舍饲养殖的群众，支持、鼓励和引导在祁连山自然保护区外实施人工种草，通过流转土地建立稳固的饲草基地，建设生态养殖场或养殖小区，发展设施养殖，提高畜牧业发展效益，增加养殖收入。

二、易地扶贫搬迁

（一）为何搬迁

天祝县70%的国土面积是国家级自然保护区，是限制开发区和禁止开发区。全县大部分群众居住在水源涵养林区和高深山区，区域条件艰苦，自然灾害频发，就医、就学、出行、饮水等困难重重，特别是生态保护与经济发展、扶贫开发与资源利用的矛盾十分突出，农牧民群众脱贫致富难度大，全面建成小康社会任务艰巨。为彻底让高深山区的群众脱贫致富，天祝县委、县政府在反复调研、走访座谈、科学研判的基础上，编制完成了《天祝县“十三五”易地扶贫搬迁规划》，将居住在祁连山自然保护区和高深山区的农牧民纳入搬迁规划，搬迁到生产要素相对聚集、发展条件相对较好的自然保护区外，实现生态保护与脱贫攻坚“双赢”。

（二）移民的总体情况

2012年以来共搬迁安置移民15708户64552人，其中，

2016—2018 年全县共搬迁建档立卡贫困群众 3878 户 15114 人。先后建成华藏寺镇红大口和黄草川、松山滩德吉新村和祥瑞新村、达秀村、秀杰村、藜香村、华吉塘村等易地扶贫搬迁示范点 76 个，基本达到了“搬得出、稳得住、能致富、可发展”的目标。安置区群众集中聚居，便于管理和教育，有利于加强社会管理、维护社会稳定，并且从根本上改变了原来的生产生活方式，更多地享受了公共服务设施的惠及，深受群众欢迎，并一致认为易地扶贫搬迁工程成为贫困山区脱贫致富奔小康的主要扶贫方式和有效途径，是一项脱贫富民的小康工程、保护环境的生态工程和维护稳定的社会工程。群众搬迁后，有效缓解了迁出地生态压力，减少了人畜对林草植被的破坏，使生态环境逐步恢复，实现了经济效益、社会效益、生态效益的“共赢”。

（三）迁往何处

天祝县遵循“安居与乐业并举，搬迁与脱贫同步”的原则，通过对安置区土地性质、地质灾害评估、水资源平衡、防洪安全论证、城乡规划、基础设施及公共服务设施配套、产业培育等方面调研论证，合理确定易地扶贫搬迁安置区，因地制宜采取南阳山片集中安置、城镇购房安置、分散插花安置 3 种方式进行安置。南阳山片作为全县易地扶贫搬迁工程的主战场，“十三五”时期搬迁安置建档立卡贫困群众 1968 户 7765 人，占全县“十三五”时期总任务的 51.4%。为彻底解决安置区生产生活用水问题，2013 年启动实施了天祝县南阳山片生态移民小康供水工程，建成库容 146 万平方米水库一座，每年向南阳山片调水 3080 万立方米，使项目区 3 万移民的生活用水、10 万亩设施农牧业生产用水和 5.7 万亩饲草地灌溉用水得到保障。为解决搬迁群众生产用地的问题，县上采取土地集中征收流转，统一规划、统一调整、统一建设、统一补偿的“一集中四统一”方式，整理、整合耕地 11456.6 亩、草原 21745 亩，充分尊重群众意愿和发展需求，对需要耕地的搬迁群众人均分配 1.5 亩耕地，需要草原的搬迁群众人均分配 12.5 亩草原，需要耕地和草原的搬迁群众人均分配 0.5 亩耕地和 10 亩草原，有效保障了搬迁群众基本发展条件。

（四）地方政府如何实现移民“搬得出、稳得住、能致富、可发展”的目标

为了确保群众搬迁后稳定脱贫，天祝县着力加强安置点后续产业培育工作。一是因地制宜培育主导产业。结合安置区气候特点和区位优势，着力培育壮大“牛羊鸡马菜菌藜药”八大特色产业，成功以“中国高原夏菜之乡”“中国高原食用菌之乡”“中国高原藜麦之都”誉名。二是龙头带动创新经营机制。构建“企业 + 合作社 + 农户”“企业 + 村集体 + 农户”的扶贫带贫发展模式和经营机制，引进德青源、纯洁高原、甘肃天美等 31 家龙头企业，规范提升农民专业合作社 507 家，建设天美白牦牛、藜麦、屯祥滑子菇等 12 个农业产业园。三是政企对接建立保障机制。围绕抓龙头、建基地、促流通，建立健全风险防范、利益联结、产销对接等机制，全面推行“订单 + 保单”的“两单”模式。四是科技支撑提升内生动力。扎实开展实用技术培训，2018 年共举办培训班 170 场次，培训农牧民 3600 余人次，下派科技特派员 83 人，建设科技特派员示范基地 2 个。五是多方筹措加大资金投入。按照省上人均 5000 元、户均 2 万元的扶持标准，累计投入到户产业扶持资金 48488.35 万元，其中产业项目补助资金 7248.45 万元、资产收益项目资金 34985.57 万元、折股量化资金

6374.33万元。六是多措并举促进创业就业。引导企业建立扶贫车间，充分开发就业岗位。通过劳务培训，提高务工技能，2018年，劳务输转5700多人次，户均增收2万余元。就地就近开发公益性岗位600余个，人均年发放补贴7000元，促进搬迁群众实现充分就业。

第二节　再嵌入之本：就业

农村与城市是两种完全不同的社会形态，农牧业转移人口从农村脱嵌进入城市，在新的空间场域解构自身传统性、重塑现代性，逐渐习得城市社会行动规则，这一过程被称为人的再社会化。人的再社会化是指，“个体舍弃原来社会规范、价值标准与认同，重新学习社会所要求的社会规范与行为方式的过程”[①]。农牧民离开长期生活的农村、牧区进入城市，不仅是身体所处空间的物理性迁移，更是进入新的社会结构、建构新的社会关系、适应新的生活方式以及社会角色的再社会化过程。农牧业转移人口进入现代化的城市，以学习现代生产技能和科学知识、接受商业文明和市场经济的洗礼而适应新的社会环境，通过新旧价值观念的整合、调适、作用与反作用逐渐习得城市社会所要求的行为方式和社会规范，进而实现角色转换、身份与地位的获得。钱正荣认为，“农民工经历着传统社会到现代社会的变迁，同时还需要跨越城乡二元结构完成城市化，他们承受着历时态与共时态的双

① 束鹏：《冲突、排斥和边缘化——当前农民工再社会化困境原因探究》，载《求实》，2005（2）。

重转型压力，面临艰巨的再社会化的任务。”① 除此之外，农民工进入城市还会经历语言再社会化的过程。生活环境的改变，交往对象的复杂化驱使农民工熟悉并学习打工城市居民的语言使用习惯和交际规约②，以增强对城市的认同，提高自身的素质，适应新的环境。在城镇化的持续推进中，城中村、城乡结合部的一些村民转变为居民，生存环境的改变需要再社会化才能适应，失地青年的再社会化呈现出阶段性特征，会随着拆迁、重建、新社会适应等不同阶段，出现不同的再社会化状态。总体来看，失地青年经济适应普遍较好，但社会适应令人担忧。③ 跟随父母进入城市的青少年，生活、学习、成长社会空间的巨变对青少年转变为成人的再社会化产生了深远影响，家庭、学校、同辈群体、社区以及城镇公共服务政策是影响青少年再社会化的生态系统，对青少年生命历程产生了深远影响。农牧业转移人口城市融入、身份认同的转变是多种因素综合影响的结果，并呈现出显著的个体差异性。推进城镇高质量发展，实现人的城镇化，需要政府完善政策保障，打破城乡二元制度壁垒，为农牧业转移人口赋权，增强他们的自我发展能力，加速城乡融合发展进程。

赋权（Empowerment）又被称为“赋能”或“增能”。赋权理论认为，每个个体或群体都有内在的发展潜能，但由于与周边环境的互动不利或受到社会环境不利因素的制约，使得发展潜能受

① 钱正荣：《流动人口的社会融合问题研究》，载《湖北社会科学》，2010（2）。

② 刘玉屏：《农民工语言再社会化分析——浙江省义乌市为个案》，载《中国农村观察》，2009（6）。

③ 周晓春、米佳、尹鹤灵、冷严军：《“拆二代”青年再社会化的阶段性模式》，载《中国青年研究》，2016（7）。

挫，而成为弱势群体或失权者[1]。“赋权旨在帮助无权个体获得与他们生活相关的决策权力，降低他们面临的权能障碍，提升他们争取个人和家庭福利权利的能力和增加机会，以增进福祉与社会正义。”[2]赋权作为社会工作的主要策略，其服务的对象为社会弱势群体。处于社会底层和边缘地位的弱势群体在发展中难免遭遇社会排斥、能力剥夺。赋权行动旨在降低弱势群体的失权感，激发其获取社会资本、社会资源，掌握自身发展机会的能动性。在我国社会转型变革中，出现了一批“失权”“缺权”“弱权”的群体，如农民工、失地农民、农村留守者等，他们依靠自身的能力难以获得发展的资源和权利。对他们的赋权不能仅靠激发个体自身内在的动力，政府、社会组织、政策制度应承担更多的责任。（孙奎立，2015）

在政府的主导下，生态移民从原来的生活方式、生产关系以及社会关系网脱域，进入全新的生存空间，需要掌握新的生存技能，建构新的社会关系网，也就是通过再社会化完成就业、生活方式、身份转型。生态移民型市民化不同于市场驱动之下的市民化，基于城市就业机会多收入高的拉力之下自发进城的农牧民，将农村作为退路，在城乡之间自由往返，通过不断的调适、重组及再建构，增加城市积累性，逐渐在就业、生活方式、价值理念等方面适应城市，最终融入城市。生态移民市民化是政府主导推进的被动型市民化，不是农牧民自发选择的结果，进入城市的农牧民不具备在城市生存的能力。而且地方政府为了恢复生态，在

① 于兰华：《失地老人经济参与的行动逻辑分析：基于苏中N市Z社区的调查》，220页，北京，中国社会科学出版社，2019。

② 刘建娥：《乡—城人口迁移与社区转型》，60页，北京，社会科学文献出版社，2018。

生态移民搬迁之后，将其原来的房屋、牲畜圈舍全部推平，切断了农牧民返回的退路，没有留给农牧民足够的心理准备时间。急剧的变迁给农牧民带来极大的冲击，导致他们对当下的生活产生了焦虑感，对未来的生活充满担忧。

一、"赋权"不充分

城镇化、工业化快速发展，吸纳大量农牧民进城。受传统城乡二元社会结构、户籍制度及主观因素制约，进城农牧民大多处在城市社会底层，不能充分享受城市社会公共服务、公共资源等，难以扎根城市。农村、土地为进城农民提供保障，他们在城乡之间"两栖流动"，形成"半工半耕"的生计模式，家庭成员因个体禀赋差异而分散在农村或不同级别的城市空间，通过代际合力积累家庭资源，为农牧民家庭最终扎根城市储备能力。农牧民城镇化所体现出的渐进式、阶段式或螺旋式特征是农牧民理性选择的结果。由政府主导的生态移民，农牧民生计、身份的转型具有突变性，他们没有可选择的退路。缺少城市积累的农牧民如何立足城市，政府、农牧民等利益群体围绕政策、资源、利益与发展等展开各类博弈。

"赋权"理论关注"缺权者""弱权者""失权者"等弱势群体、边缘群体权利缺失问题，认为"个人或群体拥有的权利是变化和发展的"，通过个体主动的公共参与和外部力量的推动，挖掘和激发失权者的潜能，以"减少无权感"，改变不平等权利结构。[①] 生态移民是一项浩大的民生工程，移民安置补偿、房屋建

① 陈欧阳：《公关素养：赋权主义视角下的概念探讨》，51—53页，武汉，华中师范大学出版社，2015。

设、基础设施和公共服务设施建设，移民点后续产业的培育都需要大量资金的投入。天祝县核心区农牧民搬迁主要采取的是一次性货币化安置补偿方式，且核心区禁牧补助由县级政府自筹解决，2021 年起核心区搬迁农牧民面临产业补助资金断链、禁牧政策不确定的问题，产业培育接续不好将难以保障基本生活，并可能造成极大的社会不稳定因素。其次，移民安置点农牧民每家分到的土地较少，比如松山镇安置点每人能分到 1.5 亩地，政府将农户的土地流转用来发展种植业和养殖业，通过培育特色产业促进移民群众可持续发展。根据笔者调研，2020 年各移民安置点依托 31 家龙头企业建设了藜麦、食用菌等 12 个产业园区，初步培育形成了“牛羊鸡马菜菌藜药”八大特色产业，但产业带动能力还不足，需进一步延长产业链条，扩大就业容量，增加搬迁群众的就业渠道。除此之外，安置点公共服务设施需进一步改善。移民安置点缺乏大型的污水、垃圾处理设施，无法满足后期农畜产品精深加工和生态旅游等产业的发展，需要国家和省上加大后续扶持力度，进一步完善集中安置点污水、垃圾处理等公共服务设施。

就业是农牧民能否立足于城市的根本，是确保搬迁农牧民搬得出、留得下、稳定住的关键。政府通过引导企业建立扶贫车间，开发就业岗位；技能培训、劳务输转；优先安排公益性就业岗位；对家庭条件宽裕的，引导其在县城和乡镇发展个体经营和服务业，实现转产转业等具体措施帮助农牧民就业。但限于财力有限，技能培训效果不明显。“政府组织 18 岁～45 岁的移民进行技能培训，培训的项目有电焊、维修、厨师、运输等。组织了好几次培训……但接受培训的人文化程度太低，学起来费劲，而且培训工期太短，每期只有 7 天，流于形式，我们并没有掌握技

术。”（男　藏族　57 岁）

二、农牧民自身“增能”不足

迁移进城对不同群体产生了不同影响，在移民群体内部出现了新的社会分层与分化。从地域看，位于生态核心区的农牧民多为常年以放牧为生的藏族群众。牧民搬迁后，在转型发展中面临语言不通、文化程度低、掌握新技术难度大、难以融入城市的困境。从事放牧虽然辛苦，但收入可观，牧民进城定居后，由于人力资本、社会资本匮乏，难以在城市实现就业，因而没有稳定可靠的收入，与以前相比生活质量下降的现实让农牧民产生了心理落差。不少人怀念以前放牧的生活，希望能够重返草原继续放牧。有些农牧民认为建筑工地的活太苦太累，不愿意外出打工，从事其他工作又缺乏技术，因而整日无所事事，以饮酒、跳广场舞等消磨时光，长此以往，将不利于社会和谐稳定。“我是文盲，从小放羊，大字不识，加上年龄大了，政府组织的培训根本学不会……政府不可能安排工作，那么多的人哪有岗位安排，别说给我们安排工作，大学生们都找不到工作……打工打不动了，没技术、体力跟不上，还是以前放牧的日子好。”（男　藏族　44 岁）

对于其他易地扶贫搬迁群众来说，因为在迁移之前就已经在县城或其他城市务工经商或陪读，移民让他们改善了居住环境，减去了租房费用，因而能够很快地适应城市生活方式，部分人借助政府的扶持实现了完全市民化。从年龄看，拥有健康体魄、技能、知识等人力资本优势的年轻人能够在县城或其他城市找到工作，实现就业。老年人因为年龄、身体、文化程度低等限制无法在城市就业，成为城市新型的边缘群体、贫困群体和留守群体。从性别看，移民进城加速了农村中年妇女再社会化。在农村，中年妇女留守在家中料理家务、从事农业生产、照顾老人和小孩，生活辛苦，收入低下。进入城市后，她们一边在县城打工一边照顾老人、小孩，或者投资经营小店，实现转行。总之，从事非农职业使她们的收入得到较大的提高，从而为家庭做出更大贡献，增强了其在家庭事务中的话语权与决策权。

三、何以就业

迁移到城镇的农牧民，生计方式、生活的空间场域和身份发生转变，要求农牧民在适应中学习新的生存技能，在新的工作岗位边工作边积累经验、增长见识、提高能力，扩大社会关系网络，即“干中学”。干中学模型是最早的内生经济增长模型，Arrow（1962）和 Sheshinski（1967）提出干中学模型（learning by doing），他们认为，“知识和思想会伴随经济增长的全过程，知识和思想是投资过程中的副产品，劳动者的每个新发现都可能外溢到整个经济活动中，瞬时的知识溢出在理论上是可行的，这充分肯定了劳动者的思维和知识结构对经济增长的突出作用。”①“干中学”理论强调知识是在实践中生成的。学界对“干中学”理论研究沿着宏观与微观两条线路前进。张慧毅认为，“干中学”是发展中国家获得渐进性技术创新的途径之一，具有技术后发优势的发展中国家通过引进发达国家的技术和设备学习新技术，扩大技术扩散和技术外溢效果，形成“干中学”的良好效应。②“干中学”是学校教育之外，农民工增加人力资本的重要

① 刘魏：《土地征用、非农就业与成城郊农民收入研究》，西南大学博士学位论文，2017。

② 张慧毅：《“干中学”、生产现场创新与技术进步——以装备制造业为例》，载《中央财经大学学报》，2014（7）。

途径。吴炜以长三角和珠三角农民工为研究对象，从微观的角度分析“干中学”对农民工收入的影响。研究发现，进入劳动力市场之前的学校教育与之后的“干中学”结合会显著提高农民工的收入。[①]“干中学”为受教育程度低、人力资本低下的农民工实现生命轨迹向上波动、打破社会阶层固化提供了机会和可能。农民工如果长期坚持在某个工作岗位，边干边探索，边积累边领悟，最终会熟练掌握某项技能，甚至是精密的技术，成为拥有高技能的劳动力或精英劳动力，收入就会得以显著增加，从而改变农民工处于职业阶层底端的处境，实现其社会阶层向上流动。农牧民进入城市后，原有的以农业、牧业为基础的知识积累与知识结构失去发挥作用的空间，在城市空间有更多的非农就业机会，进城农牧民迫于生计压力，积极投身非农产业，在工作中边干边学习，通过实践积累知识、经验和技能等提升人力资本和社会资本，进而获得有价值的信息、资源和发展机会。

就业乃是移民安身立命之本。事实上，移民群体内部已经产生了分化。有些农牧民抓住机会，利用补偿安置款或其他家庭资产在安置小区周围投资经营小本生意，比如开超市、饭馆、蔬菜水果店等，由受雇走向自雇，实现成功转型。另外，积累了一定技术和资金的年轻人，返回县城创业，实现了就地市民化。在大城市经营一家小的店铺，从事安装等技术工作，生活水平无疑处于中下层。因为缺少技术含量，可以转化的经济效益自然少。而在小县城，掌握一门技术，就等于有了稳定可靠的生活来源，生

① 吴炜:《干中学：农民工人力资本获得路径及其对收入的影响》，载《农业经济问题》，2016（9）。

活水平高于以打零工或其他依靠体力活儿为生的人。央宗夫妇经营着一家布艺窗帘店，他的妻子是裁缝，负责加工窗帘等布艺活计，央宗负责上门安装。据央宗讲，自己以前在西藏开挖机，结婚以后和妻子开店，每月 7000 ~ 8000 元的收入远高于在县城打零工的人。在天祝县打零工的人，男工每天 120 元，女工 100 元。对于有意愿回县城创业的年轻人，政府应创造有利的政策环境，从政策、资金贷款等方面扶持有志向的年轻人。

除此之外，政府鼓励企业利用当地民俗文化发展旅游业，以带动当地劳动力就业。笔者在天祝调研期间，在熟人的带领下参观当地较大的旅游文化公司——天祝南拉民俗文化有限公司。该公司位于天祝县天堂镇大通河北岸，是依托甘、青民俗文化资源开发利用而建设的集餐饮、住宿、观光、娱乐于一体的旅游综合开发项目。公司有南拉宾馆、民俗文化体验馆、民俗文化村和民俗展览馆四个主单元以及佛塔文化长廊、河堤七彩音乐喷泉、旅游观光木栈道、锅庄舞广场、十八罗汉窟等辅助景观组成，是甘肃省级创业就业孵化示范基地、甘肃省摄影创作天祝基地以及甘肃大队天堂自驾基地。公司的对面是天堂寺[①]，游客主

① 天堂寺，是具有悠久历史的藏传佛教格鲁派名寺，座落在天祝县境内，与青海互助土族自治县北山相连，地处大通河北岸。此处山清水秀，海拔 2200 米左右，气候宜人，俗称“天祝小江南”。天堂寺周围群山拥绕，形成八宝形状，与《噶当宝典》中预言的观音圣地完全相符。明崇祯年间（约 1639 年），青海名僧丹玛慈诚嘉措任天堂寺第一任堪布，其间天堂寺被称为“朝天堂”（即“乔典堂”之音转），自此以后人们便将该寺叫做“天堂寺”，沿用至今。天堂寺是历史上号称“黄河北部五大藏传佛教古寺”的寺院之一，盛世常住僧人 800 多名，号称“天堂八百僧”。该寺是修学并举的格鲁派寺院，内分五部学院和时轮学院，分别开设显宗五部和密宗学科。现有释迦牟尼殿（殿中 5 米多高的泥塑镀金主佛释迦牟尼胸前装有鸡蛋大小的一颗迦叶佛舍利）、时轮经堂、宗喀巴大殿（内有被誉为亚洲最大的宗喀巴木雕镀金坐像）、大经堂等经堂佛殿。

要来自青海，甘肃临夏、兰州等地，旅游旺季家庭式套房的价格为540元，淡季为300元，单间旺季为278～280元，淡季为138～168元。公司在本地规模较大，吸引了周边一部分人就业。“留在小城镇消费低，生态环境好，可以经常回家看望父母。在大城市，一个人漂泊太孤单。”（女　土族　22岁）

对于其他有劳动能力的农牧民，政府鼓励自谋出路，鼓励个体通过自身努力寻找多元化的就业之路。

“因退耕还林，我们村整村搬迁，大部分搬迁至松山镇安置点，少部分安置在L小区。我们家安置在L小区。早在两个孩子上初中的时候，我们就在县城租房住，边打工边照顾孩子上学。现在两个孩子都已经大学毕业了，老婆因病去世。我在兰州、青海、内蒙古到处打零工。如果老婆没有去世，我会选择回农村搞养殖，搞养殖总比打工挣钱，现在搞养殖的一年能挣十几万，依靠体力打工一年到头才挣1万多。”（男　藏族　53岁）

“建筑工地招收工人，男性的年龄限制为55岁，女性为50岁。我这个岁数在小型建筑工地上还可以打工。夏天的时候我就出去打工，冬天在家看孙子。儿子儿媳妇在外省打工。早在8年前我就在县城打工照顾儿子上学，以前是半工半耕，农闲打工农忙种地。移民以后就全靠打工为生。我家被安置在松山镇，松山镇的土地政府流转种藜麦，一亩地补偿100元。考虑到孙子以后上学方便，在Z小区买了房子。目前的生活水平处于中等吧。”（男　藏族　58岁）

从目前情况看，就业最困难的是来自生态核心区的牧民以及进城的老年人。对于牧民，应根据他们掌握的经验和技能，尽可能地将其安置在与畜牧业相关的单位。如草业公司、养殖合作社、皮毛加工厂、牛羊肉销售店，等等。老人在身份转型与扎根城市的过程中，需要依附于家庭、政府与社会。“养楼养病”是老人在城市日常生活实践中面临的最大障碍。进城老人首要的依靠是子女，对他们来说传统的养老模式仍然发挥着主导作用。然而，子女们在城市生活成本上升的压力之下，将有限的家庭资源、财力投入到自己小家庭的发展之上，导致传统养老模式的功能逐渐弱化。政府需探索出台适合农村进城者的养老政策，根据老年人在城市生活的现状相应地提高补助。除此之外，将更多的药物纳入报销的范围，减轻老年人生活压力和心理负担。调研中，许多老人反映日常的生活消费他们尚且能勉强应付，但是常年吃药使原本贫困的生活雪上加霜不堪重负。一生在农村、牧区辛苦劳作的老人，身体难免会出现各种疾病。“我经常腿疼，要天天吃药。而且最近不知道什么原因，吃饭总是被噎住，不管吃什么都噎，稀饭也是，没有闲钱到医院去检查。”（男　土族　77岁）来自朵什乡南冲村72岁的老奶奶，因儿子不幸去世，儿媳妇带着孙子改嫁他人等家庭变故而一个人住在县城。她说自己患有高血压、糖尿病等慢性病，虽然慢性病医药费可报销70%，每月300元的药费无疑是让她最发愁的事。除医药费外，物业费和暖气费是城市家庭支出的大头。对于老人独自生活在县城的家庭，应在这两项费用方面给予一定的补偿，减轻老年人“养楼”的压力。另外，强化社会养老的功能，“完善社区养老服务设施建设，提高养老服务供给的能力和质量，提供方便快捷的多层次、多样化的养老服务。”① 天祝县新区养老院已建成。

① 陈光辉：《实施积极应对人口老龄化国家战略》，载《中国社会科学报》，2021-01-28（001）。

第三节 城市化的生活方式

城市与乡村因不同的生产生计方式、文化生态系统而产生迥异的生活方式、价值观念、社会关系等。帕克（Park）认为，乡村文化依赖于家庭、部落和乡村这些人们共同生活和直接参与的场域。城市生活是满足利益、需求与目的的理性工具。路易斯·沃思（Louis wirth）指出，都市人是在高度分化的角色中交往。城市生活的特点在于次级关系而不是初级关系。城市人之间的接触可能的确是面对面的，但不过是非人格化的、肤浅的、短暂的，因而也是部分的。① 齐美尔（Georg Simmel，1902）指出："城市生活留给居民的是一种持续的刺激：图像、声音、人群、社会对关注、关爱和行动的需要。在这种过度的刺激下，自我防御的反应机制将人与周围的环境和人群隔离开来。因而城市人在与其他人的接触中容易表现出冷漠、持疑、拒绝的态度。"② 与其他人的关系只是一种类似商业往来的方式存在于特定的角色和任务中。都市人身体上陷在一张紧密的他人之网中，但心理上感觉几乎完全是孤独的。③ 城市作为人类文明成果的聚集空地，优势表现在——只有城市才能带来更丰厚的收入、更完整的政治权利

① [美]路易斯·沃思著，赵宝海、魏霞译：《作为一种生活方式的都市生活》，见孙逊、杨剑龙主编：《阅读城市（都市文化研究·第三辑）》，10页，上海，上海三联书店，2007。

② [美]布赖恩·贝利著，顾朝林等译：《比较城市化：20世纪的不同道路》，36页，北京，商务印书馆，2011。

③ [美]（Edward Kruperat）·克鲁帕特著，陆伟芳译：《城市人：环境及其影响》，144页，上海，上海三联书店，2013。

以及更好的教育与社会服务。“城市优势”拉动数以亿计的实体向城市集中，试图掌控些许城市优势，并将这些优势转化为自身发展的优势资源。①

农牧民从乡土社会空间脱嵌进入城市空间，主要的生计方式由经营农业和牧业转变为以从事第二三产业为主。经济活动是社会关系、社会认知形成的基础，在新的生产生活场域，个体与社会环境互动的实践发生根本变革，早期的生存技能失去存续的文化生态土壤，从而迫使农牧民逐渐改变传统的行为逻辑、价值理念，以“干中学”积累在城市生活的技能与知识，适应城市生活方式、实现身份转型，再造与城市社会相适应的角色，建构新的社会关系网络。

一、家庭关系变化

家庭是社会生活的细胞。家庭成员围绕各自分工承担相应的责任以保证家庭的延续。扩大家庭与核心家庭是中国当前主要的家庭类型。在传统的乡土社会，家庭关系以父子关系为主轴。父亲位于家庭成员所组建的关系网核心，拥有支配家庭财产、资源以及保证家庭再生产的权力。代际之间的关系以费孝通先生所论述的“文化反哺”模式为主，即父辈抚育子辈，为儿子娶妻成家积累财富，儿子成家立业掌握家庭权利后反馈父母的恩情，赡养日渐年老体衰的父母。城镇化快速发展带来乡村劳动力在城乡之间流动，农村家庭结构发生变迁，表现为年老的父母留守在农村，子辈的家庭处于流动状态。子女长期不在场，弱化了传统养

① [加]杰布·布鲁格曼（Jeb Brugmann）著，董云峰译：《城变》，21页，北京，中国人民大学出版社，2011。

老模式中子女赡养老人的养老实践，老人以“只要身体健康，就继续从事农业生产”的方式实现自养。生态移民让农村家庭举家迁入县城，家庭中的老人由“农村留守老人”变为“城镇留守老人”，是县城的“空巢老人”，他们独居或与孙子居住在县城。农村老人协助子女在县城购房，花光了一生的积蓄，进入城市后，因户籍未转变难以享受与户籍挂钩的城镇社会保障和福利，政府、社会养老的缺失，家庭养老功能的弱化等，导致农村老人进城后面临更为困难的养老处境。反馈式养老功能的弱化加剧代际之间的不平等，在一切为了子孙后代这种“恩往下流”的传统思维模式影响下，子女从父母处索取的多于反馈，父辈无论是在子女的教育、结婚以及在城市买房还是子女成家后继续提供经济扶持和孙辈照料等方面都付出了巨大的财力、物力和精力，几乎再无暇顾及自己将来的养老问题。在农村老人尚且可以通过继续经营农业实现“自养”，在城市老人只能更加勒紧裤带过日子，对未来不确定的生活充满担忧、焦虑。“进城前想着要去住楼房还挺期待的，进城以后这个费那个费的，还得每个月吃药，真是人闲心不闲，总是为钱发愁。而且低保因为进城买楼被取消，我去镇上反映，人家说进城就不归镇上管，县上又说买楼了就不能有低保，我们现在是两不管的处境。在农村生活过得好的人因为进城而生活压力变大，人家那些身体残疾的、乞丐等因为有低保、国家管着，反而生活不用发愁。”（男　汉族　70岁）

时代背景和社会环境的变革，尤其是在城市生活面临的巨大压力导致人们的家庭责任、生育观念发生改变。传统农民家庭，父母在承担养育子女的基本责任外，将为儿子娶妻、准备新房等视作为人父母的主要人生义务。身处城市空间场域的农村父母意识到知识与技术可转化为财富，拥有知识和技能的人有可能在城市生活得体面。因而更加重视子女的教育，甚至倾其所有地增加教育投入，希望子女获得更多立足城市的资本，子女在城市找到一份稳定或收入可观的工作，就会有能力在城市购房定居，成为“城里人”，彻底跳出“农门”，实现家庭地位向社会上层跃进。在城市生活的年轻一代深受城市文明的浸染，日常生活中注重个体生活质量的提升，然而在城市生活面临高房价、就业不稳等交织的多重压力，不少年轻夫妇应对生活风险的能力不足，并且养育一个孩子要投入巨大的成本，从而降低了年轻一代的生育意愿，不少夫妇只要一个孩子，最多生两个孩子。“生那么多，又没有人带又没有钱养活。现在的孩子不像我们都是散养大的，他们从小就要一个人专门伺候着上学，还要结婚、买房子……想想都不敢生，生个姑娘更好，压力小。”（女　汉族　32岁）笔者所遇到的访谈对象不能代表整个年轻一代人的生育价值观，但一些个体微观观念的转变，传递出一些社会变迁的信号。生育观的改变会影响整个家庭关系的变化。除此，年轻一代依靠子女养老的观念弱化，他们更倾向于依靠社会或自身积累养老。

二、生计方式变化

通过城乡之间的接触与交流，城市影响了乡村，并在乡村生活中留下了都市生活的烙印。城市生活方式不只存在于城市，在城市影响所及的任何地方都不同程度地存在着都市生活。① 城市

① [美]路易斯·沃思著，赵宝海、魏霞译：《作为一种生活方式的都市生活》，见孙逊、杨剑龙主编：《阅读城市（都市文化研究·第三辑）》，7页，上海，上海三联书店，2007。

空间扩张以及城镇化快速发展带来的流动性，使农牧民不再是固守单一生计方式的群体，尤其是来自生态环境脆弱地区的易地搬迁移民，务工收入早已成为家庭主要收入来源。他们举家迁移后，借助政策、政府的外部赋权，获得更多的发展资源、机会与权利，加快生计方式非农化。总之，农牧民进入城市，就业机会增多，生计方式多元化。就业的区域、类型、行业不同，经济收入就不同，经济分化产生新的社会分层。笔者在天祝县调研发现，当地农牧民主要流向新疆、青海、西藏以及甘肃其他地区务工经商。跨区域流动的人员流动时间长，只有过年的时候才回家几天，通常是夫妇二人外出，留老人和子女住在县城，经济收入高于在县城务工的人。另有不少男性劳动力会从事技术门槛较低的跑大车等职业，他们往新疆、西藏、陕西等地运送货物，常年奔波在路上，很少能照顾到家庭。因近几年从事运输行业的人越来越多，面临收入下降的问题，一些人因而改行从事其他职业。“刚开始的几年，每个月能挣 7000 ~ 8000 元，现在行情不行，车多货少。我就改行开超市了。”（男　藏族　36 岁）“每个月除去修理费等花销，收入 2000 ~ 3000 元吧。”（男　藏族　35 岁）在本地县城务工经商的农牧民，逐渐分化为自雇型、雇佣型和打零工三种职业类型。自雇型群体以经营小本生意为主，如开办超市、水果蔬菜店、民俗特色产品小店铺等。自雇型就业群体内部收入分化明显，有的店铺年收入 10 万元左右，也有不少店铺门庭冷落、生意惨淡、盈利微薄甚至亏本运转。扎西 15 岁就出来打工，之前从事电器电焊加工，政府组织他们学习电焊技能，培训期满考试合格后，发放电焊证，之后他跟着师傅学习，因收入不乐观改行经营小买卖，扎西开了一家出售藏族民俗产品的小商铺，启动资金 15000 元，店面的租金一年 15000 元。为了节约生活成本，离异的他住在自己的小店。因为父母身体有病需要人照顾，他没有选择外出打工而留在县城。扎西表示自己奋斗的目标是多挣钱，给家里减轻负担。雇佣型职业多为销售、服务员和导购等，以女性为主，月收入为 1000 ~ 2000 元，不适合承担养家糊口角色的男性从事。打零工的人一般为中年人，多从事苦力劳动，男性劳动力一天 120 元，女性为 100 元，零工的收入不稳定。总之，移民至县城的生态移民，在生计重压之下，迫使自己尽快转变角色，依据自身所拥有的人力资本从事不同的非农职业，实现从农牧民到非农非牧的身份转型。

受教育程度低、生存技能单一的牧民从草原进入城市，不但面临就业难的困境，而且牧民对“干中学”缺乏信心、存在抵触情绪，加之草原游牧文化与城市现代文化在交流碰撞中产生冲击，给牧民带来震荡和不适感，导致牧民缺乏归属感，找不到自身的定位，对自我身份认同模糊。身处陌生的地域与文化空间的牧民，缺少城市生活的积累，游走在城市社会的边缘，生计方式转型面临种种困境。“从小就放羊，其他什么都不会，在县城只能打零工，组织的培训听不懂也学不会更不想学。现在出去打不动工，没技术、体力跟不上。”（男　藏族　57 岁）纵向比较牧民的生活，初入县城的不适感以及收入下降带来的落差感，导致牧民对当前生活充满担忧。但从家庭代际发展看，牧民家庭进城后，其子代可享受更多更优质的教育资源、文化资源，能够为牧民家庭向上流动积累有价值的资本。

三、消费方式变化

农村与城市经济发展水平、生计方式、生活方式以及社会关系的不同导致不同的消费类型、消费品位和消费追求。在农村，对土地的投入、外出务工产生的消费是生计方面的主要支出。在城镇化快速发展的时代，农业经济较低的产出已不能满足农民消费的需求，大量青壮年外出务工获得家庭收入，留守在农村的老人经营少量可维持家庭口粮的土地以及一些庭院经济。土地分散的、小规模的、碎片化的经营方式决定其投入与产出较低。然而，土地仍然是农村家庭特别是老年人的基本保障和依靠，只要身体健康，生活还能自理，老人都会种地，以种地实现养老自养。进城务工的农牧业转移人口由于自身人力资本、社会资本的匮乏以及政策制度等制约，难以融入城市，无法在城市扎根。城乡二元制度影响下的他们，在城乡两种不同的空间场域实践日常消费。老一代农牧业转移人口进入城市的主要目的是获得经济收入，将自己视为城市的“异客”。客居城市的他们尽可能地节衣缩食，抑制个人消费，居住在简陋的出租屋，购买廉价的商品，将收入的大部分寄回农村用来翻修房屋或者为子代娶媳妇、在县城买房等。新生代农牧业转移人口将城市视为实现梦想和理想的地方，融入城市的意愿强烈，深受城市消费型文化的影响。在衣着方面追求品牌，他们喜欢买高档的电子产品，闲暇时间喜欢与朋友聚会、逛街、看电影、玩网络游戏等，消费方式方面已经完全市民化。新生代农牧业转移人口主要就业于服务类岗位，收入不高加之更换工作频繁，导致不少人的生活入不敷出，借助信用卡、花呗等透支消费。除生计生活方面的消费外，在农村熟人社会，维持传统社会网络和社会关系的人情支出占家庭支出的较大比例，并且伴随村民外出务工收入增加而呈现出逐年增加的态势。“遇到下雨天停工的时候，大家喜欢聚在一起喝酒吃肉，平均每次消费400元左右。现在人情支出名目多，家里考上大学的、生小孩的、乔迁的、贺车的、开工的、红白事的，等等吧，细算下来数目不小。”（男　藏族　38岁）当今农村家庭的重大礼仪活动都会选择在县城的餐馆或酒店举办，参加活动的人都会随较高的礼金。“原来在农村家庭办事情我们随礼一般几十元吧，到县城吃酒席至少要100元，否则会尴尬。”（女　汉族　44岁）

随着时代的发展变化，农村的消费方式发生变革。城市的消费方式因为城乡之间两栖流动的人以及城市文明的扩张而嵌入农村，现代化的家具、家电是家庭经济收入、财富多少的象征。进入城市以后，农牧民家庭的消费远高于农村，并且消费的类型、品位与追求不同。消费作为社会分层的重要维度，出现代际分化。农村老人进城以后处在时尚、信息的边缘，加之难以在城市实现再就业，经济依附于子女和家庭，消费需求以维持基本生活为主，因而处在消费阶层的最底端。光是“养楼养病”等基本生活消费就超出了农村进城老人所能承受的范围，城市老人所享受的旅游、才艺学习等高品质的消费是他们从未奢想的。笔者在调研中所遇到的进城老人在衣着方面保持了农村风格，从衣着外貌上很容易判断出他的社会身份，进城老人在形象、行为和思想上深深地打下了农村文化的烙印。

伴随经济全球化市场化快速发展，推动消费社会的到来，消费日益成为建构自我与社会、文化与身份认同的首要场域。[①]王宁认为，消费构成人们显示认同的符号、象征和社会交流的工具[②]。消费彰显个体身份认同与身份的区隔，加剧社会分化。“人

① Comaroff Jean，John L Comaroff. *Millennial Capitalism:First Thoughts on a Second Coming*. Public Culture，2000，12（2）：294。

② 王宁：《消费与认同——对消费社会学的一个分析框架的探索》，载《社会学研究》，2001（1）。

们试图把消费、把不断享用相同的物质和精神财富以及相同的产品，作为缓和不断加大的社会不平等、等级以及权利和责任差异的东西。”[①]“在以差异为基础的消费社会中，人们消费行为的目的仍然是追求社会的差别地位。”[②]年轻人喜欢新潮的事物，追求个性时尚。城市丰富多彩的商品、日新月异的广告传媒将他们包围在“声、色、形”构建的多元化世界中。年轻人在视觉感官的刺激下，以消费实践试图消弭阶层差异，追求身份、社会地位上的平等和尊重，更加强化城市人的认同。身处消费社会的新生代农民工，在消费领域试图打破城乡二元身份地位，以个性化的商品外显符号追求城市生活方式[③]，重塑自我认同，抗争其城市边缘身份和不平等社会地位。时尚消费已经成为社会大众建构身份认同的主要表现。[④]尤其是年轻的女性，喜欢买潮流的衣服和化妆品，平时将自己打扮得时尚前卫，消费方面完全实现了市民化，难以从外貌判断其是来自农村还是城市。赵杜灵对小镇中产青年女性的时尚消费与身份建构之间的逻辑进行实证研究后发现，“全球化、市场化扩散到基层社会的时尚模式塑造小镇中产青年女性的身份”，小镇青年女性又靠资本条件和习性进行身份建构。[⑤]凡勃伦（Veblen，T.B.）认为服装是金钱文化的一种表现，“同任何

① [法]让·鲍德里亚（Jean Baudrillard）著，刘成富、全志钢译：《消费社会》，39页，南京，南京大学出版社，2014。

② 刘少杰：《后现代西方社会学理论》（2版），301页，北京，北京大学出版社，2014。

③ 周贤润：《从阶级认同到消费认同：农民（工）身份认同的代际转向》，载《中国农业大学学报》（社会科学版），2017（4）。

④ 赵杜灵：《时尚消费与具有化策略：小镇中产青年女性的身份建构研究》，载《中国青年研究》，2021（5）。

⑤ 赵杜灵：《时尚消费与具有化策略：小镇中产青年女性的身份建构研究》，载《中国青年研究》，2021（5）。

其他消费类型比较，在服装上为了夸耀而进行的花费，情况总是格外显著，风气也总是格外普遍。一切阶级在服装上的消费，大部分总是为了外表的体面"[①]。现实中，价格、品质和品位的炫耀性消费不再是年轻人追求的唯一消费标准，而是再造出适合本群体消费能力的"消费亚文化"，并以新的消费方式体现时代个性。比如年轻人喜欢在App上购买新潮但相较实体店更便宜的服饰，也有人喜欢在直播间买货。网络去中心化、去边界化的特征，使不同地域、阶层、身份的人处在相同的"场域"。智能手机是年轻人离不开的电子产品，他们在手机上购物、追剧、刷小视频、社交、工作，等等。大众传媒所建构的城市中产阶级形象、消费品位是青年群体争相模仿的对象。总体来看，进入城市的家庭，主要的消费由以下几个大的方面构成：处于学龄阶段孩子的教育支出、家庭再生产支出以及老年人养老。教育支出占家庭支出的大部分，为了实现子代向社会上层流动的愿望，家庭策略的选择是将家庭有限的资源投入到孩子的教育上，压缩其他方面的支出。如果一个家庭中既有求学的孩子又有老人要赡养，中坚劳动力没有稳定的工作，只是依靠打工为生，那么这个扩大家庭在城市生活无疑会面临较大的经济和生计方面的压力，甚至处于贫困的状态。

四、社会关系重构

社会关系网可以理解为个体在特定的场域与其他群体互动而形成的关系网络。个体在社会中扮演不同的身份角色，在不同空

① [美]凡勃伦（Veblen, T.B.）著，蔡受百译：《有闲阶级论》，130页，北京，商务印书馆，2021。

间中的互动交流会将信息、资源、机会传达至关系链条中的其他人。因此，扩大社会网络，承担更多的社会角色有助于个体获得发展所需的社会资本。在进城之前，农牧民生活在由熟人组建的村落、牧区中，彼此之间知根知底，熟知其他人的成长经历、秉性爱好、品德为人等，人与人之间的关系表现得亲密无隐私化。白天家家户户大门敞开，邻里之间随意串门走动，农闲时节村民往往聚集在某一家或村中的公共场地畅聊。主要的生产资料土地以及乡土文化是村民交流的核心话题。流动的社会打破了乡村社会的封闭性，外出务工的青壮年逢年过节回家时，彼此谈论的话题变为在哪里务工，收入如何，什么行业可以挣钱，等等。并通过衣着、消费起到带动其他人到相同行业或城市务工的示范效应。由于个体以原子化的方式嵌入不同的城市，年轻人之间开始由熟悉走向陌生，对自身经历的遮遮掩掩、消费的欺骗性以及尊重他人隐私意识的觉醒使个体之间的交往逐渐走向表面化。跟随子女迁移的老年人也常年在外，脱嵌于村庄社会关系网络，与村庄的联系不紧密不频繁，不熟悉村落发展事务。随着国家对农村发展的重视，村落发展表现出国家在场，驻村第一书记将外界的资源、信息、知识和科技嵌入农村。留守在农村的老年人交流的话题变得多元化，上有国家扶农政策的交流，下有子女工作等情况以及农村传统文化、家长权力的式微等。总之，城市化、工业化以及现代化的快速发展，带来村庄社会生活的变革。然而，村落社会的私人关系未发生根本变革，围绕“差序格局”构建的亲属关系仍然是村民依赖的关系网络。

进入城市，农牧民的社会关系网络发生了根本性变革，农牧民从熟人社会关系网脱域，进入异质多元的陌生社会，社会交往的空间从私人领域进入公共领域，每家每户紧闭的“门”

将人们排挤在社区公共领地。老年人虽然复制了农村的行动逻辑，见到陌生人也会主动打招呼，聚集在一起晒太阳、打牌的老人可能彼此并不认识，基于“消磨时间”的共同目的，他们聚集在一起闲聊。然而，聊天的内容趋向表面化、浅层化，彼此不会吐露家事、心事，人与人之间交往的目的性、工具性增强，情感性、支持性减弱。安置在一起的农牧民虽然具有相同的身份和人生经历，但因来自不同的地域、成长的社会文化环境不同，对彼此的过往不熟知，带有本能的戒备心理。因此在县城，老年人重新建构的社会关系网络具有熟悉与陌生相互交织的二元性。随着在城市生活时间的增加，老人之间会变得熟悉。年轻人因为在县城难以找到支撑一家人体面生活的工作而外出务工，举家搬迁至县城后，农村传统的血缘、亲缘关系网断裂，年轻人之间完全是陌生的，他们在县城重新建构的社会网络具有异质性、多元性和流动性。

第四节　再嵌入之困：身份认同的迷失

认同是民族文化研究的关键词之一。英国人类学者利奇在《缅甸高地的政治体系》中表述了缅甸高地的族群互动促进了卡钦人的族群认同。人类学者卡特尔·班特雷用“实践”理论解释了菲律宾马拉瑙人族群认同情况。今天，认同不仅无处不在，而且是全球性的。在大多数活动领域，它已经渗透到了个人与共同体的生活之中。对民族和国家来说，认同的价值与功能是激励民众和凝聚民心。

全球化加速人口大流动，人们因多元化的诉求在不同的空间场域频繁流动、迁移，流动影响个体的认同。认同经常来自对某个地方的情感和归属。[①]当移民从一个地方迁移到另一个地方时，可能都会遇到“我归属于哪个社会群体”以及“我是谁”的身份认同问题，并根据自我身份认同作出相应的行为，即“因为我是谁，所以我行动”(I act because of who I am)[②]。身份认同一般包括社会身份认同和文化身份认同。西方聚焦跨国移民研究，重点关注移民文化适应的族群差异。[③]徐希才研究认为美国的少数族群既认同母国民族文化，也认同美国主流文化。[④]国内相关研究主要关注占移民主体的乡—城人口迁移，因而不涉及种族、宗教问题，移民的经济、社会、文化及心理融入与身份认同是研究的主题。移民从熟悉的空间、文化、社会组织结构脱嵌，进入新的生存场域，建构新的社会关系网络，新旧文化张力冲击移民的身份认同。对移民来说，早期人生经历、文化积累不可能彻底清除，在新旧两种文化的重塑中移民形成对新旧文化、身份的多元化认同。身份认同是自我归属感的感知和自我评价，能够衡量外迁人口心理层面的社会融入，并受制度和政策性因素、个体人力资本以及其他群体态度的综合影响。崔岩、杨菊华基于代际、户籍及地区差异的比较视角研究北京市流动人口的身份认同，研究发现，北京市流动人口对北京有较强的认同意愿；年长的流动人口比青年流动人口、乡—城流动人口比城—城流动人口有更强的认

① 郑婉卿：《流动与认同：以香港居民为例》，载《人文地理》，2019（1）。

② 陈映芳：《“农民工”：制度安排与身份认同》，载《社会学研究》，2005（3）。

③ 乔同舟：《“媒体与移民身份认同”研究：从西方经验到中国语境——以农民工为重点的文献考察》，载《华中农业大学学报》（社会科学版），2014（4）。

④ 徐希才：《美国少数族群的双重认同轨迹及其影响》，载《世界民族》，2020（2）。

同意愿。[①]张勇研究了特定历史时期，由政府主导的三线建设移民身份认同问题。三线建设移民在身份认同方面存在地域认同与群体认同之分，他们在地域认同方面存在差异，随着在迁入地定居时间的增长，更倾向于认同迁入地；但他们基本认同群体建构的“三线人”身份。孙文凯等认为，身份认同影响流动人口家庭消费水平、家庭消费结构，认同本地城市人身份的流动群体消费更高，更倾向于在本地购房定居、落户扎根。[②]消费被视为社会“区隔”的符号[③]，是主观身份建构的重要凭据。新生代农民工更倾向于认同城市消费文化和价值观，以实践城市消费方式和消费品位弥补身份认同危机。（周贤润，2020）除此之外，在流入城市是否拥有住房是判断农民工是否具有立足城市的经济资本、社会资本的重要指标，因此农民工在城市的住房类型对其身份认同影响显著。随着举家迁移流动群体的增多，越来越多的儿童跟随父母在城乡之间流动，流动儿童的社会适应、身份认同得到学界的关注。从小在城市成长的儿童对出生地农村的印象极为模糊，甚至有些人就出生在城市，农村祖籍对他们来说只是存在于脑海中的一种“符号”，他们更倾向于“城市人”的身份认同。然而，在城市，流动儿童和父母居住在流动人口聚集的空间，遭遇制度排斥，如不能顺利进入城市公办学校接受义务教育时，他们对城市的认同又会变得模糊不清，变得认同于“农村人”或“流动群

① 杨菊华、张莹、陈志光：《北京市流动人口身份认同研究——基于不同代际、户籍及地区的比较》，载《人口与经济》，2013（3）。

② 孙文凯、李晓迪、王乙杰：《身份认同对流动人口家庭在流入地消费的影响》，载《南方经济》，2019（11）。

③ 赵卫华、郝秋晨：《住房消费、城市级别与农民工的市民身份认同》，载《社会发展研究》，2019（4）。

体”，因此，在客观因素以及社会环境变换的影响下，流动儿童身份认同的主观建构是多元变动的。石长慧认为，先赋性、后制性、制度性及社会表征性的多元身份使流动儿童少年身份认同处于多元化的状态。城市化、工业化同样加速了少数民族流动，在“流动性”“少数民族”双重身份作用下，处于城市社会边缘的少数民族流动人口倾向于认同基于民族、宗教和地域形成的先赋性身份，缺少城市居民身份归属性（左岫仙、青觉，2017）。杨茂庆、史能兴对少数民族流动儿童的身份认同困境与建构的研究发现，较低的家庭收入、家庭资本不足使少数民族流动儿童陷入经济身份认同困境；城乡二元分割制度不利于其社会融入，形成制度身份认同困境；而少数民族流动儿童自身携带的文化与外界文化的差异带来文化身份认同困境。[①]

综上，已有研究将身份认同作为衡量迁移人口城市心理融入的标志性因素，身份认同作为自身归属感的主观建构，是一个随着主客观因素的变化而变化的过程，并影响个体行动，已有研究发现身份认同对迁移人口定居城市或返乡意愿影响显著。

生态移民来到一个全新的环境，面临新旧文化的碰撞、调适与交融。在移民初期，往往会陷入身份迷失，面对融入困境总会追问“我是谁?”“我要如何认同新的文化?”“我该如何适应新的身份、新的角色?”或者更经常地问：“他们说我们是什么？我们说他们是什么？我们说我们自己是什么?”对于每个人，“我

① 杨茂庆、史能兴：《身份认同理论观照少数民族流动儿童的城市社会融入与身份建构》，载《民族教育研究》，2018（3）。

们”都是多重性的，“他们”更是多样化的。[①]移民在与其他群体长期互动交流中通过身份再造建构自我归属，并遵守所属群体的行为规范、实践逻辑。身份、角色的转换与早期人生经历密切相关，农区、半农半牧区的生态移民在搬迁至县城之前就已经以打工经商等形式频繁地往返于乡城之间。他们熟悉城市的生活方式，在城市消费、深受城市大众传媒的影响，思想观念、价值追求与“城里人”趋同。家庭经济收入主要在城市获得，土地、农业只起到辅助作用，他们与农村的联系日渐衰弱，有些年轻夫妇过年的时候也不回农村老家。之所以没有与农村彻底断裂，是因为在城市生活面临各种不确定性，因而将农村作为进城失败的退路。政府组织移民搬迁，只是加速了他们的城镇化进程，对生计生活并没有产生深远的影响。搬迁至县城以后，他们能够较快地转变角色，主动寻找就业，改变生计方式，适应新的生活空间和身份。牧民常年生活在远离城市的大草原，进入城市后深受游牧文化、民族文化与城市文化的碰撞、冲击，面临语言、就业、经济、文化及身份融入困境。牧民普遍文化教育水平低、生计技能单一，在城市难以充分就业。有些牧民不愿意到建筑工地从事脏活、苦活、累活，当下的失业让进城牧民产生了很强的落差感，一些人甚至整日酗酒、无所事事，生活苦闷、焦虑，想到过去以牛羊为伴、无忧无虑的生活，产生回迁的想法。有的牧民认为自己是响应国家号召搬迁的，为保护生态环境做出了贡献和牺牲，理应得到补偿，主观依赖性较强，对现有补偿标准不满。牧民与城市社会的文化距离、心理距离导致他们产生了一种被剥夺感和

① [法]阿尔弗雷德·格罗塞（Alfred Grosser）著，王鲲译：《身份认同的困境》，6页，北京，社会科学文献出版社，2010。

排斥感，身份认同模糊不清、角色意识混乱。

多族群多元文化、不同阶层人群共居的城市，认同无疑是多重的，包括国家认同、城市认同、族群认同，还包括社区认同、职业认同、家庭认同以及身份认同等。[①]身份认同受主客观多重因素影响，包括户籍制度、政策、居住空间、职业、城市市民的态度、迁移时间，等等。我国户籍显示了家庭中每个成员的职业、身份、居住地等信息。长期以来，农民对自身身份的界定以户籍为依据。笔者调研的生态移民的户籍没有跟随迁转，搬进县城的移民与原来农村社区并没有彻底断绝联系，仍然只享受与农村户籍挂钩的社会保障政策。大部分人因为户籍未搬迁而认同农民的身份。部分移民因户籍制度身份与居住空间的分离，户籍身份与职业身份错位导致身份认同迷失、角色意识模糊。“说自己是城里人吧，户籍未转过来；说是农民吧，搬进县城了，我也说不清了。”（男　藏族　52岁）

为实现以人为本的城镇化，有序推进农民工市民化，国家出台相关政策保障农民工合法权益，确保农民工群体能够与市民平等地享受公共服务。住房、就业、教育、医疗、养老等社会保障政策是否覆盖农民工群体，对其身份认同会产生显著影响。拥有稳定的住房是农民工群体市民化的重要标志之一，也是其市民化得以实现的最大障碍。城市高昂的房价远远超出农民工群体可承受的范围，他们只能租住在设施不健全的城中村、城乡结合部以及城市中心的老旧房屋。“居住空间是在特定的建筑领域内，由居住个体及其行为和邻里互动构成的兼具物理特征与社会属性的

① 姚尚建：《城市权利：公共治理的历史演进与角色回归》，213页，北京，北京大学出版社，2019。

空间系统。”[①] 城市的居住空间是依据社会阶层、财富、声望划分的，拥有权利、财富、更多机会、掌握社会资源的社会上层人士居住在空间面积大、设施齐全、环境优雅的高档小区，享受高端服务。处于社会底层的人群只能蜗居在狭小的空间，如无根之草漂泊在城市。居住空间分化是社会阶层分化的结果，带来身份区隔。笔者在兰州市调查农民工市民化问题时，访谈了来自宁夏的包工头马老板。马老板从老家带领了 60 名工人，在兰州市一家建筑工地务工，工程项目在兰州市中心。为了工人上下班方便，马老板在距离工程较近的地方为工人租了四套老房子，每套房子的大小在 50 ~ 60 平方米之间，15 人挤一套房子。笔者初进这么多人挤在一起的房间时挺震惊，用“脏乱差”来形容也不为过。“人家说要努力在城市买楼，这样的楼白送都没人住。”（男　回族　52 岁）居住空间是个体社会经济地位的客观反映，对主观幸福感、生活满意度及获得感的评价影响显著。因此，政府要继续加大宏观调控力度，进一步完善住房保障工作。大城市、中小城市建设的经济适用房、公租房、廉租房等保障性住房应面向农民工群体，解决农民工群体的住房难题，打破社会阶层固化。农民工群体在城市有稳定的住所，就会在城市落户、扎根，强化对城市人的身份认同。除此之外，让跟随父母流动的儿童能够在城市接受教育，逐步消除制度造成的城乡二元隔离，缩减农民工与城市的社会距离和心理距离，让他们在心理层面融入城市，认同城市文化，在城市找到归属。搬迁至县城的生态移民会得到政府分配的保障性住房，与农村、牧区相比，居住

① 徐延辉、刘彦：《社会分层视角下的城市居民获得感研究》，载《社会科学辑刊》，2021（2）。

在城市干净、方便、舒适，居住条件的改善增进了农牧民对城市的认同。但居住在县城的牧民缺少家庭再生产的能力，尤其是年龄在50岁以上的中老年人，在本县城难以就业，又因语言不通、缺乏技能限制了外出务工。在县城生活成本远高于牧区，除日常生活开支外，物业管理费、暖气费、水电费等加起来是一笔不小的费用。除此之外，牧民在牧区的饮食结构以牛羊肉为主，进入县城以后，由于牛羊肉价格较高，只好选择购买蔬菜、水果、面粉等食用。虽然饮食结构变得丰富多元，但牧民认为吃不到肉就不是好日子。与过去牧区生活相比，牧民初入县城面临收入下降、生活处于贫困的困境。另外，牧民在县城购买第二套房产的能力有限，通常是祖孙三代生活在狭小的空间。老年人进城即失业，由原来的生产者变成纯消费者。年轻夫妇是家庭唯一的生产者，然而，有限的收入既要赡养老人又要哺育小孩，生活的困难引发家庭关系紧张。老人觉得自己在县城生活就是家庭的负担，生活难以舒心、安心。身份认同方面，他们认为自己一生中的大部分时间在草原度过，是地地道道的牧民，年老虽然进城，仍然是牧民。

身份认同是个体与其他群体在特定场域的互动交流中形成的，个体在思考“我是谁”“我该如何行动”时，与其交往的其他群体如同“镜中我”，在他人的评价和看法中反观到自我行为，在自我行为的反思中找到定位。城市市民对移民持包容还是排斥态度，影响了移民在城市的社会融入、身份认同。部分城市市民认为农民工为城市建设做出了重大贡献，对农民工处在城市社会底层的现状表示同情，认为农民工群体应该平等地享受城市资源、社会公共服务。也有城市市民认为农民工不是携带资源、技术与文化资本的移民，而是受教育程度低、缺乏技能、文明程度不高的乡下人，常常将其污名化，并把他们视为城市社会秩序和管理的“潜在破坏者”，挤占城市空间的“异类”，对农民工群体持排斥、歧视的态度。遭受城市市民排斥的农民工会固化自己异乡人的身份，认为自己只是客居在城市，最终要回归农村，对城市、对自身应该在城市享受的保障服务漠不关心。

身份认同随着移民在城市生活时间的增加而变化，初入县城的农牧民身份认同是多元的，认同于农村人、农民工、城市人等；在城市长时间居住生活之后，在与城市市民、其他移民群体的交往交流交融中，移民建构了新的社会关系网络，接受了城市的价值理念、消费观念，身上的乡土性逐渐褪去，变得认同城市人的身份。尤其对青年一代来说，城市是梦想和理想之地，他们大学毕业或成年之后会流向大城市打拼，部分人会成功实现向社会上层流动，在大城市购房扎根。还有部分人在城市积累了资本之后会返乡创业，实现本地市民化。政府实施生态移民搬迁，将他们安置在县城，实际上是为他们将来本地市民化提供了扶持。青年一代虽然有生活在农村、牧区的经历，但农村、牧区并不是他们最终的落脚地和归宿，因而在身份认同方面他们无疑认同城市人。跟随父母移民至中小城市的少年儿童，从小生活在城市广告传媒的广泛影响下，深受城市大众文化的浸染，接受以城市主流文化价值为导向的学校教育，完全认同迁入地的文化，社会融入彻底，在个体成长中，家庭、教育、媒体塑造的无疑是城市人的身份认同。

第五节　老年人的市民化：基于生命历程的视角

一、理论视角与问题的提出

生命历程理论（Life Course Theory）研究个体与社会、历史、文化之间的互动关系，它将个体发展置于社会时空背景下考察，探讨社会结构、社会制度、社会文化以及社会变革对个体生命轨迹的形塑。埃尔德（Elder）将生命历程（Life Course）定义为："一种社会界定的并按年龄分级的事件和角色模式，这种模式受文化和社会结构的历史性变迁的影响。"[①] 个体不是孤立的存在，而是嵌入在形形色色的社会关系网络中，并受所处社会关系中文化和制度的规约，个体一生中所经历的重大生命事件受文化和社会变迁影响。个体并不是被动地受社会结构、社会文化的塑造，而是依据社会情境采取积极主动的应对策略，能动性地调适与建构自己的生命历程。生命历程理论的意义在于通过"年龄""转变""时间"等核心概念将个体生命与社会文化和历史背景相联结[②]，实现微观行动者与宏观社会结构的有机统一。

国内利用生命历程理论范式研究重大的社会事件、剧烈的社会变革对个体生命历程的深远影响，如改革开放、允许农民进城、人口大流动等社会变迁深刻地影响中国人的生命轨迹。（刘精明，1999；孙文中，2018；周永康、王荆川，2020；董云芳、范明珠，2020）在生命历程视角下研究老年群体，重在探讨早

---

① [美]埃尔德（Elder，G. H.）著，田禾、马春华译：《大萧条的孩子们》，421页，南京，译林出版社，2002。

② 包蕾萍：《生命历程理论的时间观探析》，载《社会学研究》，2005（4）。

期人生经历对老年人健康、贫困、迁移、社会分层等的影响。（胡薇，2009；焦开山、包智明，2020；任远、金雁、陈虹霖，2020）个体的命运与时代背景紧密相连，走到生命历程后期的老年人因为完成了生命的重大事件，生命轨迹相对平稳，健康以及生命中的负面事件（如丧偶）等会影响老年生命轨迹波动起伏。然而，身处城镇化快速发展时代背景下的老年人，生命轨迹因进城陪读、市民化等重大生命事件而波动。

城镇化的快速推进，加剧了乡与城、城与城以及城市内部人口的大流动，流动的形式呈现出个体流动、家庭流动、旅游流动与边界流动[①]共存。出于老人养老方便或照顾孩子的需要，在城市有稳定收入来源或住所的年轻人将老人接到自己所居住的城市，加速了老年人口流动。在人口老龄化影响下，老年流动人口的数量和比例呈上升趋势，[②]表现出乡—城、城—城、乡—城—乡等流动类型。与主动进城的青壮年不同，老年人以协助子女、跟随子女的角色被动地从熟悉的社会环境脱域进入陌生的社会。迁入城市的农村老人因缺乏城市积累性、难以获得流入地社会支持而处于空间、体制和文化的边缘。[③]个体特征上，随着年龄的逐渐老去，老年人的身体机能、认知能力逐渐下降，加之农村老人受教育程度低，难以适应数字化信息化的城市生活方式，面临语言、生活习惯、价值观念等融入困境。制度环境方面，受城乡二元户籍制度制约，流动老年人享受不到迁移城市的医疗、养老

① 陶伟、蔡少燕、余晓晨：《流动性视角下流动家庭的空间时间和情感重构》，载《地理学报》，2019（6）。

② 彭大松：《家庭化流动背景下老年流动人口的城市融入研究》，载《深圳大学学报》（人文社会科学版），2020（6）。

③ 史国君、黄海：《“老漂族”市民化机制》，载《南京社会科学》，2019（12）。

等社会保障，更多的是依附子女、家庭供养，这就导致老年人认为自己增加了家庭支出，给子女带来了压力。因而定居的意愿和城市融入水平低，在城乡之间频繁地两栖流动。城一城之间流动的老年人，多为退休者，相比农村流动老人文化程度高，因而是携带经济资本、人力资本流动，能够较快地融入当地文化，适应当地生活方式，因而长期定居的意愿较强。（杨妮、许倩、王艳，2018；杨菊华，2018）随着经济社会的发展，流动老年人的群体特征更加异质多元。除随迁等被动型迁移外，出现了以享受更优质的公共服务、旅游、选择适宜养老的城市等主动型的迁移。流动的距离有跨省、跨市县，甚至跨国流动等。学者们结合"流动""老年"的双重特征定量分析了老年流动人口的群体特征，并主要考察流入大城市的老年人市民化问题。笔者以甘肃省天祝县为例，以从农村迁入中小城市的老年人为研究对象，探讨他们为何迁移，如何调适因迁移引起的家庭关系、家庭结构、代际供养方式的变化，作为生命历程中重要的生命事件，迁移以及市民化给老年人的生命轨迹带来哪些影响。

家庭是老年流动人口活动的主要场域，进入城市的老人以"原子化"的方式分散地嵌入在不同的家庭中。而在天祝县城北新区的保障性住房小区内，生活着大量来自各个乡镇的农村老人。在这些小区随处可见提着小马扎颤颤巍巍的老人，他们聚集在一起或晒太阳或闲聊或打牌。如此多的农村老人集中生活在城市小区的现象较为特别。笔者选取其中的 Z 和 L 两个安置小区，以深度访谈和参与观察的形式开展调研，探讨老年人何以进城，进城之后何以生存，他们对未来生活有怎样的期盼。对于流动在外的人而言，年老的时候能回归生于斯长于斯的故乡是国人普遍的追求。"落叶归根"反映出一种寻根情结，它是对故土的思念，

图 2.1　天祝县 Z 和 L 小区①

更是为漂泊的灵魂找到一个归宿。一辈子生活在农村、牧区的老人在生命历程的后期被裹挟进城镇化的潮流中，加入到乡—城人口迁移的大军中。在城市无法就业的老人如何改变生存策略以支撑城市消费型的生活？老人的市民化意愿与能力之间是否存在矛盾与张力？老人如何适应新的生活方式、新的社会关系、新的文化以及新的身份？迁入城市的老年人是否过上了体面的生活？本节将借助生命历程理论，探讨从农村脱嵌的老人嵌入城镇以后如何生存，他们的晚年生活何以安放。

① 本书图片均为作者本人摄影。

二、脱嵌农村 / 牧区，迁入县城

农民、牧民离开原来生活的农村、牧区进入城镇，可视为其生产生活的空间场域、社会关系网络从农村 / 牧区到城镇的脱嵌与再迁入过程，农牧民在这一过程中面临新的身份再造，以实现对城市社会的自我归属、自我认同。伴随城镇化的快速推进，出于对城市更美好更现代生活的向往以及地方政府政策型的有力推动，城市成为农村人生活的目的地，“农村”“农民”“牧民”成为他们急于摆脱的“标签”。大城市高昂的房价与生活成本将缺乏资本的农牧民拒斥在外。处于城市与乡村之间的县城，因为相对较低的房价和生活成本，满足了农牧民市民化的需求。农牧民将务工的积蓄用来在县城买房定居。在县城买房定居已从乡村精英扩展至大部分草根民众。在照顾孙子、看病方便、提高晚年生活质量等多重原因推动下，老年人也被裹挟进县城，在其晚年的时候成为“城里人”。进入县城的农牧民面临就业机会没有增多，收入未能提高，支出却大幅度增加的现实困境，为了维持一家人在县城的高额开支，年轻人又不得不外出跨省跨地域打工，留老人与孩子在县城，成为县城新型的留守群体。现实根基不稳，未来不确定的老人何以进城？

（一）主动选择

1. 陪读。教育是中国家庭最为重要的投资之一。随着农村中小学校的撤并重组、教育结构的优化以及农牧民教育观念的转变，为了让孩子接受更优质的教育资源，不少农村家庭选择从小学开始就将孩子转入县城或城市的学校。因为孩子太小，在城市求学生活无法自理，需要家长照料孩子的生活、辅导和监督学习，因而在我国产生了陪读现象。在天祝县，有以下几种陪读类型：一是父母双方边在县城打工边照顾子女上学。二是父母一方，（多为母亲）专职照顾孩子上学，另一方仍在农村从事种植或养殖业，或者跨县跨市跨省外出务工。第三种则为，父母双方在外地打工，孩子由爷爷奶奶照顾。在牧区，父母继续从事放牧，爷爷奶奶进城照顾孙子的现象较为普遍。不管是何种类型的陪读，都是各个家庭在生存策略之下基于家庭经济状况、资源禀赋以及家庭成员所掌握的资本所作出的理性选择。陪读需要投入大量的时间和经济成本。首要的是在县城租房或买房。Z 和 L 两个小区有廉租房、公租房、安置房、经济适用房等多种房源，能够满足不同家庭的梯度需求。Z 和 L 两个小区供出租的房子为小套，租金加上物业费等其他各项开支，一年需 8000 元左右。如果购买房子定居县城，需 20 万 ~ 30 万元。一些人认为保障性住房没有房产证，租住比较可靠。另有不少家庭举债或贷款买房，为了偿还借款或贷款，年轻人外出到新疆、西藏、内蒙古、青海、甘肃等地打工，将老人和孩子留在县城。陪伴一个孩子从小学到高中毕业，需要十几年的时间，十几年生活在城市，促进了老年人市民化。

个案 1：我儿子在松山镇居住，从事养殖和种植。他养了 200 只羊，几头牛，一年能挣 5 万 ~ 6 万元。还承包了 50 亩地，种植小麦、豌豆、藜麦等。我和老伴儿搬到县城照顾孙子上学。我是精准扶贫户，花一万多就买了一套房子。（男　藏族　74 岁）

个案 2：来县城三年了，照顾孙子上学。孩子的父母在新疆打工，一年才回一次家。我和老伴是文盲不识字，辅导不了孙子的学习。只能负责接送、做饭、洗衣服等。（男　土

族　62 岁）

个案 3：自己和老伴儿为了照顾两个孙子上学来到县城。之前在县城租房子照顾孙子上学，三年前花了 18000 元在 L 小区买了 60 多平方米的房子。两个孙子上大学以后，自己也干不动农活了，留在县城养老。一个孙子在山东淄博上的是专科学校，专业是会计，毕业后还没有找到工作。另一个孙子正在上甘肃农业大学的研究生，专业是草科学。他们的父母在新疆的工厂打工，几乎不回来，除非有什么事。（男　藏族　74 岁）

2. 跟随子女入城。经过几十年人口流动的演变发展，青年一代的价值理念发生了根本性的改变，进入城市的目的和诉求日益多元化，增加经济收入不再是进入城市的主要目标，追求自我发展，提升个体能力，最终扎根城市，成为城里人是青年一代的终极目标。在人口大流动的时代，流动的趋势、类型、模式以及结构渐趋多元复杂，举家迁移的家庭逐渐增多。一家人生活在一起，获得亲情支持，减少了因离散带来的痛苦。老人跟随子女进城，帮忙照料孙子，确保年轻人将更多的时间和精力投入到工作中，增强整个家庭立足城市的能力。"子女们进城了，我们没办法也要跟着来，人家打工去了，孙子没人看；再者我们在农村也不方便，尤其身体有病需要照顾，跟着子女们，他们照顾起来方便。"（男　藏族　60 岁）

3. 提高晚年生活质量。为了提高老人晚年生活质量，年轻人更加方便地照顾老人，一些家庭给老人在县城买房子。这种现象大多出现在子女在县城或其他城市有稳定工作的家庭。父母年轻的时候为了子女的教育耗尽财力、物力，等到父母老了，子女尽可能地反哺父母，让父母安度晚年。“我儿子在县城上班，为了方便照顾我和老伴儿，在县城给我们买了房子。以前他回一次家需要2个小时，路也不好走，现在10分钟就到了。”（女　藏族　67岁）“我的两个孩子都大学毕业了，分别在甘肃建投和武威市医院工作，工作稳定，收入也不错。当时为了他们上学农村老家的房子从没翻修过，家里的羊都卖掉了。他们两个工作以后给我在县城买了房子，我也可以享几年福了。”（男　藏族　58岁）除此之外，身体有病、干不动农活的老人，在农村一般是低保户，他们为了享受县城较为便利的医疗资源而选择生活在城市，其生活质量相对高于农村。

（二）被动适应

1. 精准扶贫户与易地扶贫搬迁。根据调研，精准扶贫户家庭出资1万元就可以在县城购买1套安置房，笔者调研的对象共有3个安置点，分别为松山镇、县城新区的Z和L小区，各个村子采取抓阄的方式决定安置点，而且根据家庭人口数量的多少决定所分房子的大小，三口人家会分到61平方米左右的房子，五口之家的大家庭会分到88.6平方米的房子。“有些家庭是为了儿子结婚，现在结婚女方都会要求男方在县城买房。有些家庭是为了小孩在县城上学选择搬到县城。”（男　藏族　58岁）即使没有个体化的诉求，对于花1万元就可以在县城购买1套房子这样的优惠政策，几乎没有家庭会拒绝。如果选择接受优惠政策定居县城，农村老家的房子、牲畜圈舍就会被推掉，土地或荒芜，或被流转用来集体种植高原藜麦，流转补偿费为1亩地100元，等到藜麦出售以后，还可以得到每亩地40元的补偿。

天祝县县城周边的东庄村因为土地都是旱地、地陡靠天吃饭、收入微薄等原因，当地政府将单纯依靠土地为生的农户易地搬迁。养殖户因为收入较好则没有搬迁，当地农村建设了新农村。“我们村子里的人大部分搬迁到了县城，L 小区安置了 50 几户，Z 小区安置了三十几户，农村的老房子被推掉了，土地被流转种植藜麦。”（男　藏族　73 岁）

2. 生态移民。为了减少对生态环境的人为影响，天祝县将位于生态核心区的农牧民进行整体搬迁，并出台相关的优惠政策确保生态移民“搬得出、稳得住、留得下”。住房方面，为减轻搬迁群众新建或购置住房负担，确保群众搬迁后有房可住，对于搬迁至 Z 和 L 小区的住户每户补助 5 万元的购房资金。

3. 失地农民。调研中遇到一部分来自天祝县宽沟村的村民，他们的宅基地和土地被征用建设工业园区，失去土地和宅基地的村民被安置在 Z 和 L 小区。“补偿标准方面，根据房子装修得好坏分别补偿 6 万～17 万元不等。我家补偿了 11 万，在 Z 小区买了房子。刚开始，旱地一亩补偿 4000 元，水地补偿 8000 元；后来旱地补偿 6000 元，水地补偿 1 万。”（男　藏族　75 岁）宽沟村工业园区共有 23 家工厂，主要生产碳化硅、瓷砖等。据村民反映，这些企业在解决本地就业方面贡献不大。一些外地老板都是自带工人，不用当地的劳动力。另外，企业效益低下，经常发生停工的现象，有时不能按时支付工人的工资，导致本地的劳动力也不愿意到这些工厂打工。

易地扶贫搬迁、生态移民以及失地农民的市民化是政府主导的“政策型”或被动型市民化，而非农民自愿选择的行为。这种类型的市民化最明显的特征为农牧民举家进入县城，家庭中老年人不得不跟随进城。老年人的居住空间、生活方式由农村转向城市，由熟人社会进入陌生的、异质的社会，社会交往的方式发生改变，需要重新建构社会网络。在Z和L两个安置小区，因移民交往的对象仍然是来自全县各个地方的农牧民，相似的生活环境，相同的生命历程，使他们在新的生存空间形成了具有高度同质性的群体，社会网络没有得到实质性的扩展，农牧民社会地位未能上升，身份未发生转变。老年人因自身能力严重不足，很难实现再社会化，他们进城即意味着失业，面对比农村消费高出许多的县城，老人何以生存？

三、迁入城镇，如何生存

（一）具有“乡村性”的城市生活

如路易斯·沃思（Louis Wirth）在《作为一种生活方式的都市生活》所示，“城市人口的绝大部分来自早期生活模式尚存的乡村，这种情况强化了俗民社会的历史影响。我们不可能在城里人和乡下人的个性类型之间发现突变的、断裂的变化”。[①]常年生活在农村的老年人，形成了与农村文明相对应的生活方式、角色意识、价值理念与行动逻辑。以自给自足为主要特征的农村文化在老人身上表现得根深蒂固，他们难以适应以消费为主要特征的城市生活。在城市消费高几乎是进入城市的所有老年人的心声。“农村一年电费50元就够了，在城市一个月就要100多。在县城，吃的、喝的、用的都要拿钱买，水电费、暖气费、物业费……农村人就不该上楼。”（男　藏族　69岁）“县城生活成本高，肉价、菜价高，前两天家里来亲戚，我买了2斤猪肉就将近50元。”（女　藏族　73岁）为了应付额外增加的日常费用，老

① [美]路易斯·沃思著，赵宝海、魏霞译：《作为一种生活方式的都市生活》，孙逊、杨剑龙主编：《阅读城市（都市文化研究·第三辑）》，4页，上海，上海三联书店，2007。

人们尽可能地缩减衣食住行方面的开支。衣着方面，他们仍然保持着农村人的风格，有人穿着布鞋，老奶奶们戴着当地农村妇女常戴的头巾，老爷爷们戴着很过时的帽子。很多老人抽的是农家自产的烟叶子。据他们讲，当地最便宜的香烟一盒为 4 元，他们抽不起。像他们抽的烟叶子一斤 20 元，可以抽一个月。访谈期间，遇到一位有退休金的老人，虽然退休金每个月只有 2400 元，而且这些退休金要养活他和老伴儿两个人，但老人在衣着方面明显比农村来的老人洋气。除此之外，老年人还面临生活上不习惯的难题。“在城市生活最主要的问题是，和儿子儿媳妇生活在一起，上卫生间不方便。我大儿子在松山镇安置点，我经常去大儿子家，那边住着自在。”（女　藏族　66 岁）

（二）处于城市边缘的群体

随着年龄的增加，老年人身体机能、认知能力逐渐下降，“相伴而生的各种疾病风险的增加与可预期的负面生活事件（如丧偶等）是老人陷入贫困的主要促动力”[①]。城市的老人因为有退休金和医疗、养老等社保从而可以有效地规避生活中可能出现的风险。进城的农村老人面临收入未增加，消费却迅速增加的困难。在农村 60 ~ 70 岁左右的老人尚且能继续经营农业，依靠土地收入维持生计，进入城市即意味着失业，只能依附子女、家庭养老，晚年生活质量与子女生活状况、子女是否愿意承担赡养责任紧密相关。由于进入县城的老人仍是农村户口，因而不能享受城市社会保障服务，每月 120 元的养老金是大部分老人的依靠。

① 徐静、徐永德：《生命历程理论视域下的老年贫困》，载《社会学研究》，2009（6）。

依靠农村收入维持城市消费型的生活难免陷入“捉襟见肘”的境地，虽然老人饮食清淡、穿衣简朴，日常消费并不高，但是“养楼养病”却是老人难以应付的主要支出。“与废品收购者讨价还价的老人”“怕浪费电不敢看电视”“为了节约水费，到小区附近的小河提水”“冬天如果是阴天不敢出来，怕感冒了还要花钱买药”“患有慢性病，吃药每周差不多花费 40 元，不敢放开吃药，吃一个疗程，就停一停”……我们所遇到的这些贫困个体，反映出进城农村老人这一群体的整体性贫困。虽然老年人进入城市的理由差别多样，但进入城市以后几乎是同质性的个体。相同的农村背景，在城市没有稳定收入来源的同样困境，使老人不可避免地陷入贫困，成为县城新型的贫困群体、边缘群体。访谈中遇到的 H 先生戏称他们的小区是“难民区”，住的都是没有收入来源，身体又有各种疾病的老年人。除贫困之外，老人还是新的留

图 2.2　到附近小河提水的老人

守群体。中小城市经济发展水平较低，就业岗位较少，加之工资又低，因此很多年轻人都选择跨县、跨省、跨地区打工，留老人在县城照顾小孩上学或养老，年轻人只有在过年的时候才回家几天，老人即使进了城也难以摆脱留守之痛。“儿子在新疆打工，只有过年的时候回来，县城只有我和孙子两个人。”（女　藏族　73 岁）“我的儿子在西藏偏远地方打工，那边信号不好，已经两年没联系过了。”（男　藏族　76 岁）“儿子儿媳到处打工，我们老两口照顾孙子。孙子还没有到上幼儿园的年龄。我夏天的时候在县城打零工。”（男　土族　62 岁）“儿子儿媳妇在新疆打工，儿子在沙场拉沙子，一个月 5000 ~ 6000 元，儿媳妇在超市上班。他们只有过年的时候才回家几天。孙子由爷爷陪读，爷爷识字。我夏天的时候在农村老家种地。周末、假期以及冬天在县城住。”（女　土族　60 岁）

（三）生活方式的改变

城市与农村居住空间的格局分布不同。农村是庭院式的，扩大家庭中的几代人生活在一个院子，依据辈分、权利居住在不同的房间，不同房间的空间距离较大，是相对单独和私密化的活动空间，如果家庭关系紧张还可“分灶”，即“分灶不分家”。而城市空间紧凑，几代人共享一个空间，日常生活中琐碎的矛盾往往被激化。迁入城市空间中的农村人，需要抛弃生成于农业社会的种种惯习，建构与城市文化相对应的生活方式。然而，传统乡土文化对老人的影响根深蒂固，他们习得城市的生活习惯需要时间。经过长时间的传统与现代、新旧价值观念的碰撞与融合，老人才会实现他们的城市化。除此之外，举家搬迁至县城的有些家庭，因无力购买第二套房产，只好几代人生活在一起。老年人与子女生活在一起，因经济拮据、价值观念、生活方式不同，产生了许多矛盾，导致家庭关系紧张。“年轻人喜欢吃辛辣刺激的食物，我们老人喜欢吃软一点、清淡一点的，吃不到一起，总是招年轻人嫌。”（男　藏族　71 岁）来自华藏寺镇的村民 W 一家五口子孙三代生活在一起，儿子与儿媳为了避免吵架，一个在兰州新区打工，另一个在西藏日喀则超市打工。过年回来的时候，一家人经常因为小事吵闹，儿媳妇认为老人不适合住楼，不讲卫生。不与老人一起住的年轻人，平时在外地打工，过年回来时将自己的孩子接走，留下老人孤独过节，享受不到一家人团聚在一起的喜悦。除此之外，人口流动带来婚姻家庭的不稳定，不少年轻人在外打工的时候情感发生变化，导致了较高的离婚率。

（四）单调的闲暇时间，匮乏的精神文化生活

城市退休老人的晚年生活丰富多彩，老人有更多的时间去国内外旅游，根据自己的兴趣爱好选择继续深造，诸如学习画画、乐器、棋艺等。在城市的公园我们也能看到老年同志丰富多元的业余活动，吹长笛的、拉二胡的、跳健身操的、打太极的、舞剑的，等等。总之，老人退休以后把大部分的时间放在锻炼身体和陶冶情操上，通过参与各类活动结交新的朋友，保持愉悦心情。天祝县的 Z 和 L 两个小区，根据笔者调研期间的观察，几乎所有老人的闲暇时间以闲聊、晒太阳、散步或打牌的形式度过。打牌的也是生活相对富余的少数，一些老人认为就算一天输掉 2 元钱，一个月也要 60 元，没有必要增加额外花费。大部分老人拿的是老年机，通讯工具仅限于与子女、孙子以及亲朋好友的联络。很少有人拿智能机，更谈不上利用网络交友、浏览新闻，充实、丰富业余生活，或掌握外界信息接受新事物。有些老人通过

口耳相传的方式，非常模糊地了解到抖音、快手等新的传媒软件。例如访谈中遇到一位76岁的老爷爷说，“快手上说我们的养老金要涨呢”，至于什么是快手却说不清楚。“网络时代特征之一是去中心化，即网络通达之地，也就意味着信息的共享，再无需通过中心向边缘反馈信息，无处不中心是一种现实的日常。”① 笔者在县城发放问卷时，遇到一位女老板正以网络直播的方式销售衣服。直播中使用的是“亲、小姐姐们”等网络语言。其实不只是城镇，网络直播、拍摄短视频等在农村日渐兴起，成为农产品销售、获得收入或者娱乐的新型手段。而进入城市的农村老年人仍然处于信息社会的边缘，是数字网络时代的边际人，对当下流行的通讯媒介感到陌生，且缺乏好奇心、兴趣心去了解、认知。老人在同质化的社会网络中，能够获取的信息资源、文化资源非常有限。除此之外，社区很少组织一些志愿活动或公益类活动。老人获得社会层面的支持非常有限。两个小区缺乏健身设施器材，缺少关于民族团结、和谐邻里、文明行事的宣传标语、展板等。小区绿化疏于管理，因为浇水不及时，导致一些树木、绿草已经干枯。由于车子随意停放在草坪上，导致不少草坪变得光秃秃的。

（五）经济状况欠佳导致对未来不确定性的生活充满担忧

“菲力普·科恩把失业、步入老年时前景的不确定和都市生活的风险，列为现在、明天和更加遥远的将来四处弥漫的焦虑

① 赵旭东：《理解个人、社会与文化——人类学田野民族志方法的探索与尝试之路》，载《思想战线》，2020（1）。

图 2.3　进城的老人

的主要源泉。”[①] 老人对城市生活的期盼和现实能力不足之间存在很大的张力。“城里好是确实好，平时看病方便，有钱了出去什么东西都能买到。也不用干农活，轻松、干净，尤其冬天待在有暖气的房子暖和。在农村，早上起来要扫院子、生火，冬天农村老家特别冷。但是生活在城市花销太大，一年的水电费、物业费、暖气费、天然气费等各种费用加起来需要6000元左右。还要日常生活呀，我前天买了两根葱10元。辣椒一斤10元，油菜5元。肉就更不用说了，一斤大肉16元，我们哪能吃得起。”（女　藏族　72岁）对于没有退休金没有工作，依靠农村收入

① [英]鲍曼（Zygmunt Bauman）著，欧阳景根译：《流动的现代性》，266页，上海，上海三联书店，2002。

供养以消费为主的城市日常生活的老人而言，生活难免陷入困境。“在农村我们可以自己养活自己，在城市就只能靠儿女们。”（女　藏族　68岁）如果子女有稳定工作，定期会给老人一定数额的生活费，其晚年生活就会相对富余。对于大部分打工家庭，因为还要养活自己的一家人，在生活的重压之下，供养老人的能力有限，老人从子女处得到的金钱、物质、情感支持难以保障其生活的稳定，对何以安度晚年生活充满不确定性的担忧，产生了诸如“再过三四年不知道是啥景象，以后吃饭都成问题。走一天算一天”（男　藏族　73岁）这样的消极情绪。

四、何以扎根县城

（一）渴望城乡两栖生存的边际人

有学者认为：我国农业转移人口虽在城市生活和工作，但有的并未放弃在农村的承包地和宅基地。其结果是农业转移人口两头占地，城乡两栖生活方式在一定程度上既影响农业转移人口市民化进程，也阻碍农村土地规模化经营，造成土地资源的浪费。除此之外，城乡二元结构被认为是阻碍农牧业转移人口市民化的重要制度障碍，也是阻碍城乡之间资源要素自由流动的屏障，造成城乡分野的鸿沟。也有学者认为，我国城乡二元结构为进城失败的农民提供了退路：“正是有了农村这个基本保障和最后退路，农村才能成为中国现代化的稳定器与蓄水池，中国才有能力应对现代化进程中必然会出现的经济周期和各种不确定性。”（贺雪峰，2020、2021）第一代农民工进城务工经商的同时兼顾农业，并将农村作为养老的归宿；新生代农民工在城市工作和生活，农业不再是收入的来源和养老的保障，却因为父母在农村以及自己出生于农村而对农村保持情感归属，逢年过节仪式性地回乡。新生代农民工的子女出生在城市，成长在城市，因为农村是父母的故乡而对农村保留象征性的印象。从经济支持到情感归属再到象征印象，农村对农民工的功能逐渐弱化。但对于没有完全实现市民化的农民工来说，他们与农村难以彻底决裂，农村是他们规避都市生活风险、缓解焦虑，淡化漂泊感的情感驿站。甚至一些农民工因为城市就业竞争激烈，生活成本高，生活质量低，而选择回乡创业。根据农民工城乡两栖日常生活实践来看，只有完全实现市民化，他们才能从经济、情感上断绝与农村的联系。“中西部的县城往往不具备产业聚集条件，当地人口城市化并不是产业牵引的，而是医疗、教育和养老等公共服务牵引的结果。由于产业基础有限，公共服务的质量以及进城农民的生活质量都比较低。”①

天祝县在易地扶贫搬迁中严格执行“一户一宅，占新腾旧”的规定，对符合政策保留的连体房、国家旅游扶贫重点村住房和产业用房，通过搬迁群众申请、村委会和乡镇审核，县发改局、住建局、自然资源局、农业农村局、文旅局等部门认定，县政府批复后保留。保留住房产权全部收归村集体所有，由村集体建立固定资产台账规范管理使用；对应该拆除的旧房坚决拆除。进入城市的农村老人期盼一种过渡性的生活，希望能够在城乡之间自由往返。在享受到城市文明的方便、快捷、舒适之后，即使在城市生活面临能力不足、未来渺茫的不确定性困境，大部分老人并不想彻底回归农村，而是渴望拥有自主选择生活场域的权力，希望在城乡之间自由往返。“要是我们还能回

① 吕德文:《打造“好”的城市化梯度结构》，载《环球时报》，2021-3-1（014）。

农村就好了，夏天的时候可以种一些菜，养猪养鸡……冬天的时候我们回到县城过冬。”这是年龄还不是太老，拥有一定劳动能力，身体没有疾病的老人们的心声。中小城市与乡土联系紧密，大部分难以在大城市扎根的农村人会选择定居在家乡的中小城市，实现就地市民化。

（二）回不去的故乡，离不开的城市

对于因政策被动卷入城镇的老人，故乡已经不存在。在他们选择将城市作为最后归宿的场域起，就意味着与过去与农村的彻底断裂。老人在身份转型与扎根城市的过程中，需要依附于家庭、政府与社会。“养楼养病”是老人在城市日常生存实践中面临的最大难题。进城老人首要的依靠是子女，对他们来说传统的养老模式仍然发挥着主导作用。子女们在城市生活成本上升的压力之下，将有限的家庭资源、财力投入到自己小家庭的发展之上，导致传统养老模式的功能逐渐弱化。政府需探索建立适合农村进城者的养老机制，根据老年人在城市生活的现状相应地提高补助。除此之外，将更多的药物纳入报销的范围内，减轻老年人生活压力。调研中，许多老人反映日常的生活消费他们尚且能勉强应付，但是常年吃药使原本贫困的生活雪上加霜、不堪重负。一生在农村、牧区辛苦劳作的老人，身体难免会出现疾病。除医药费外，物业费和暖气费是城市家庭支出的大头。对于独自生活在县城的老人，政府宜在“养楼养病”这两项费用方面给予一定的补偿，减轻老年人生活压力。

（三）积极主动融入城市

进城的农村老人养老虽然主要依附于子女、家庭，但在身体

状况允许下，会干一些力所能及的事以补贴家用。有一次笔者在Z小区调研的时候，下起了小雨，返回时遇到一位收废品的老爷爷。据老爷爷讲，他干收废品已有4年多，以前开着三轮车收废品，遇到下雨天就不能出去，冬天也太冷，后来他花6000元买了一个微型货车。“我干这个主要是挣些我和孙子的零花钱。我的大孙子在上初中，小孙子才上二年级。儿子离婚了，在青海一家饭店干厨师，一个月能挣1万多。他的工资大部分寄回来由我保管。”（男　藏族　65岁）虽然老人的儿子有能力供养他们祖孙三人在县城的生活，但是老人认为，在城里生活不能什么都不干，不干活就打麻将、打扑克或下象棋。老人以前是华藏寺镇居民，他家的老房子被征用建设Z小区后，他只花了1万元就住上了楼房，对于这样的优惠政策老人特别满意。转为城市居民的他以积极的心态面对生活，一边伺候两个孙子上学，一边做小生意。笔者在Z小区调研时经常会看到一位拄着拐杖，走路一瘸一拐的老奶奶捡纸壳去卖。因为儿媳妇外出打工时改嫁他人，儿子在外地打工，已经80岁的她，还要给孙子做饭，闲暇时间她会捡纸壳去卖。据了解，当地纸壳一公斤的价格为0.8元，矿泉水瓶子一公斤为0.2元，老奶奶因为腿脚行动不便，一整天所捡的废品只能卖1～2元不等。虽然老人通过捡纸壳所获得的收入对整个家庭的消费来说，显得微不足道，但老人的行动映射出的是积极面对生活的态度。有些老人在生命历程的后期，遭遇孩子离异、发生意外等家庭变故，不得不承担起照料孙子的任务，担负着维持家庭运转的重要角色。他们不能停下脚步安享晚年，而是要继续为生活奋斗，发挥余热。

（四）完善老年人社会支持网络，营造和谐的社会氛围

在农村尚可自给自足的老人，进入城市即为失业者，成为失能或半失能者。没有收入来源，子女不在身边的老人是城市中的新型贫困群体、留守群体、弱势群体和边缘群体。即便在县城生活面临着一些难题，不少老人满意城市的生活。“在城市也有很多好处，方便、舒适、干净。”经过老人们的艰难转型，他们子孙后代立足城市的根基将会更加牢固。因此，需要激发社会养老功能，完善社会支持网络，为老人提供物质与情感支持，协助他们立足城市。社区多组织志愿者服务或公益类活动，在满足老年人意愿诉求方面提供支持。营造民族团结的文化氛围，协助小区物业美化安置小区居住环境，打造环境优美、公共服务配套完善、民族团结、文明和谐的小区，让老人在高品质的小区找到归属感，提升融入城市的能力。另外，针对老年人闲暇生活单调的现状，动员社区居委会组织开展一些文娱活动，如象棋比赛、广场舞大赛、歌咏、诗朗诵等，丰富老年人业余生活，促进邻里之间交流互动，创造和谐安居的幸福社区。①

我们看到，Z 和 L 所在的社区，正处于成长发展期。社区有天祝县城关二小分校，新华中学已完工即将招生运转。养老院、博物馆都已建成即将投入使用，医院、科技馆正在建设中，将来生活在这一区域的人会享受到更多的教育资源、医疗资源和文化资源。经过都市乡民的过渡，其子孙后代通过积累人力资本、社会资本、文化资本，将会彻底摆脱乡土性，最终扎根城市。

① 刘传江、董延芳：《农民工的代际分化、行为选择与市民化》，155 页，北京，科学出版社，2013。

本章小结

本章以天祝县为例，对政府主导推进的生态移民型市民化进行实证调查研究。不同于城乡经济推拉之下的农村精英群体自愿进城，生态移民以家庭、村落为单位整体搬迁，家庭中的老人以及村落中的其他弱势群体也不得不进城，农牧民生产生活空间、生计方式、社会关系网发生了质的改变。政府将生活在生态脆弱区的农牧民迁出，达到恢复和保护迁出地生态环境，缓解因生态制约而出现的贫困，实现迁出地可持续发展。从农村、牧区脱域进入城镇的农牧民，面临经济、文化、社会以及心理等多层面的调适问题。因为年龄、个体经历不同，在城市融入方面出现代际分层现象。根据实证调研，失去劳动能力的进城老人进城即失业，加之难以享受城市社会保障服务，成为城市社会新的贫困群体、边缘群体，并且老年群体的贫困不只是经济层面的，还表现为精神生活贫乏、业余生活单调、信息知识匮乏等多维性贫困。为了尽可能地减少生活成本，进城老人复制农村的生活方式，在日常生活消费方面与城市市民相区隔，游离在城市底层。对家庭经济贡献减少相伴而来的是老人家庭地位下降、家庭决策类事务话语权的丧失。另外，几代人生活在一起，因为价值观念不同，产生家庭矛盾和冲突，进一步降低老人在城市生活的幸福度和满意度。中年群体具有城市的积累性，早在举家被迁移至城市前，就在城乡之间两栖往来，从事半工半耕的生计方式。一家人搬迁至城市，日常生活成本迅速上升，迫使家庭中坚劳动力主动寻求多元化的生计策略。本县城难以就业或收入不能维持一家人的生计时，他们就流动到其他大城市。妇女、老人是县城新的留守群体，即使搬迁至县城，仍然要延续农村留守的生活方式，忍受家庭离散之痛。子女接受教育的移民家庭有搬迁到城镇的需求，政府给予移民住房补贴，能够让他们享受到制度福利，增强融入城市的积极性、主动性。

生态移民在新的物质空间、精神空间及文化空间再造新的生计模式、社会关系网络及社区集体文化。转型、适应、重塑的进程受原身份影响。牧民常年以牛羊和草原为伴，生活在远离城市喧嚣的草原生态系统，较少受到城市生活方式的浸染，进入城市以后，草原游牧文化与城市现代文明的碰撞冲击让进城牧民产生了种种不适感，语言不通、缺技术少文化的他们在陌生的环境茫然不知所措。牧民认为自己响应政府号召搬迁定居，牺牲了个体利益维护了集体利益，理应得到政府政策性的保护，期望与目前收入下降之间的张力与差距，使牧民产生了很强的落差感，出现了不满现状、不满搬迁的负面情绪。失业与贫困画上等号——这是一种不符合规范的行为、一种不正常的状态。[①] 就业是牧民定居、嵌入、融入城市的根本，地方政府应将资源输入、社会支持与激发牧民寻找多元化谋生之路的内生动力相结合，找到牧民在城市可持续发展的有效之路。易地扶贫搬迁的农民大部分来自天祝县城周边的村落，早年就在城乡之间两栖流动，在本县城或异地城市务工经商，价值观念、行为方式深受城市文明的影响。县域城镇化的快速发展，吸纳周边村民向县城迁移、从事非农化职业、买房定居。进城打工者以有能力在县城购买房子定居成为“城里人”作为人生奋斗的追求。在县城有稳定的住所，平时在

① ［英］齐格蒙特 · 鲍曼（Zygmunt Bauman）著，郭楠译：《工作、消费主义和新穷人》，150 页，上海，上海社会科学院出版社，2021。

县城工作生活，逢年过节回农村寻找集体记忆、抚慰乡愁被他们认为是一种理想的生活状态。政府组织易地搬迁，在住房上给予优惠补贴，满足了这部分人城镇化的价值诉求，加速了城镇化的进程。

生态移民不只是移民由乡村到城市的空间物理性转移，微观个体在与外部环境的调适与重塑中，其生计方式、家庭关系、社会关系网与消费实践都会发生根本性的变革。城市作为一种生活方式，形塑进城个体的实践行动，农村人口早期的生存技能失去存续的文化土壤，从而迫使农牧民逐渐改变传统的行为逻辑、价值理念，在“干中学”中积累城市生活的技能与知识，适应城市生活方式，再造与城市社会相适应的角色，建构新的社会关系网络，实现身份转型。

第三章　陪读者市民化

我国陪读现象出现于20世纪70年代末80年代初，90年代之后快速发展。① 经历了从最初的海外精英陪读，到城市普通家庭的陪读，再到农村家庭的城市陪读② 几个阶段，陪读逐渐由精英走向大众，由个别走向普遍，规模持续蔓延，呈现出愈演愈烈的趋势。陪读现象的产生是政策制度、家庭、个体相互作用的结果。当前的研究或从政策制度分析陪读产生的原因、类型和影响，或从家庭策略、家庭选择分析陪读对家庭结构、分工与再生产的重塑。

从家庭视角看陪读。将家庭收益最大化的方式就是将人力与资本投向可能获得最大收益的地方。③ 工业化和农业的现代化提高了教育和其他技能的回报，很多父母渐渐从生育很多的孩子变为对每个孩子进行更多的投资。教育是最为重要的投资之一。教育投资不只是经济方面的，还包括人力、时间和情感的投入。陪读是教育投资极大提高的体现。外出务工、国家对“三农”的扶

---

① 谢芳、王金兰、王建民、刘茂昌、丁斌、香成福：《从“陪读”现象看农村教育存在的问题——以甘肃为例》，载《现代中小学教育》，2014（8）。

② 王欣、卢春天：《农村陪读家庭资源传递及其影响——基于“陪读”的个案研究》，载《中国青年研究》，2019（8）。

③ ［美］孔飞力著，李明欢译：《他者中的华人：中国近现代移民史》，11页，南京，江苏人民出版社，2016。

持，增加了农民的收入，农民家庭享受到了改革发展的成果，具有了投资教育的经济能力。虽然拥有了一些经济积累，农村家庭仍然缺乏人力资本与社会资本，农村家庭向社会上层流动、提升社会地位的愿望强烈。父母将这种期盼寄托在下一代身上，希望子女通过掌握更多的知识改变命运，改变整个家庭发展的轨迹。陪读是农村家庭为了实现阶层向上流动、改变社会地位进行的投资（高玉华，2009；雷望红，2018；王欣、卢春天，2019），同时是物质生活提升后的一种必要消费，具有获取相应阶层地位的“消费”功能。[①]另有研究认为，陪读是农村家庭被动适应农村教育改革的结果，“撤点并校”之后，农村学校数量减少，农村教育资源的可及性下降，农村家长不得不陪读，被动卷入陪读潮流，尤其是偏远地区的农村家庭承担了更多的政策成本。（熊春文，2009；蔡志良、孔令新，2014；潘光辉，2017）不少研究认为，陪读是农村家庭应对城镇化、家庭流动、农村教育改革而基于家庭成员的角色与身份进行的理性决策。（苏运勋，2019；吴惠芳、吴云蕊、陈健，2019；张欢、朱占辉，2021）

从政策制度方面看陪读。有研究从农村教育城镇化与陪读之间的关系分析陪读现象。城镇化加速农村人口向城镇迁移，农村学校根据人口变动做出调整布局。在农村学校重新布局调整中，地方政府为了加快城镇化的进程，将教育资源向城镇集中；为了追求优质的教育资源，农村家庭向城镇迁移，成为教育移民，移民以购房或租房的形式居住在城镇陪伴孩子读书。（胡俊生，2010；王鲁楠、贾林祥，2014；荣利颖、宋婷娜，2016）还有研

① 王欣、卢春天:《农村陪读家庭资源传递及其影响——基于“陪读”的个案研究》，载《中国青年研究》，2019（8）。

究从城乡二元制度对教育的影响层面分析陪读现象，认为陪读是教育资源配置不均，城乡教育不均衡的产物。（施红娟，2010；王文龙，2012）中国社会陪读现象急剧增加的深层次原因则在于中国社会机会的逐渐闭锁。[①]教育无疑是一个长期的、艰苦的过程，但它又是一个充满希望的过程。[②]对于某些缺乏文化背景或资本积累的农民家庭来说，教育是子孙后代过上体面生活、摆脱农门，实现向社会上层流动的唯一可能渠道。因而中国的父母普遍重视孩子的教育，在孩子的教育上愿意尽其可能地、不惜所有地投资与付出。随着养育孩子成本的上升，人们的生育观念发生了改变，很多家庭所生孩子的数量减少，父母更加重视孩子的质量，都希望自己的孩子将来能过上有品质的生活，以知识创造社会价值，丰富人生、实现自我。笔者在天祝县发放问卷152份，其中，农牧民进城原因中，陪读占40%。在天祝县，不少老人也是因为陪读而进城。天祝县主要存在三种类型陪读，即父母随迁陪读、老人随迁陪读以及举家迁移陪读，以下分述之。

第一节　母亲／父亲陪读

陪读意味着农村家庭为了获取教育资源，根据家庭成员的角色、能够创造的社会价值进行重新分工。陪读者的主要职责是照顾子女学习，他们的时间由子女的时间决定，工作时间不能与照顾子女的时间发生冲突，因而也意味着有失去就业的可能。在

① 王文龙：《中国陪读现象的流变及其社会学解读》，载《南京社会科学》，2012（10）。

② [美]布赖恩·贝利著，顾朝林等译：《比较城市化：20世纪的不同道路》，8页，北京，商务印书馆，2011。

一个家庭中，选择由谁陪读、谁养家是理性权衡的结果，即“在市场活动中有优势的家庭成员应专注于市场活动，在家庭活动中有优势的家庭成员应专注于家庭活动，以实现家庭效用的最大化”[①]。陪读是女性生命历程中的重要事件，会导致其人生轨迹的改变。有学者从生命历程理论视角分析陪读与女性之间的关系；也有学者从性别分工的角度分析陪读给女性带来的影响。冯小则认为：“进城陪读可以理解为年轻女性追求进城生活与闲暇生活方式的一种隐性表达。”[②]反映出农村婚姻市场性别挤压下，农村年轻妇女家庭地位和社会地位的结构性变革。

笔者将母亲／父亲陪读界定为父母中某一方的陪读，有母亲单独陪读和父亲单独陪读两种情况，不包括父母双方共同陪读。母亲／父亲陪读也可以称为离散型陪读，因为父母双方中总有一方在孩子成长的过程中是缺席的。根据调研，陪读者的受教育程度普遍较低，陪读的角色多为照顾孩子的日常生活以及负责接送等，大多数人不能辅导孩子的学习，尤其是高年级学生的学习。父母陪读多为母亲陪读。笔者在天祝县城发放问卷时发现，县城所能提供的工作岗位主要为饭店、酒店服务人员以及销售导购等，而且工资偏低，平均每月2000元左右。根据男女家庭角色分工，大多数家庭中，男性承担着养家糊口的任务，这样的工作性质和工资收入显然不适合男性。然而，陪读的母亲却能够在县城找到合适的工作。正如贺雪峰教授所言，“陪读，为妇

① 田北海、黄政：《陪读比较优势、家庭利他主义与农村陪读母亲的形成——基于L镇的实地调查》，载《云南大学学报》（社会科学版），2018（2）。

② 冯小：《陪读：农村年轻女性进城与闲暇生活的隐性表达——基于晋西北小寨乡“进城陪读”现象的分析》，载《中国青年研究》，2017（12）。

女提供了进城的理由”。[①] 在城市实现就业的农村妇女，工作和生活的场域由家庭走向社会，在经济收入得到增加的同时，社会地位、家庭地位得以提高。因为在日常工作中能够接触到更多的同事、朋友，扩大了农村妇女社会交往的范围，拓展了基于业缘关系形成的异质性社会网络，积累了城市融入的社会资本。除此之外，陪伴一个孩子从小学到高中毕业需要十几年的时间，十几年生活、工作在城市，促使农村妇女在衣食住行等生活方式方面、价值理念和思想观念上逐渐市民化，因此，陪读加速了农村女性市民化。在陪读期内，陪读改变了家庭成员的角色、职业和身份，解构着传统的家庭关系、家庭结构和家庭规模；同时改变着家庭消费方式，家庭中的大部分支出被教育挤占，抑制了其他消费支出，一定程度上阻碍了陪读家庭市民化进程。陪读结束之后，陪读者选择恢复传统的身份还是建构新的身份与其市民化程度有关。

一、为何陪读

陪读作为中国教育发展的重要社会现象，类型多样，有国外留学陪读、陪孩子做作业（孩子放学之后父母陪伴写作业）、艺术类专业陪读、毕业陪读（中考、高考期间的陪读）、农村进城陪读以及其他类的陪读，如对身心疾病导致生活难以自理者的陪读，大学生父母陪读，等等。（姚玉红等，2019）文献梳理得知，学界以规模庞大的农村进城陪读者为主要研究对象。王晓慧将农村家庭跟随子女进入城镇陪读划分为三种类型，即因

① 贺雪峰:《九寨乡的陪读》，载《决策》，2019（4）。

父母进城务工而致的随迁型陪读、因中小学布局调整而致的被迫型陪读和祈求获得更高教育质量的主动型陪读。[①]何影、田毅鹏将农村陪读群体定义为“由农村进入城市陪伴孩子读书的群体”。[②]农村进城陪读群体的基本特征有：（1）在地域空间上，由农村进入城市，属于农村迁移群体；（2）进城的目的是满足对教育的需求，在陪读的过程中，教育因素推动了农村迁移群体的市民化；（3）陪读者的再社会化发生在陪读期限内，陪读结束后，选择返回农村还是永久扎根城市表现出个体选择的差异性和多元性。

陪读是我国城乡教育资源配置不均衡、机会发展不平衡的产物。优质的教育资源集中在城市，城市学校在教学设施、师资力量、学生生源、财政支持等方面远远领先于农村学校。农村家长为了让孩子接受高质量的教育，不惜代价、不计成本地将孩子转入城市学校，并由家庭中一位或几位成员跟随孩子进城求学，照顾孩子的饮食起居、监督学习等。以前的计划生育政策和农村人口向城镇的流动导致农村学龄儿童减少，为了优化配置教育资源，县级政府对农村的学校进行调整布局，撤销合并了大量农村学校，使教育资源向城镇集中，农村孩子上学的路途变远，求学的时间成本增加，需要专门抽出时间接送孩子，综合权衡之后，一些家庭将孩子转入城市学校。再有一些家庭是“从众”型陪读，当周围的邻居、亲戚都跟随孩子进城学习、务工后，自己也

---

① 王晓慧：《农村中小学陪读现象的类型、成因及解决对策》，载《教育理论与实践》，2011（3）。

② 何影、田毅鹏：《农村陪读迁移群体城市适应与市民化取向分析——基于东北地区H县陪读家长的考察》，载《上海大学学报（社会科学版）》，2018（6）。

不甘落后，纷纷加入陪读队伍。留在农村学校上学的，要么是学习成绩不好的，要么是家境贫寒的，要么是家庭结构不完整的，因而，留在村小上学的家庭被打上了贫穷、落后的标签。陪读最初可能只发生在家庭经济条件优越的农村家庭，后来成为一种大众趋势。陪读规模的持续扩大，“加剧了教育资源的垄断，导致贫富差距不断扩大以及阶层固化”[①]。城市内部的教育资源分布同样不均衡，有重点学校和普通学校的区别，农村家庭的孩子难以进入教育资源集中的重点学校，即使花很高的代价，也不能保证孩子就能成功考入理想的大学。孩子未来的不确定性增加了农村家庭陪读的风险，加剧教育投资与回报不成正比的张力。

我以前是跑运输的，往新疆、西藏等地运送货物，不算车辆维修费，每月也就挣2000～3000元。跑车很辛苦，每天跑18～20小时，一天就睡几个小时，出去一趟差不多半个月。我的车因为环保不达标报废以后，准备在县城边打零工边照顾小孩上学。我们村那边的小学都撤掉了。镇上虽有小学，但是中学也马上撤掉了，即使选择在镇上上小学，中学也要来县城，索性就直接在县城上小学。（男　藏族　36岁）

二、影响陪读者市民化的因素

在城镇化的快速发展中，农民主动或被动进城，加速了乡村教育转型及城镇化的进程。教育城镇化重塑了农村家庭的分工模式、资源配置及再生产系统。农民作为乡村教育城镇化的参与主

① 王文龙：《中国陪读现象的流变及其社会学解读》，载《南京社会科学》，2012（10）。

体和实践者，在实践中走向市民化。

（一）陪读时间的长短

调研得知，现在农村大多数家庭的陪读开始于小学，从小学到高中毕业至少需要12年，十几年生活和工作在城市，陪读群体逐渐被城市的生活方式、都市现代文明所同化，对便捷、丰富多元的城市充满向往，市民化的意愿较为强烈，渴望长久扎根城市。还有家庭从孩子上幼儿园开始就陪读，陪读的时间更长，城市性积累更多，定居城市的意愿更强烈。如果是从初中或高中开始陪读，陪读时间短，较难适应城市消费性的生活，尤其是缺乏立足城市人力资本、社会资本的中老年人，陪读结束后返回农村的意向较为明确。

> 我是为了照顾儿子上学来县城。刚来县城不到1年，我儿子在上初一。家长不跟着不行，孩子正值青春期，要是学坏了咋办呢。而且我就这么一个儿子。我和儿子在Z安置小区租房子住，房租1年1万，我们租的是私人的房子，所以租金高。好在我儿子学习好，这样我就有信心了。家里是搞养殖的，经济状况还可以，所以我在县城也没有找工作，专职伺候儿子。
>
> 我老公以前在广东打工，在工地上负责爆破工作，因为工作危险加之常年回不了家，还有家里老人年龄大了，身体有病需要照顾，我老公就回家从事养殖、种植。现在我老公及公婆三人在农村老家共同经营着一家养猪场，养了20头猪，养猪也很辛苦，尤其是猪产仔的时候要悉心照料，以免小猪仔生下来以后被踩踏，等等。近几年猪肉价可以，不过

猪要长到180～200斤才可以出栏，一般1头猪的生长周期为半年。这几年家里收入还可以，我劝老公在县城买个房子，一起打工供儿子上学，老公不同意，说再也不愿意打工。等儿子上大学以后我也会回老家帮忙。人的选择不一样，生活状况就不同，出去打工虽然挣得多，但没有家。在家里，收入虽然少，但一家人生活在一起幸福……（女　藏族　35岁）

（二）经济因素

进入城市陪读的实践行动，会使一个农村家庭的花费比在农村时翻几倍。巨大的消费压力迫使陪读者尽快转变角色，寻找能够胜任的就业岗位。根据调研，陪读者主要为孩子的母亲。孩子的父亲或者在农村继续从事种植业、养殖业，农闲的时候来县城打零工；或者在其他就业机会多、收入较高的城市务工；或者从事运输行业，一年到头只有过年的时候才与家人团聚。母亲中，年龄较大、文化程度低的中年妇女以在县城打零工的方式补贴家用；少数人凭借某项技能经营小本生意。如，调研中遇到的H阿姨，在县城开了一家杂粮面馆，餐馆虽不大，因为饭菜可口，加之迎合了城里人吃杂粮换口味、感受乡村生活的心理，因而顾客络绎不绝，收入可观。55岁的Q阿姨跟随两个孩子进城陪读，以前到处流动摆摊，2018年租了一家店铺，租金1年15000元，出售干炒青稞、瓜子，石磨炒面等。她的老公常年在外打工，自己经营店铺供两个孩子上学和支付家庭日常消费。她的女儿已经在南方一所大学上学，儿子今年高考。据Q阿姨讲述，她老家的地太少，儿子上大学以后她会继续经营店铺，支持两个孩子上大学。年轻的母亲多从事销售、导购、服务类工作，工作相对轻松，平时工作中要接触不同的人，社会交往对象复杂化，与城里人日常交往频繁，并且年轻妈妈在陪读之前就有外出务工、流动的经历，因此，其市民化程度高。总之，陪读是家庭集体决策、集体行动的行为，陪读者的市民化程度与家庭经济状况密切相关。家庭条件较好的，陪读者及其子女在城市里生活就宽裕，生活压力小，情绪乐观向上，能够较快地适应城市的生活方式，认同城市的价值理念、社会规范，相应地，其市民化的水平就高。经济条件拮据的家庭，认为城市消费太高，终究不是农村人的落脚之地，在陪读结束之后，会选择返回农村老家，因而，他们的市民化的意愿与能力较低。

其中，住房状况是影响陪读群体市民化非常重要的因素。陪读群体的住房类型有租房和买房两种。租房的家庭中，经济状况不好的，一般会租住平房，平房每月租金为 200 ~ 300 元，屋内设施简陋，除了一张床、一个旧桌子外，再没有其他摆设。家庭条件相对好一点的家庭，会租住廉租房。根据调研，从城建局租廉租房，1 年的租金为 5000 元，加上物业费、水电暖费等，总计 8000 元左右，城建局出租的廉租房为一室一厅带厨房和卫生间的小房子。调研对象告诉笔者，L 安置小区的房子按面积和房屋朝向规定出租价格，一般朝向阳面的房子租金 1 平方米为 8 元，阴面的房子 7.5 元。如果租住私人的房子价格相对高。购房者多为家庭中的主要劳动力常年在外务工，经济状况较好的，在县城购买房子的陪读者基本实现了就地市民化，陪读结束之后返回农村的可能性不大。还有一些家庭在政策扶持下实现了定居县城，比如精准扶贫建档立卡户、生态移民等，他们只要出资 1 万元就能买到 1 套安置房。这类陪读群体从熟悉的农村被动迁入陌生的城市，面临角色转变、身份转型的困境，在定居城市的初期生活相对贫困，经过一段时间的再社会化后，会认同城市的生活方式、社会关系、行为方式及消费方式等，最终成为市民。

（三）与孩子的学习、在学校的表现有关

陪读迁移群体进城的主要目标是让孩子能够享受到城市高质量的教育资源，首要的任务是陪伴孩子读书，因而孩子的学习成绩、学习态度、在学校的表现、老师与同学的评价能显著地影响陪读者的陪读信心以及城市融入的能动性。陪读的家长如果孩子学习成绩突出，在校表现良好，综合素质高，得到师生肯定，其融入城市的主动性就强，喜欢与其他家长、周围邻居来往交流，哪怕是生活和金钱方面遇到困难，也会想办法尽可能地克服。平时无论干家务还是干工作都显得有干劲、有动力。陪读高昂的成本以及陪读家庭经济累积的脆弱性，使陪读者的情绪处于绷紧的状态。往往是投入得越多，期望越高，就越害怕自己的付出得不到回报。如果孩子的学习不稳定，学习态度不自觉，家长就显得焦虑、自卑，留居城市的意愿不强烈。黄姓同学的母亲说：“我们的孩子虽然学习很刻苦，但是每次考试不知道为啥总是考不好。我自己文化程度不高，现在的习题根本不会做，所以帮不上孩子什么忙。我现在挺苦恼，干什么都没动力。”（女　藏族　43 岁）

（四）与陪读者个体特征有关

个体的年龄、性格与文化程度等影响陪读者城市适应能力。一般来说，年轻、文化程度高、性格开朗乐观的陪读者有较强的城市适应能力，能够主动参与一些社交活动，学习新知识、结交新的朋友。笔者调研期间遇到一位 50 多岁的妇女，性格开

朗、豪爽，喜欢新潮的东西，虽然是不识字的文盲，却能熟练地拍小视频，通过拍小视频挣钱。年轻的陪读妈妈衣着时尚，平时喜欢化妆，闲暇时间喜欢刷小视频，会在网上购买衣服、日常用品，不想做饭就点外卖，在生活方式、消费习惯以及价值理念方面实现了市民化。“平时吃完晚饭孩子写作业的时候，我就去牦牛广场跳广场舞，跳舞的时候认识了几个新朋友，没事大家就约着逛街。我觉得在城市挺开心的，不用干农活，在县城找工作也不难，希望长期在城市待下去，我已经适应了城市的生活。”（女　藏族　37 岁）反之，年龄偏大、文化程度低、性格内敛、长期生活在农村的妇女，思想观念相对保守，担心回农村老家的时候村里人说闲话而不敢在发型、衣着等方面模仿城里人，她们为了减少开支，在县城租住的房子十分简陋，在城市窘迫、贫困的生活现状导致她们形成了城市过客的心理，认为自己始终是农村人，根基仍然在农村。除此之外，城市的学校重视家校合作，以线上线下的方式加强老师与家长之间的交流沟通，家庭作业、学校的活动、孩子在校期间的表现等都通过网络平台发布与分享。年轻的妈妈能够较快地学会操作家校合作教学软件，在班级微信群里积极回复老师的通知，能够准确、及时地完成老师布置的线上任务。而年龄较大、文化程度低的陪读者只能在孩子的辅助下完成学校发布的线上任务。随着子女受教育程度的提高，学习的决定权会掌握在子女自己手中，年龄较大的陪读者会逐渐丧失对孩子教育的话语权。

（五）与亲子关系有关

“镜中我”（look-glass-self）概念认为，个体对自我的认识是想象其他人对自己看法的反映。“这种自我感觉决定于对想象的他人的意识的态度。这种社会自我则可以被称作反射自我或镜中自我，人们彼此都是一面镜子，映照着对方。”“自我认识有三个主要成分：对别人眼里我们的形象的想象；想象中的别人的判断；想象另一个头脑里的反映产生的结果。”[①] 陪读母亲与孩子朝夕相处，孩子自我人格的发展、自我认知的形成与母亲的看法、反映与评价有关。孩子从母亲的反映中感知自我与自己进城学习给家庭成员带来的影响。母亲正面的评价、鼓励和表扬，会让孩子自我感觉良好，能够保持积极向上的健康心态，增强孩子学习的主动性，有利于形成融洽的亲子关系。反之，如果母亲对孩子的评价消极，时常责骂孩子，要求孩子高强度的学习，会让孩子在消极悲观的情境中产生自我否定，丧失学习的动力，出现厌学、拒绝与身边人交流的行为，从而让亲子关系处于紧张状态。另外，亲子关系与孩子的学习密切相关。孩子学习成绩好、学习压力不大时，会与妈妈和谐相处。学习压力增大时，会出现焦虑、暴躁的情绪，并将这种情绪传导给身边的人，引发家庭矛盾。不和谐的亲子关系会让陪读妈妈认为自己所做的一切不值得，自己的付出没有得到回报，希望陪读尽快结束回归自己原来的社会关系网络。

三、陪读者的城市融入

移民群体与流入地之间的关系是社会融合研究的关键问题。社会融合的过程是移民群体与流入地居民之间经过相互渗透、相互适应和相互融合，并最终融汇进共同的文化生活之中。国内主

① ［美］查尔斯·霍顿·库利（Charles Horton Cooley）著，包凡一、王湲译：《人类本性与社会秩序》，129—130 页，北京，华夏出版社，2020。

要研究城乡移民的社会融合问题。瑞兹（Reitzes）曾指出，“城市认同包括个人与环境的交互体验及以城市群体作为参照的融入过程。个人进入城市生活后，对于其中的情境、文化及个人定位进行主观认识，形成对于城市的外在感悟。”[①] 进入城市的农牧业转移人口遭遇显性或隐性的社会排斥，与城市居民之间存在制度、经济、文化及社会等方面的距离。在共建共享共治理念下，农牧业转移人口的社会融合得到政府层面的重视。一个包容性的社会必定是社会系统更加开放、社会阶层充满流动性和社会结构更加完善的社会，而且社会系统中的每个人能找到自我发展的机会与空间；处于城市底层的农牧业转移人口能够没有障碍地享受公共服务资源，“城里人”与“农村人”的身份区隔及社会边界得以消解，迁入城市的农民群体有向社会上层跃进的渠道和空间。从这个意义来说，社会融合是城乡健康发展与城乡融合发展的有力支撑。农牧业转移人口社会融合是多维度的、动态发展与双向度的社会过程，包括农牧业转移人口与城市居民相互接纳与认同的过程。政策保障、经济收入与社会地位的提升、权益的获得、身份认同的强化是农牧业转移人口融入城市社会的重要体现。对于社会融合的研究普遍遵循多维度建构与多影响因素的分析。黄匡时、嘎日达结合欧盟社会融合指标评价体系，从城市层面（政策融合、总体融合）和个体层面（主客观融入）建构我国农民工社会融合指标。张永梅等从空间分布、时间跨度以及民族差异研究不同群体的社会融合，研究发现，作为农民工社会融合的基础，经济融入水平较低，低于文化融合与心理融合水平；少数民族社

① 袁潇：《数字边际人：新生代农民工的手机使用和社会认同》，103 页，北京，社会科学文献出版社，2019。

会融合低于汉族水平，但差异正在缩小。[①] 杨高、周春山研究了深圳市不同类型聚居区农民工社会融合，研究发现，聚居区类型不同，农民工整体社会融合以及基于社区、经济、社会、文化和心理不同维度的社会融合存在明显的差异。这启示我们坚持全面的思考视角，即使在同一个城市，所处社区空间以及个体因素的不同，社会融合会有所差异。[②] 徐延辉、邱啸借助社会弹性理论探讨农民工社会融入。社会弹性指社会应对各种风险和挑战，化解各种矛盾并实现进一步发展的能力。他从宏观、中观和微观层面将社会弹性分为机会平等、社区包容、社会支持、创新能力和心理弹性五个维度。这些维度对农民工社会融合影响显著。[③]

社会融入与社会融合是两个具有差异性的概念。社会融入是农牧业转移人口对城市的单向度适应，而社会融合是双向认同的过程，也即进入城市的农村人对城市的适应，城市对进城者的包容、接纳。初入城市的陪读群体保留农村的消费理念，面对陪读高昂的经济付出和家庭经济积累的脆弱性，会选择尽可能地缩减日常生活开支。他们居住在设施简陋的平房，在居住空间上与城里人相区隔；仍然保持农村人的穿衣风格，只能买得起便宜廉价的服装，不认识品牌也没有品牌意识；在日常交往中会遭遇城里人的排斥。陪读群体融入城市要经历角色适应，经济层面、生活方式层面以及文化、情感、心理层面的融入历程。

① 张永梅、何晨晓、桂浩然：《社会融合：基于地区、民族和历时性的比较》，载《南方人口》，2019（3）。

② 杨高、周春山：《深圳不同类型农民工聚居区的社会融合及影响因素》，载《地理研究》，2019（2）。

③ 徐延辉、邱啸：《社会弹性与农民工的城市社会融合》，载《吉林大学社会科学学报》，2019（1）。

（一）角色适应

个人往往在人际关系网络中才能最大化地获取资源、感到安全和成就价值。[①]有些陪读者在陪读之前就在城市务工，扮演挣钱养家的角色，在家庭经济积累方面承担着重要职责，陪读之后，不得不放弃自己原来的工作和社会关系网，回归家庭，由原来的家庭供养者变成依附于家庭的被供养者，不能通过就业实现自我价值的妇女有脱离社会的危机感，对自己将来还能否实现就业充满担忧，担心被社会抛弃。加之，她们的丈夫需要在外地务工以维持家庭生计，夫妻长期分离，情感得不到呵护，影响夫妻关系及家庭和谐。陪读带来的上述负面影响，给陪读群体角色转变带来了极大的挑战。但在为了孩子的想法支撑下，陪读群体以“自我牺牲”的选择克服遇到的困难，尽心尽责地照顾孩子学习，并在长时间的调适、解构与再建构中转换角色，适应陪读身份。“刚来县城照顾孩子上学时挺心慌的，看着别人都忙忙碌碌地挣钱，自己不但不能给家里挣钱，还增加了花费，挺纠结这样做对不对。后来就想通了，每个人的选择不一样，我做的是有意义的事，就算挣再多的钱，不能照顾孩子，耽误下一代也没有意义。”（女　藏族　35岁）陪读者角色的适应会经历迷茫、摇摆、重构与适应的阶段，适应期之后，大多数人会认同自身的职业与身份。过完年第一天上班，陪读妈妈扎西卓玛就发了一条激励自己的朋友圈：“生活就该是这样，忙碌而又充实，疲倦中夹杂着些许幸福。我们为了生活而奋斗，我们为了孩子而努力，生活中所有不愉快都会被孩子天真的笑容所冲散，仿佛陪伴孩子才是真

① 陈秋燕、王晓刚、程科、张海滨、吉木哈学：《新型城镇化背景下西部民族地区农村青少年城市融入过程研究》，载《西南民族大学学报》（人文社会科学版），2019（2）。

正应该做的事。”可以看出，陪读妈妈在陪伴孩子成长中感受到人生的责任、价值和意义，她们觉得为孩子努力奋斗才是最有意义、有价值的事，即便生活忙碌、琐碎，却倍感充实。

（二）经济层面的融入

陪读是一项投资高、回报不确定或回报周期长的经济行为。高昂的陪读费用超出了以打工为生的农村家庭的承受能力，不少农村家庭被动的、超负荷的运转，加之高校毕业生就业难的现实困境，猛烈地冲击着农村父母对教育的期望。但进城务工的家长因自身缺乏知识，在日趋激烈的城市就业市场中经历失败后，坚持认为教育投资是能够产生长远收益的家庭投资。不少家长认为即使孩子大学毕业后不能在有权力、有声望、有资源的单位、岗位或部门就业，也是依靠学历和知识生存，不再靠体力谋生、摆脱了农活或放牧。面对教育成本增加带来家庭发展的压力，农民家庭以细化代际分工强化代际合力的策略应对。家庭中老人继续在农村经营农业，为在城镇陪读的家庭成员提供粮食、蔬菜物资供应。孩子的父亲选择在本地建筑工地等收入相对高的地方打工，或者跨区域外出务工。据笔者的调研，天祝县大部分青壮年劳动力选择到新疆的工厂务工。孩子的母亲则尽可能地实现就业以缓解家庭经济压力，如果实在找不到工作就以打零工的方式挣钱补贴家用，以“半工伴陪”的方式，应对城市生活风险。除此之外，陪读家长对孩子教育的投入、期望以及为教育所做出的牺牲，必然会让孩子产生压力，所有家庭成员因陪读嵌入在城市经济行动和社会文化结构中，适应角色、感知城市，建构身份。

（三）社会关系层面的融入

陪读者从农村的熟人社会嵌入陌生异质的城市后，生活方式以从事农牧业转变为料理日常家务、照顾孩子和上下班等，在日常的社会实践中，交往的对象由邻居、亲戚、朋友等初级社会交往群体转变为孩子的老师、其他家长、同事、房东等异质性社会群体，社会交往的网络扩大。有陪读者利用弱关系网获得孩子教育方面有价值的信息。W先生利用自己村长的身份，帮妻子在县交通局的食堂找了一份工作，妻子边在县城上班，边照顾两个上高中的孩子。他的妻子每天与交通局的干部打交道，经常会交流一些与孩子教育相关的话题，比如补课信息、文理分科怎么权衡、高考志愿如何填报、哪些专业就业前景好，等等。交通局的干部也给两个孩子树立了榜样，他们求学的目标更加清晰明确，学习刻苦用功，学习成绩突出。除社会交往外，年轻妈妈喜欢城市的生活方式，追求时尚，注重衣着打扮，平时会化精致的淡妆，完全看不出农村的印记，她们喜欢逛街买衣服、包包、化妆品等。除此之外，孩子在城市接触的社会环境复杂，面对的诱惑多，增加了父母管教的难度。陪读者除了照顾孩子的衣食起居、监督学习之外，还需要关注孩子的心理变化，掌握与孩子沟通的技巧，疏解孩子的负面情绪等。陪读者深感责任重、压力大，尤其到孩子青春期叛逆时，陪读父母会主动阅读一些如何教育孩子的书籍或一些网络小文章等，帮助孩子将重心放在学习上，在父母与孩子互动的过程中促进了双方的市民化。

（四）心理层面的融入

陪读者的文化融入要经历“由原生的乡村文化经过城市陪读

群体的亚文化过渡到城市边缘文化最终融入城市文化”[①] 等几个阶段。心理融入是最高层次的融入，即陪读者对城市产生了情感依赖，完全适应了城市的生活方式，认同城市的价值观念、消费方式，渴望扎根城市。实现扎根城市的重要指标之一为在城市有住房。陪读家庭基本处于收支相抵消的状态，每年的收入难以有结余，没有能力实现在城市购房定居的梦想。一些家庭通过租住廉租房的方式，实现居住条件的改善。因廉租房的租金远高于平房，进而增加了陪读成本。祁女士在两个儿子上高中的时候，和丈夫搬到县城边打工边供孩子上学，直到大儿子结婚有了孩子之后她才结束打工生涯开始照顾孙子。之前他们租房陪读，两个儿子工作以后给她和丈夫在县城买了廉租房。说起陪读以及陪读的结果，祁女士都很满意，认为两个儿子考上大学，找到不错的工作，最终跳出农门，自己的辛苦没有白费。她尤其满意小儿子的工作，她的小儿子是新疆一家医院的手术大夫，月工资一万五左右，工作没几年就在新疆买了房和车。祁女士自己在穿衣打扮方面完全城市化，她烫着卷发、穿着裙子和高跟鞋，50 多岁的她比其他农村妇女看起来年轻好多岁。她喜欢城市生活，对自己能够因陪读最终扎根县城的结果很满意。

第二节　老人陪读

老人陪读又称隔代陪读，即由爷爷奶奶照顾进入城镇学习的孙子，老人承担起家庭教育再生产的责任。无可置疑，老人陪读

① 何影、田毅鹏：《农村陪读迁移群体城市适应与市民化取向分析——基于东北地区 H 县陪读家长的考察》，载《上海大学学报》（社会科学版），2018（6）。

利弊共存。利的方面为老人陪读释放出家庭中的青壮年劳力，尤其是孩子的母亲。女性劳动力可外出务工经商或继续从事农业增加整个家庭的收入，对于女性社会地位提升、自我价值的实现有积极的促进作用。城镇化的快速发展带来乡村社会的巨变，打破了农村传统家庭结构的稳定性，家庭处于流动状态，家庭中的成员往往离散在不同的空间，家庭应对风险的能力降低，需要以代际合力、代际支持的方式保证家庭功能的正常发挥。老人以陪读或继续从事农业生产为县城中的子女提供生活补贴，以尽可能减少子女负担的方式为家庭做出贡献，老人因此在家庭中的地位得以提升，有利于家庭和谐发展以及“敬老孝老”传统美德的传承发扬。苏运勋通过田野调查发现，隔代陪读兼顾了农民家庭经济积累和教育再生产，比较顺利地推动了家庭现代转型。老人的价值在家庭转型过程中得到凸显。① 老人陪读也存在不少问题，农村老年人文化程度普遍偏低，知识结构陈旧，更不乏文盲、大字不识者，在知识日新月异的信息化时代，老人陪读只能起到照顾孩子衣食起居的作用，不能有效地监督孩子的学习、帮助其树立良好的学习与生活习惯。孩子长期处于宽松甚至溺爱的环境中，缺乏正确的教育与约束，容易滋生贪玩厌学的情绪，导致学习成绩下滑，等等。除此，老人长期陪伴孩子的学习和生活，扮演“父母”的角色，导致孩子与父母关系疏远，亲子关系淡漠。当孩子在城镇看到别的孩子和父母融洽地生活在一起的幸福场景时，难免会产生孤独、落寞与自卑感。笔者在天祝县调研期间，与一位 50 多岁的年轻奶奶访谈时，奶奶故意对身边 3 岁的小孙

① 苏运勋：《隔代陪读：农民家庭的教育策略与家庭秩序》，载《北京社会科学》，2019（9）。

子说，这是你妈妈（指笔者）。小孩子盯着笔者看了一会，犹豫片刻说，她不是我妈妈。正是这片刻犹豫映射出孩子对自己妈妈印象的模糊。孩子不到1岁的时候他妈妈就外出打工，妈妈本是孩子最依恋最依赖的人，却因长期的分离导致孩子对母亲的印象模糊。虽然孩子的父母经常和他视频联系，然而，隔着屏幕难以感受到温暖的亲情互动。亲子分离、儿童成长中的留守经历等是转型时期农村家庭所要，以及正在经历的阵痛，本节无意细述留守这类社会问题产生的社会背景、社会影响等，而是论述隔代陪读对亲子关系的影响。既有研究主要关注陪读妈妈，对老人陪读研究较少。笔者在天祝县调研发现，老人陪读的现象较为普遍。陪读是老人进城的主要原因之一。本节论述老人陪读何以产生、老人陪读面临哪些困境，陪读如何促进老年人市民化等。

一、老人陪读何以产生

（一）城镇化快速发展，城乡二元制度影响

城镇化的快速发展，加速处于经济发展劣势的农村人口向经济发展迅速的城镇流动，在城镇从事非农产业的收入远高于在农村的收入，因此，在乡城推拉力的作用下，农村流动人口长期在城市谋生。受我国传统城乡二元社会制度影响，进入城市的农村流动人口难以享受到城市社会提供的就业、教育、医疗、养老等保障服务。大多数农牧业转移人口就职于城市中的非正规行业，收入较低，工作缺乏稳定性，居住条件差，不具备携带子女进城接受教育的能力。将子女留在农村由老人抚育是基于客观现实制约下不得已的选择。虽然距离农村老家较近的中小城市完全放开了户籍限制，但小城市工商业发展不充分，难以为乡城迁移人口提供充分的就业岗位，因此，不少人背井离乡涌入拥有更多就业

机会的大城市。在大城市积累了财富、资源和人脉的家庭，选择将子女从农村学校转到县城或镇上教学质量较好的学校，由爷爷奶奶陪读。总之，陪读是我国城镇化发展中因资源分配不均而导致的产物。陪读虽然加速了农村家庭现代化的转型，也让农村家庭承担了更多因政策带来的现代化的成本，进一步加剧了农村社会贫富差距。贫困的家庭跟随潮流将子女转到县城学校，无疑导致贫困的生活雪上加霜，从一个贫困的空间进入更加贫困的空间。处于城市底层的家庭忍受着生活、精神、心理等多维度的贫困，各种劣势叠加在一起，陪读失败往往成为压死骆驼的最后一根稻草。

（二）经济理性和教育流动性的驱动

在城镇化快速发展中，农村青壮年大量进入城市寻找就业、追求梦想。中西部农村家庭形成以打工为主、经营农业为辅的“半工半耕”家庭经济模式，而且经营田园经济的大多是家中的老人，年轻人基本脱离了农业生产。人口的流动、城镇空间的扩张，将城市的生活方式、消费理念嵌入农村，农业收入难以支撑崇尚消费的现代生活，加之中国的养老以家庭为主，中年夫妇家庭普遍面临“上有老下有小”的家庭供养压力，从而迫使农民家庭夫妇双方外出务工以确保整个家庭的生存和发展。陪读产生的高昂费用，使整个家庭暴露在更多的经济风险之中，需要代际合力应对风险。子孙后代过上幸福的生活是中国父母的精神支柱。他们忙忙碌碌、终生辛劳的初衷是为子女积累向社会上层流动的资本。所以老人会积极地投身到家庭再生产中，极尽所能地减轻子女的压力，主动承担起家务活动、帮忙照顾孙子的家庭责任。老人陪读将家庭中的青壮年劳动力解放出来，更多的劳动力外出务工经商从而增加家庭收入，为陪读为家庭长远发展提供经济支撑。除此之外，无论是父母还是老人普遍都存在受教育程度低下的问题，即使选择孩子的母亲陪读，所起的作用也只是照顾孩子的生活。孩子的学习主要依靠学校或课外辅导班，综合考虑多种因素与权衡利弊之后，很多家庭决定由爷爷奶奶陪读。因而，老人陪读是农村家庭基于家庭成员的能力、禀赋所做出的理性选择。

人口的流动带来农村教育流动，并且这种基于家庭微观动因之上的流动类型多元复杂。在天祝县，笔者遇到的老人陪读类型有：一是父母常年跨省跨区域流动，只有在过年或家里有事的时候回家几天。孩子的父母在县城或镇上为子女和爷爷奶奶买房或租房，老人和孩子是城镇的新型留守群体，他们即使在城镇居住也摆脱不了家庭离散的现实。孩子的父母虽然以电话、视频的方式与子女保持联络，但在孩子学习、生活和心理方面介入太少，在孩子的成长过程中处于缺失的状态。为青春期亲子关系出现冲突埋下了隐患。“当时和老伴儿为了照顾孙子来到县城。起初我们租房子住，三年前享受精准扶贫政策在Z小区买了一套60平方米的房子，两个孙子已经在上大学。我们老两口留在县城养老。孙子从上小学的时候开始，就是我们老两口给洗衣、做饭，负责接送等。他们的父母在新疆的工厂打工，几乎不回来，除非有什么事。外出打工收入好，有时候1个月4000～5000元，有时候6000～7000元。”（男　藏族　74岁）二是爷爷奶奶因陪读在城乡之间两栖流动。一些年龄还不是太老，身体没有疾病的老人，为了减少家庭支出，会利用周末和暑假的时间回农村种地、种菜。“我们农村老家就在县城边上，打出租车回家只要4元。为了照顾孙子上学，我们在城建局处租了1套房子，城建局出租的房子都是一室一厅的小房子。我们祖孙三人住在一起。房租 1 年为 5000 元，加上其他费用，总计 8000 元左右吧。孙子现在上小学三年级，由爷爷负责照顾，因为爷爷识字。我夏天的时候会回农村老家种地，还种一些大葱、茄子、辣椒等。家里的口粮和蔬菜能供应上。现在扶持一个学生花费太大，除去房租等花费外，孙子还要补课，语数外三门主课都要补。”（女 土族 62 岁）第三是爷爷奶奶中的一方独自陪读。老人独自一人在城镇陪伴孙子读书，生活辛苦且容易深陷多重压力之中。身体机能的下降使老人本身需要被人照顾却扮演照顾他人的角色，长期劳作加之情感支持的缺失，导致老人身体健康水平急剧下降，应对生活风险的能力更加脆弱。

二、老人陪读存在的困境

一辈子生活在农村、牧区的老人进入城市，首先面临的难题是，自身如何适应城市的生活，其次作为承担家庭重要责任的陪读者，还要尽可能地做到由他和孙子们组成的“小家庭”立足城市。生活空间、身份与角色的转变对陪读老人产生了更大的身体及心理压力。

（一）身份与角色方面

随着身体机能的衰退，老人在家庭事务中逐渐“退居二线”，在家庭生产和家务劳动中不再承担重要任务。而陪读又将老人推向家庭再生产的“前线”，迫使他们不得不重新担起家庭重任。走到生命历程后期的老人，身体机能、认知能力、承受能力逐渐下降，面对全新的身份、完全不同的角色与生活场域，产生了矛盾、担忧、焦虑的不适感。身份、角色与能力之间的张力让老人承受了更多的压力。但在维护家庭利益的驱使下，老人不会退缩与放弃，而是坚持“一切以子孙后代为中心”，将自身深陷忙碌中，在被动中适应角色。

（二）生活方式方面

陪读老人的首要职责是陪伴孙子读书，所以他们的时间围绕着孩子上下学的时间转。在乡村空间，时间的配置缺乏精准性、紧凑性，农牧民时常根据太阳的高低判断大致的时间，生活节奏相对自由、松散。进城后，陪读老人首先要适应城市的时间规训，什么时间接送孙子、什么时候开始做饭、什么时候去买菜都要精心规划好。城市时间规则的精准性，让老人每天的生活处于快节奏中。“孙子在家的时候我就没有闲的时间，只有孙子在学校的时候可以轻松一会。每天忙忙碌碌、急匆匆的，跟上班的人没什么区别。”（男　土族　63 岁）陪读无疑增加了老年人的劳动强度，单是负责孙子的日常照料就让老人忙得团团转，一些老人还利用空闲时间捡纸壳、废品等，挣一点生活费。另外，老人难以适应以消费为特征的城市生活，陪读本身是一项高消费的行动，房租费、孩子的补课费已经使不少家庭不堪重负，还要支付陪读者和孩子的日常消费。陪读老人尽可能地缩衣节食，将大部分生活费用花在孙子身上，以保证孩子的饮食营养，导致陪读老人自身生活质量下降。

（三）社会关系网方面

老人从农村、牧区进入到城市后，原来在乡村社会基于血缘、亲缘和地缘关系形成的社会关系网发生中断，老人以原子化的方式孤立地嵌入陌生的城市社会，城市社会的流动性、城市中的“门”阻隔了邻里之间的交流。老人活动的范围被限定在家庭、学校门口、学校与家之间的路上，很少有时间与机会参与其他社交圈的社会活动。其他陪读者是陪读老人的主要交往对象，但彼此之间交流有限、交往不深，因不熟悉而不信任，也即人们常说的“点头之交”。进城以后，老人的社会网络更加狭小、同质化，获取外界信息与资源的渠道非常狭窄。另外，陪读老人自身教育程度低，对有效信息缺乏敏锐感，难以甄别出有价值的信息，处于被信息隔离的底层。“前几天我接孙女放学，在路上遇到同样接孙子的W奶奶，她说自己买了一份保险，每个月可领取470元，我觉得很好。我们身体渐渐不行了，总要想办法给儿女们减轻负担。但总是记不住她说的办保险的地方，还有需要什么手续、条件等都没听明白，感觉自己跟活在地窖里一样，啥政策都不了解，眼前一片黑。”（女　土族　64岁）儿女们不在身边，时常因为工作忙碌而疏忽与老人联系、交流与沟通，社区、邻里、亲情支持的缺失，让陪读老人感觉生活孤独、烦闷，找不到情绪疏解、释放的出口。随着陪读时间和老人在城市生活时间的增加，他们会结交一些具有相同志趣的朋友，重新建构一个熟人社交圈。这个同质性交往圈的再造，对于老人获得情感、心理、信息等社会支持方面有积极的促进作用，但在一定程度上也限制了老人社会网络的进一步扩大。

（四）心理压力方面

将更多的家庭资源投入到子女身上，对中国家庭来说似乎是一种理性的选择，子女教育支出占家庭支出的大部分。祖孙三代都会以主动或被动的形式卷入教育行动中，陪读不是个体自我选择的结果，而是在社会转型之下，个体与国家、社会互动的制度性产物。（徐友龙，2019）陪读需要几代人共同合力才能实践下去，孩子的父母负责经济支持，爷爷奶奶负责日常照料。父母的不在场导致教育的重任落在老人身上，无疑增加了老人的心理压力。表现在，老人担心孙子学习成绩不好，没法给孩子的父母交代，因此，频繁地向孩子唠叨要好好学习，限制孩子自由玩耍的时间，导致祖孙关系紧张，矛盾和冲突不断。隔代管教的约束力有限，老人越干预孩子的学习，孩子越会叛逆、拖延、抵抗。久而久之，影响亲代关系正常发展，亲代之间亲密关系、信任度下降，孩子表现得更不愿意与老人、其他家人交流。虽然孩子的学习成绩是多方因素影响的结果，远在外的父母在责备孩子的同时会把不满无意传导给老人，导致老人觉得自己未能做好本职工作，从而深陷自责的境地。除此之外，老人承受的心理压力还来自对孙子安全的担忧。城市不同于农村，个体要面对更多的风险挑战。城市道路上奔驰而过的车辆让老人的神经处于紧绷状态，在接送孙子上下学的时候，丝毫不敢懈怠，紧紧跟在孙子身后，更不敢让孙子独自上下学。这些日常生活中的碎片化实践，加重老人劳动强度的同时增加了心理压力。

（五）城市融入困境

常年生活在农村、牧区的老人，形成了与传统农牧业文明相适应的价值观念、行为逻辑。而且随着时间的积累，传统文明的影响根深蒂固。进入城市的老人深受城市文明与乡村文明双重冲击，成为城市社会的边际人。城市文化对携带乡土文化老年人的冲击、渗透和改造，让老人的生活深陷矛盾与张力之中。随着年龄的老去、健康水平的下降，老年人城市融入的人力资本变得脆弱。进入陌生的环境，原有的社会关系断裂，缺少新的社会支持。因而，老年人城市融入面临文化难以适应、人力资本脆弱和社会资本薄弱的困境。经济融入上，老年人在城市难以找到工作，依靠家庭、子女供养，城市消费远高于农村，让老人不得不缩衣节食，尽可能地减少自身支出。与原来在农村生活纵向对比之后，老人的生活水平、生活质量明显下降，尤其是居住在生活设施简陋的出租房的陪读老人，生活的困顿让他们深陷焦虑之中，希望尽快结束陪读返回农村，因而城市融入水平低。社会融入上，陪读增加了老人的劳动强度，整天的生活围绕陪读运转，几乎很少有闲暇的时间去参与社区组织的活动。另外，农村老人缺少才艺参加城市丰富多彩的业余活动，难以融入到以展示才艺为主的城市老人的活动圈。陪读对老人时间的挤压，导致陪读老人与城市社会相区隔。心理融入上，陪读老人认为自己只是短期生活在城市的过客，完成肩负的家庭任务之后就会返回农村，短暂的客居身份，使得老人不愿意接触城市新鲜的事物，对城市文化、城市的生活方式缺乏认同。根据笔者的调研，陪读方式、陪读时间是影响老人城市融入的显著因素。在县城买房定居的陪读老人，生活的空间转移彻底，与农村的联系减少，逐渐适应城市生活，在心理和行动上主动靠近城里人。租住在楼房的老人，随着陪读时间的增长，会主动融入城市的生活方式，通过与其他陪读者或县城的老人建立朋友关系，重建新的社会网络，异质性社会网络得以扩大。租住在城中村或城乡结合部平房内的老人，因为居住条件较差，生活质量不高，在城市生活充满艰辛，陪读结束之后会返回农村。“都是为了娃娃，形势所迫。要不我们也不会到城里受这份苦，居住条件这么差，吃也吃不好，还操着一份心，没有在农村自在、舒心。”（男　藏族　62岁）

老年人的市民化不同于承担家庭主要再生产能力的青壮年。

青壮年在城市化快速发展的背景下，积极主动涌入城市，为增强家庭再生产能力，实现家庭社会阶层上升而努力奋斗。除此之外，城市异彩纷呈、对个性化极具包容的生活方式吸引年轻人扎根城市。相比之下，凋敝、贫困、单调的乡村以及土地不再是年轻人的归宿和保障。而老年人的市民化是在国家、社会、家庭互动中，被动选择的结果。老年人生命历程中的大部分时间在乡土社会度过，人生中的重要生命事件在乡土空间经历，对村落传统文化、集体记忆保有强烈的认同，落根情结浓厚。物质丰富、感官享受不再是老年人生活的追求，他们追求安定、平稳、健康的生活。处于社会转型期的人们，人生的轨迹不可避免地受城市化的影响。老年陪读可以释放出家庭中的中坚劳动力，在家庭利益的驱动下，基于经济理性之上的家庭策略导致老年陪读，因陪读而进城的人生经历导致老年人生命轨迹上下波动起伏。大部分农村老人在城市生活处于贫困状态，包括经济贫困和社会贫困，文化上处在乡土文化与城市文化交织的张力中。然而老人以陪读的方式继续投身家庭再生产，为家庭做出贡献，对于提升老人在家庭中的地位、改善代际关系、传承尊老敬老的中华民族传统美德有积极作用。在农村，因为家庭主要收入来源不再是经营农业的收入，家庭中主要劳动力的务工收入成为经济的支柱，经济地位的变动导致家庭成员地位、话语权的重构，老人在家庭中权威的式微以及传统价值观的滑坡使得依靠子女特别是依靠儿子的养老方式正在发生变革，将家庭中所有的资源投入自己的小家庭，忽视老人权益的现象并非个案，农村老人的晚年生活充满不确定性和艰苦性，在某些村落已成为社会问题。所以，换个角度来思考老年陪读这一社会现象，或许陪读在一定程度上是改善老年生活处境的机遇。

三、生命历程视域下的老年人陪读

笔者以在天祝县安置区租房、买房以及在天祝县第一中学周边租房的陪读老人为研究对象，以深度访谈和参与观察的方法探讨陪读对老人生命历程的影响，通过对比陪读前、陪读时老年人的角色、职责、身份以及陪读结束后老年人的城市融入、去向等探讨县域城镇化背景下老年人何以因陪读而市民化，城镇化如何形塑个体与家庭，个体又如何实践城镇化。

（一）陪读前的老人

陪读老人的年龄大体集中在50 ~ 75岁之间，农村老人50岁左右，孙子已经进入学龄期的现象较为常见，75岁以后随着身体机能下降以及患病风险的提高，老人会退出陪读。50 ~ 60岁左右的陪读老人是第一代农民工。在乡城推拉力之下，他们早年在城与乡之间两栖流动。第一代农民工因经济诉求进入城市，由于自身人力资本、社会资本、经济资本的极度匮乏，他们只能就业于城市中报酬低缺少保障极具流动性的工作岗位，难以享受城市社会公共服务，并会遭遇制度性的排斥。在城市边缘化的处境，让第一代农民工将自身视为城市的过客、城市中的漂泊者，而将农村视为他们最终的归宿，对农村、土地保有很深的情结，对农民身份认同强烈。第一代农民工与农村联系紧密，外出务工的周期与农业生产活动相关联，他们农闲时节外出，农忙时候经营农业，农村仍然是主要活动场域。在城与乡两种空间、文化、社会中的流动，造就了城乡迁移者边际人的特征，农村文化、乡土文化与城市文化相互交融，形成非农非城、亦农亦城的边际文化，这种文化形塑乡城迁移者的思想认知与实践行动，城市现代生活方式吸引进入城市空间的农村人，即使他们难以扎根城市，也希望子代能够实现阶层上升，跳出农门落脚城市。60 ~ 75 岁的陪读老人是地地道道的农民、牧民，以农业、牧业为主要生计，乡土文化的影响根深蒂固，与城市的交集限于“赶集”等经济或社交活动。在他们的意识中，城市与自己生活的乡村是两个完全不同的世界，城里人有文化有身份有地位，农民依靠苦力经营土地获得收入，乡与城界限分明、二元对立。总之，陪读前，大部分农村老人生活在由熟人组建的农村、牧区社会网络中，家庭角色、社会角色、身份、职责单一。随着年龄增大，老人身体机能逐渐下降，就会从家庭主要生产领域退居次要地位，辅助子女做一些力所能及的事，如干一些家务劳动或照料孙子辈，由原来的生产者变为消费者，经济地位下降带来家庭话语权逐渐丧失，老人不再是家庭事务的决策者，而是依附于子女和家庭。

（二）陪读时的老人

家庭分工是在家庭成员比较优势之下，追求家庭收益最大化的实践行动。选择老人陪读可释放年轻女性劳动力投身社会生产劳动，增强农村家庭在城市生活的经济能力。教育因为具有促进社会流动的功能而在中国家庭中占据重要地位，家庭中的大部分资源聚焦在教育上，陪读进一步增加了教育投入，挤压了家庭其他领域消费。老人陪读，重新担负起家庭重任扮演起重要角色，凸显老人的社会价值。缺少城市积累的老年人，进入完全陌生的城市空间后，如何调适自我以适应新的身份？陪读给老人的人生轨迹带来哪些转变？

政府在县域城镇化进程中发挥着主导作用。前文提到，天祝县大部分农民因政策而被动进城。政策型进城的农民通常是举家迁移式的，老人跟着进城，并且农民家庭能够享受到保障性住房。举家迁入城市后，家庭中的青壮年劳动力流动到异地大城市就业，老人留守在县城陪读。这部分陪读老人因为解决了住房问题，相比租房陪读的老人，经济负担较轻，居住条件较好。农村教育改革、城镇化等多重因素综合影响作用下，农民家庭有教育城镇化的需求，政府促进农民进城，满足了农民教育城镇化的需求。事实上，在政府主导推进的县域城镇化实践中，教育发挥重要的中介作用，政府通过解决农民家庭学龄人口的教育问题吸引农民进城。对农民家庭来说，因教育进城已成为一种趋势，响应政策进城，不但可以享受政策福利还可实现身份转变，落根县城变为城里人。政府主导进城的农牧民因进城的原因、路径和补偿标准不同而是具有异质性的群体，进入城市进一步加剧了不同群体之间的分层分化。调研得知，位于生态核心区的牧民搬迁进县城每人补偿 8 万元（房款从补偿的总数中减去），除此之外，草原禁牧每人 1 年补偿 8000 元。精准扶贫户、失地农民等除了花 1 万元获得 1 套保障性住房外，没有其他补偿，农牧民要自寻出路，进入市场实现自我就业。大部分陪读老人在举家搬迁之前，就已经有较长时间的陪读经历。“全家没搬来的时候，我就在县城租房陪两个孙子上幼儿园，现在不上幼儿园就不能上小学，必须要上，公立的幼儿园学费便宜，但不教孩子学知识，私立的幼儿园虽然学费高，但会教小孩学习拼音、简单的算术题等，小孩上一年级就能跟上学习。搬到县城以后，我因为腿疼接送不了，孩子的妈妈照顾孩子上学，一家五口人的生活主要靠在四川打工的儿子。”（男　藏族　62 岁）老人陪读的特征以及陪读对老人产生的影响表现在以下方面。

1. 乡城空间转换。陪读无疑会增加教育投入，理性权衡之后，不少家庭选择让老人进城陪读，孩子的父母作为家庭的主要劳动力继续从事经济类活动，以供养在城市生活的老人和孩子。“落叶归根”映射出国人的普遍追求，即年老的时候返回生于斯、长于斯的故土，不管早期有没有流动的经历，年老时都会有回归、寻根的情结。陪读老人在生命周期的后期流向城镇，体现出一种“逆向流动”，不少老人因此出现困惑、担忧的情绪。然而，缺少原始积累的农村家庭无力仅靠子代维持教育城镇化消费，需要代际之间的通力合作才能进行教育进城的实践活动。农村与城镇是不同的空间场域，农村是熟人建构的社会网络，彼此熟知的人长期生活在一起，村民之间交往的方式、行动的逻辑充满情感色彩和随性的特点，任何一个田间地头都能成为村民交往的公共空间。水平布局的村庄、敞开的大门便于村民相互串门、聊天。除此之外，农村房屋的空间相对宽阔，老人有自己私密、独立的活动空间。城市是形形色色的陌生人组成的异质多元性社会，不同的人以各自的价值诉求进城。在人口大流动时代，城市仿佛一个万花筒吸纳不同阶层的人进入，资本、身份、地位等将不同阶层的人区隔开来，并且人与人之间的交往充满理性的算计，相比农村，城市是一个理性的社会。城市资源、空间紧缺，楼房垂直分布，上下楼梯不便于邻里之间拜访、串门，而且小区大门、单元门、防盗门等阻隔居民之间深度交流。在城市高昂的房价面前，陪读家庭只能购买或租住面积较小的房子，老人的居住空间狭小，在出租的平房，往往祖孙几个人挤在一张大床上。出租的平房基本没有正式的厨房，几样简单的厨具，让生活充满“临时性”和“漂泊性”。狭小的空间、简陋的生活让进城陪读的老人产生了剥夺感、排斥感。城市的生活方式、卫生习惯进一步规制老人的身体。脱嵌于熟人社会的老人，渴望与外界交流，建构新的社会、情感网络，采用熟人交往的方式难以融进陌生人的圈子。传统的生活方式、价值观念对老人的影响根深蒂固，然而，进城的陪读老人并非消极、被动抑或悲观的群体，他们会主动地调适、重新定位自我，以尽快适应新的空间、角色与职责，为求学的孙子提供后勤保障。“刚进城时，跟大家没话可说，渐渐地就熟悉了，互相聊孩子的学习成绩，聊一些老家的事。”（女　藏族　67岁）

2. 陪读时间长短的差异性。有的老人从孙子上幼儿园开始就陪读，而且不止陪读一个孙子，陪读时间长。陪伴一个孩子从幼儿园到高中毕业需要十几年，十几年生活在城市，老人逐渐适应了城市的生活方式，对城市便捷而又现代化的生活产生了情感认同，留城意愿强烈。有的老人陪读时间短，孙子上高中或高三陪读。老人虽然携带“任务”进城，然而城市高消费、高强度的时间规训和完全陌生的社会网络让老人产生了一种“文化震荡感”。他们期盼陪读早点结束，早日返回农村。“刚来县城一年，孙子今年上高二，孙子要求陪读，说住校睡不好、吃不好。在城里，总体来说就是各种不习惯。在农村我想干活就干活，不想干了就休息，在这里就要按时按点地做饭，一点都不自由还花费不小。我现在也没办法，还有一个孙子在上初三，也转到县城了，需要陪读，我还要坚持四五年才能回老家。”（女　汉族　69岁）短期陪读老人视陪读为阶段性人生任务，将自身区隔在陪读空间、角色扮演以及围绕陪读建立的社会关系网中，不注重拓展新的社会关系网，社会关系网的建构局限在周围人群之间，城市的喧嚣、车来人往、信息广告，等等，都仿佛与他们无关，他们孤独地嵌入在城市，在城市复制农村文化模式，是寄居在城市的农村人。

3. 经济融入。进城陪读无疑会增加经济支出，除了陪读者和求学者的日常消费外，住房是最大的支出。随着打工家庭收入的增加，不少家庭在县城买房陪读。农民大多购买的是安置房，天祝县 50 ～ 60 平方米的房子加上装修费，需要 20 万～ 30 万元，有些家庭贷款或借债买房，为了偿还借款，年轻人不得不外出打工，留老人在县城照料孩子。然而，物业费、水电费、暖气费等养楼费用对打工家庭而言是一笔不小的开支。为了减少支出，老人尽可能的节衣缩食，有些老人在空闲时间捡废品、纸壳补贴家用，老人很少为自己添置衣物，并且保留了农村人的装扮，因此，从外表很容易识别出他们是来自农村的老人。安置楼房的租金为 3 年 18000 元，不包括水电费暖气费物业费等。学校周围的平房设施简陋，月租仅 150 元，也不包括水电费等，平房没有暖气，冬天烧煤，还要使用电热毯，电费较高。“有一次我把面刚下到锅里，突然停电了，再去买电也来不及，随便搅了几下，半生不熟地吃了。”（女　藏族　76 岁）不少打工家庭因为进城陪读而再度陷入贫困，成为城市新型的贫困群体、边缘群体。以打工为主要收入来源的家庭在陪读中无疑是负重前行，从陪读的成效看，很多孩子并没有考入好的大学，没有找到稳定的工作，未能实现社会阶层向上流动，不少人重复父母的打工生涯。因为农村孩子父母文化程度低，家庭文化资本积累薄弱，父母没钱为孩子报特长班或课外辅导班，造成农村孩子知识积累薄弱，视野狭小，除了掌握课本知识外，没有其他任何特长，与城市的孩子竞争处于弱势，能够考入“双一流”大学的人数较少，大多进入职校或普通大学。然而，在外务工受困于文化水平不高，人们的观念发生了改变，认为现在即使出去打工，没有文化就找不到工作。进城陪读的家庭因经济收入来源不同而是一个分层明显的异质性群体，处在较低层的是在本县城打工的家庭，他们虽然能够兼顾孩子的学习，但是面临收入低且不稳定的困境，对陪读的经济支持能力低下。家庭中若有劳动力身体患有疾病，只靠1个劳动力供养一大家人，无疑会因为陪读更加贫困。“我们生活艰辛，经济紧张，吃得也不好。儿子一个人在兰州建筑工地打工，养活我们六口人，还要供一个大学生。儿媳妇腿疼打不了工，还要看病吃药。”（女　藏族　78岁）外出务工者主要流向新疆，收入相对高，工作机会多，能够支持陪读老人和孩子在县城的花费，但他们常年不回家，难以监督孩子的学习，不能给孩子情感、心理支持。城乡两栖流动的家庭中，经营现代养殖业与牧业的家庭收入较好，有能力在经济上支持进城陪读。“来县城两年多了，老家只有小学没有初中，孙女上初中的时候在县城买了房子由我陪读。孙女中午回家吃饭，下午在学校吃，一学期1000元。孩子的父母放牧，家里养了100多头白牦牛，一年收入30多万吧。学习方面我们管不上，只能给孩子做饭，监督不要看手机。在城市很享福，轻松、不用放牧，做饭也简单，都是半成品，有大部分的时间散步、聊天、看手机。我现在也养成了午睡的习惯。”（女　藏族　73岁）“家里以种菜为主，有豌豆、青笋等，孩子的爸爸每月给她150元生活费，买学习资料单独给钱。”（女　藏族　70岁）极少数有退休金的、与子女生活在一起的老人，因为在经济方面给予子女家庭极大的帮助，因而家庭关系融洽，老人的退休生活与城市老人相似，闲暇时间喜欢外出旅游。访谈中遇到从畜牧局退休的H爷爷，他家农村的房子因建设工业园区被征用，被安置在Z小区。早年他就在县城给大儿子买了商品房，买了安置房以后他和小儿子住在一起，两个孙子上大学的学费、生活费都是H爷爷出的。H爷爷喜欢出去旅游，喜欢到处看看，他要么报旅行团出游要么自驾出游，晚年生活过得多姿多彩。

4. 身体与精神压力。一辈子在农村、牧区辛苦劳作的老人，身体难免会出现各种疾病，年老时身体机能下降明显，健康风险较大。不少老人患有高血压、糖尿病、心脏病、风湿性关节炎等疾病。日常接送、做饭等看似轻松的家务劳动对患病的老人来说，仍然是一种高强度的劳作。老人进入城市专职陪读，要负责孙子的学习、生活及安全等所有问题，承受较大的精神与心理压力。农村老人普遍文化程度低，笔者调研的老人大部分为小学及以下学历，个别老人的学历是初中毕业。加之老年人知识结构陈旧，对现在的新知识不懂不理解，无法辅导孩子的学习，弱化了监督效力。“我们就只能督促孩子去学习，不要玩手机，至于人家到底有没有在学习不清楚。”（男　藏族　73 岁）从孩子上幼儿园开始就陪读的老人，更担心孩子的安全问题。除了孩子在校时间外，其余时间老人都寸步不离。总之，陪读老人担心家庭经济压力，孩子的学习成绩、生活、安全、心理及成长中遇到的所有问题，陪读期间，老人在精神上处于焦虑、紧张中。居住在 Z 安置房的 W 大爷今年 70 岁，已经有 16 年的陪读经历。他有两个儿子，二儿子在县城有正式工作，孩子的妈妈照看孩子。他和老伴儿帮忙照看大儿子的两个孩子。大儿子在青海、内蒙古等地做生意，很少回家。大孙子上小学三年级的时候转到县城，他们老两口跟着进城照顾。小孙子上一年级就转到县城。以前他们租住的是平房，祖孙四人挤在一张床上。随着越来越多的农村家庭进城陪读，房租一直上涨，从 80 元、100 元 1 个月涨到现在 150 元。孩子们渐渐长大，租住房住不下，他们就有在县城买房子的想法，刚好赶上下山入川的项目，在县城买房有补贴，于是就买了现在的安置房，一家六口人生活在一起。孩子上学的时候老人最担心他们的安全问题。回家要看着写作业，写完作业出去玩的时候也跟在后面。孩子上高中时，五点半就要起床，冬天的时候天还没亮，公交车也没有，要步行到学校，他会送孙子去学校。孙子晚上十点半回家，回来还要给孙子做饭。大孙子已考上大学，二孙子今年高三，学习成绩一般。W 大爷说，他因为性格的原因，孩子去学校不在家时他就心慌，担心这担心那，就会忍不住抽烟，所以烟瘾比较大，一天能抽两包烟，一盒烟 4 元，他觉得花费大，想着戒掉，但是控制不住自己。还有 Y 奶奶说，孙女通常晚上 10 点 30 分下自习到家，如果 10 点 35 分还没有到家她就会心慌、焦虑，就会跑出去在道口迎接。由此可见，陪读的劳动强度虽然比干农活轻，但陪读要承受较大的精神压力，尤其当孩子学习成绩不好的时候，陪读者的主动性、意愿性就会大大下降，找不到生活的动力，不愿与其他陪读者交往，整个精神面貌呈现出消极的状态。

5. 家庭关系变革。农村与城市在居住格局上有明显的差异，农村是庭院式的，家庭成员依据辈分、地位居住在不同的房屋，每个房屋是相对独立的单元空间，既保护了代际之间的隐私也一定程度上规避了家庭矛盾。在城市，一家人生活在同一个空间，老年人与年轻人因人生经历、价值观念不同难免产生矛盾。大部分主动或被动进城的农民家庭无力购买第二套房产，只好几代人生活在相对拥挤的空间，老年人与年轻人之间、婆媳之间，时常因日常琐碎之事发生冲突。老年人进城即失业，在经济上依附于年轻人，家庭地位较低，难免要看年轻人的脸色行事。“老人经历过物资匮乏的时代，也挨过饿，形成勤俭节约、珍惜粮食的习惯，吃不完的饭菜舍不得倒掉，而年轻人觉得吃剩菜会得病。”（男　汉族　76 岁）“在家里害怕儿媳妇有意见不敢抽烟，要么儿媳妇不在家时抽，要么到小区院子里抽烟，总是感觉被别人约束着。”（男 藏族 62岁）“现在的孙子不好带，人家的父母打一顿骂一顿没事，爷爷奶奶能骂吗？骂了儿媳妇就生气。总之，轻重不得，管得严了儿媳妇有意见，管得松了对孩子不好。儿子们每个月就给我们200～300元的生活费。孙子一放学就钻进校门口的商店，如果不给买东西，儿媳妇就会认为，给你生活费你却舍不得给孙子花。”（男 汉族 71岁）随着打工家庭收入的增加，一些家庭为了规避矛盾在县城购置了两套房产，虽然加重了经济负担，但都表示分开住舒心、自由，有更高的幸福指数。分开住又面临子代对老人物质与情感支持减少的问题，子代忙于工作，看望老人的次数有限，尤其是异地务工常年不回家的人，难以兼顾家庭照料。老人害怕给子代增加负担，生病时也尽可能忍受着不告诉子女。“我和儿子分开住，儿子在县城上班，有时候到我这里来，问问还有没有药，没有的时候他给我买上药就回去了。儿子有两个大学生要支持，现在的大学生花费太大，儿子也无暇顾及我们，我们有什么病会扛着不告诉儿女们。”（女 藏族 76岁）租房陪读的老人，为了节约房租，和孙子挤在空间狭小、设施简单的平房，简陋的居住条件让进城老人产生了剥夺感和排斥感，面临空间适应的困境。再度肩负起家庭重任适应新环境新角色新身份与老人所期望的卸下家庭重任颐养天年的老年生活之间的张力让老人身处多重压力之下，一方面不得不陪读，一方面排斥进城陪读。

6. 角色重塑。进城、陪读等生命中的重要事件重塑老年人社会角色与家庭角色。从家庭内部来看，老人重新肩负起抚育孩子、陪伴孩子学习与成长的家庭重任。子代的教育往往是家庭的重要事件，吸纳家庭资源投入。老人承担的家庭责任变大，任务变重，相应地，家庭角色由依附性变为主体性角色，重获家庭话语权，尤其是父母常年在外务工经商的家庭，老人决定孙子的教育投资，报什么科目的课外辅导班等。天祝县陪读老人普遍文化程度低，大多数老人是小学及以下学历，女性老人中文盲者更多，老人陪伴孩子读书的职责是负责接送和日常照顾。教育虽能够改变个体命运，加速社会流动，却是充满风险性和不确定性的投资，缺少经济资本、人力资本、社会资本的农民家庭，打破阶层固化，跃升为更高的阶层需要投入更多的资源、时间和精力来弥补原始积累的脆弱性，投资未必得到回报的行为，期望与现实之间的张力，导致一部分老人认为自身作为纯消费者进城加剧了家庭负担，对家庭的贫困现状感到自责，难免出现角色意识模糊、身份不明确的困境。尤其当陪读没有取得成效，孙子没有考上理想大学时，老人会有深深的失责感。因此，不少家庭的孩子上到高中时，老人就会要求孩子的母亲返乡陪读。老人因陪读而家庭地位有所上升，但因担心孙子的学习成绩、健康、安全、心理问题而面对更多的压力。从社会发展的时代背景看，老人因陪读走出家庭走向社会，加入乡城流动人口的大潮中，出现新的社会期待、社会角色与社会责任。虽然不少老人认为自己的流动是短期的，自身与城市社会充满距离，然而，在城市生活期间，老人就要主动地进行自我重塑，适应城市社会的行动逻辑、接受城市价值观念的洗礼，将自身塑造为“市民”，承担市民的责任和义务，如自觉遵守交通规则，爱护小区环境，不随意踩踏草坪、不乱扔垃圾等，从日常生活的琐碎小事、细节之处可见城市文明的渗透。政府主导推进的农民进城是举家迁移式的，如生态移民、易地搬迁、精准扶贫、失地农民等，老人在被动的城镇化中得以落根县城，陪读与城镇生活实践相结合，有更多的时间适应城市生活，融进城市社会。

7. 重构社会关系网。老人从农村熟悉的社会网络脱嵌，进入陌生、异质多元的城市，面临不同的交往对象，需要建构新的社会网络。嵌入在安置区和学校周围平房的农村老人，交往的对象都是具有相似人生经历的群体，相似的经历和身份使得他们有共同的话题，很容易成为朋友，聚集在一起闲聊甚欢的老人可能彼此并不认识，他们所建构的社会网络具有同质性，彼此都是缺少资源积累的老人，交往不能输入有价值的信息、资源，交往的目的以打发时间为主，因此交往内容具有浅层化、碎片化特征。居住在安置区的陪读老人与其他人散居在一起，交流的话题种类多，如健康、教育、政策、新闻事件，等等；居住在平房陪读的老人，陪读是主要的任务，几乎所有的社会活动围绕陪读展开，孩子的学习态度、成绩及在校的表现是他们交流的主要话题。由于老人自身知识浅薄，对新知识新文化掌握有限，获得的信息来自孙子们碎片化的表述，交流并不能带来有价值的信息。“2007—2014 年我在北京给儿子带孩子。在大城市虽然人多，但人与人之间陌生、存在隔阂。因为我自身没有文化，跟有文化的退休老人没有共同的话题，人家讲起天文地理，自己什么都不懂，只能听着，自己也尴尬。另外，和其他人交流语言不通，大家都是来自天南海北的人。老伴儿也是因为没文化，出门没有聊天的对象，很少下楼闲逛。2019 年我回到本县城，儿子在县城给我租了一套房子，在本县城遇到的都是相同的群体，有相同的身份、经历，因而有共同的话题，即使不认识也能很快聊起来，出门就能找到说话的人。”（男　藏族　76 岁）因为有大城市生活的经历，这位爷爷访谈中用普通话与笔者交谈，并且穿着相对时尚，他戴着帽子和眼镜，帽子是圆边的旅行帽，不是农村老人常戴的帽子。进城的老人虽然交往的都是同质性群体，能够很快融入到群体中，获得一定的情感和社会支持，但是与在农村基于血缘、亲缘和地缘之上建构的熟人社会网络不同，在城市建构的社会网络具有异质性，大家是熟悉的陌生人，虽然大家聚集在一起聊天，对方是什么样的人，有什么样的人生经历并不清楚，因此社会交往是浅层的，而且彼此之间有戒备、防范的心理，不会产生情感依赖。“虽然大家聚在一起聊天，但彼此你聊你的，我说我的，心里想什么不清楚，交往得不深，感情逐渐走向淡漠，进城农村人变得以‘利益’‘自我’为中心。在农村那种见面热情、彼此熟悉的场面没有了。我们一个村子的人分散在东西，有的人过得好、有过得不好，可分享的东西少了。”（男　汉族　70岁）

8. 对城市时间规训的适应。在日常生活实践中，城市与农村最显性的区别为，在城市开展某项工作有精确的时间要求。老人在城市陪读，就必须围绕学生的作息时间开展工作，并且要进行合理的规划和时间分配。学生在学校的时间也是陪读老人的空闲时间，空闲时间老人会去邻近的小商店购物或去菜店买菜。笔者在大街上所遇到的陪读老人大多是出来买菜、买东西的，与其他进城老人慢慢悠悠散步、有充裕的时间不同，陪读老人一般行色匆匆，与他们访谈不但要在空闲时间去还要抓紧时间。[①]陪读高中生的老人，早上五点就要起床做饭，晚上孙子下自习到家十点半，还要学习1～2个小时，老人就一直陪着熬夜。农业生产有农忙农闲之分，农忙时节，农民起早贪黑抓紧生产，其余农闲时节生活节奏相对较慢，他们日出而作日落而息。另外，农村娱乐休闲活动较少，老人都养成了早睡早起的习惯，很少有人会熬

① 切排、余吉玲：《生命历程视域下进城陪读老人的社会适应研究》，载《贵州师范大学学报》（社会科学版），2022（2）。

夜。在城市陪读就不得不熬夜。“孙女之前住校，上高三时，人家要求在外面住。她学习一般，我感觉她是随大流吧。现在正是农忙时节，她妈妈顾不上，等忙完了她妈妈就来照顾。相比种菜，供学生轻松。做饭简单，买回来的都是半成品。中午吃完饭怕吵到孙女休息不敢洗锅，我陪着她休息，她去学校我才收拾。晚上回来孙女还要学习 1 ～ 2 个小时。我担心太晚了，她一个人害怕，就一直陪着熬夜。”（女　藏族　70 岁）

9. 信息融入。赵旭东认为：“网络时代特征之一是去中心化，即网络通达之地，也就意味着信息的共享，再无需通过中心向边缘反馈信息，无处不中心是一种现实的日常。”[①] 信息社会的去中心化和即时可达性，超越了时空阻隔，身处不同空间的人借助网络会在同一时间获知同一信息。城市的生活方式、流行文化、大众文化在网络化时代传播迅速。青年群体很容易接受数字文化并成为实践者。农村老人因为经济、文化等原因利用网络了解外界社会的能力有限，处在信息社会的边缘，不少进城的老人拿的是老年机，手机等媒介工具使用方式单一，仅限于联络亲朋好友。一些年龄不大老的老人、农村进城妇女，因为长期生活在城市，有更多的机会接触现代通讯传媒，在孙子和年轻人的反哺式指导下，逐渐学会使用新的传媒工具，学会发微信，刷小视频等。他们中的有些人不识字，通过观看小视频了解自己感兴趣的内容，接触到不同世界的不同文化，有一种融入时代的感觉。进城务工的中年妇女，不管识不识字都拿的是智能手机，在周围人的指导下学会了使用手机上网。她们下班回到家喜欢浏览一会儿手机，

① 赵旭东:《理解个人、社会与文化——人类学田野民族志方法的探索与尝试之路》，载《思想战线》，2020（1）。

家里有无线网络可以放心地浏览视频，在外用手机上网怕浪费流量，通常在外上班时她们会将手机流量关掉或者不看视频只发微信。有些老年人刚开始拿的是老年机，看到年轻人因智能手机而生活得多姿多彩，也要求子女为其购买智能手机。ZM 奶奶拿了两年老年手机，看到儿子用智能手机听歌、视频聊天等，就要求儿子给自己买智能手机，而且还要求买价格高一点的智能机。她说自己虽然已经 70 岁，仍然在当家，掌管家里的钱财，家里的大小事情由她裁决。儿子是电焊工，每月工资 6000 ~ 7000 元。儿媳妇以前在外地打工，生了一场病之后，在县城干环卫工作。儿媳妇性格开朗为人大度，ZM 奶奶平时爱唠叨，生气时候会骂几句儿媳妇，儿媳妇从来不会计较，因此她们婆媳关系融洽。ZM 奶奶陪读孙女上小学，之前租住的是平房，因为是精准扶贫户，搬迁至安置区，住房条件得到极大改善。孙女教会 ZM 奶奶发微信、视频聊天，看抖音和快手小视频等。孙女用她的手机拍摄了很多全家人外出游玩的小视频，ZM 奶奶一有空闲就翻看家里人拍的视频。也有老人对使用智能手机在认识上存在偏差，认为看手机就是娱乐，因此严格限制孙子在上学期间使用手机，也不相信孙子所说的利用手机学习，老年人与青少年之间存在显著数字鸿沟。

10. 心理建构。老人进城陪读首先是身体上的物理空间转换，其次是适应新的角色、职责，经过生活方式转变，乡土文化与城市文化、传统与现代文化的碰撞、调适、重塑与再建构的实践过程，最终会对城市产生心理、情感层面的认知与认同。随着城镇化的加速推进，进城陪读的老人并非同质化的群体，家庭城镇化程度、经济水平的不同影响老人城市融入。政策性进城与教育需求相耦合的家庭，虽然被安置在县城边缘，距离县城中心较远，生活方式、消费方式、身份等发生巨变，经过短暂的过渡，子代能够实现彻底的市民化，这些家庭对教育的期望是子女通过享受县城优质的教育资源，积累人力资本、社会资本，实现更高层次的发展，进而能够流向大城市或跃升为县城里更高的阶层。家庭中陪读的老人更认同城市，认为进城给后代带来了向上流动的机会。为了追求县城优质教育资源主动进城的陪读老人，因在县城住房类型不同，对城市表现出不同的心理建构。在县城买房陪读的家庭与政策性进城的家庭对教育的诉求基本相同；租房陪读的老人对城市的情感、留城的意愿受家庭经济的影响而波动；子女有一定的技能，外出务工收入高，能够供养老人、小孩在城镇消费的家庭，老人希望在城乡之间两栖流动，享受现代化成果的同时积累家庭资本以规避城镇生活风险。子女供养能力弱的家庭，老人的市民化意愿与现实之间存在张力，陪读结束后，老人会返乡养老。被动进城陪读的老人，有些陪读时间短，高中或高三才开始陪读，并且是学生主动要求家长陪读，“我们镇上没有高中，大孙女考上高中进入县城。今年她高三要求陪读，说宿舍里学生太多，相互聊天的、玩手机的多，不能安心学习。”（女　汉族　65 岁）而且被动进城陪读的家庭以租房为主，生活相对贫困，陪读老人对城市生活面临诸多不适应，留城的意愿和能力弱，缺乏城市认同，返乡的心情迫切。

综上，从农村脱域，嵌入城市的陪读老人，已不是传统意义上的农村老人。重新担起家庭重任的陪读老人虽然承受着身体、精神和心理等多方面的压力，然而他们并不是消极被动地生活在城市空间场域，而是以新的角色和新的身份积极主动地融入城市，实现对城市经济、社会、信息等多层面融入，并且适应了城市的生活方式以及城市相对严格的时间规训，部分人因而对城市产生了情感依赖，有了留城意愿。

（三）陪读结束后的老人

陪读对象高中毕业即意味着陪读行为结束。返乡或留城是陪读老人结束陪读时的去向。家庭经济水平、城镇化能力及老人的健康状况、心理意愿等因素影响老人选择返回农村还是继续留在县城。被迫陪读的家庭，再无力支持陪读老人在城镇的花费，老人陪读结束后就会返回农村继续经营农业或养老。高中或高三才开始陪读的老人，陪读时间短，对他们来说陪读是一种短期的过渡行为，陪读结束后，为减少家庭开支无疑会返回农村。另有农村老家进行了新农村建设的家庭，农村的基础设施条件大为改善，居住环境、生活方式与城市差距不大，农村的房子相对宽敞，亲朋、邻里等原有的社会关系网络在农村，除此之外，老人对农村保有深厚的情感，希望落叶归根，在生于斯长于斯的农村度过晚年岁月。这些因素综合作用构成老人返回农村的拉力。“孙子的父母在新疆打工，孙子上初中的时候我和他爷爷来县城照顾，已经6年了，寒暑假都回老家。县城教育质量好，而且孩子在县城能够见到更广阔的世面，会增长见识。学校虽然有宿舍，而且住校的学生一学期补助1000元，但是孩子的父母觉得孩子在学校吃不好，孙子比较挑食，不吃牛羊肉，学校的早餐通常是牛肉粉丝汤，他就只吃白米饭，营养不均衡。我做的饭清淡，合孩子的口味。孙子考上大学，我们就回老家。老家现在挺好的，发展成新农村了。”（女　藏族　67岁）

陪读长达十几年的老人，长时间生活在城市社会的空间场域，实践城市生活方式，适应城市便捷现代的生活，有较强的留城意愿。出于老人养老、看病方便，在外务工的子女为父母在县城买房或租房让老人长期生活在县城，老人因陪读扎根县城，教育城镇化促进县域城镇化。“为了照顾孙子们上学，我和老伴儿来县城已经10几年了，我们将户口也迁到了县城。村上只有小学，小学毕业就要到县城上初中，之前在学校附近租平房住，后来那一带旧城改造，房子被推掉。我们就在L小区租了1套廉租房，准备长期租住，定居县城，再者我们70多岁了没必要买房子，以后孙子在哪里上大学他们的父母就跟着在哪里打工。陪读最担心孙子的学习，至于花费方面该花的就要花。现在我们已经适应县城的生活了，这边看病方便，村子里买药都不方便。孩子们也觉得农村苦，假期都不愿回老家。”（女　藏族　70岁）

本节借助生命历程理论，分析进城陪读的生命事件对老人生命轨迹的影响，研究发现，陪读促进了农村老人市民化。传统文化、农牧文化对老人的影响可谓根深蒂固。初入城市的老人会产生文化的不适感和空间错位感，难以适应以消费为主要特征的城市生活，经过调适与再建构，老人逐渐在经济、社会、文化等层面融入城市。有些老人在陪读的过程中遇到政府主导推进的城镇化，整个家庭因政策进城，获得保障性住房，由租房走向定居，最终扎根城市，实现身份转型，早年陪读的经历有助于老人更好地融入城市。部分家庭在外务工，家庭收入增加，积累资本、资源的人在本地县城买房实现本地市民化，老人跟着定居在县城，在晚年的时候由农村人变为城里人，逐渐认同城镇，回不去的故乡成为一种记忆。通过调研老人陪读，反思陪读的社会现象，陪读在密切亲子关系、缩小城乡教育差距以及促进妇女和老年群体市民化方面的确有正面积极的作用，然而，不得不正视，陪读过度消耗家庭资源，使贫困的家庭不堪重负，并进一步拉大社会分层，加剧贫富差距，固化社会流动。教育问题理应回归教育部门，家庭与家长只能起配合的作用，如果家庭涉入过多过深却不能带来相应的回报，只能让无数个家庭的焦虑汇聚成普遍的社会焦虑。

第三节　举家迁移陪读

在笔者所调研的天祝县，举家迁移陪读有两种类型，一种为核心家庭陪读，父母为了子女能接受良好的教育，选择边在县城打工或做小本生意边照顾子女上学。他们一般在县城租房或买房住，租房的家庭陪读结束之后会返回农村或流动到其他城市挣取更高的收入以支持子女在大学的花费。买房的家庭会扎根县城，实现本地城镇化。另一种举家迁移陪读为扩大家庭的陪读，这种类型的陪读是伴随政府主导推进的城镇化而出现的，如生态移民、精准扶贫户、易地扶贫搬迁户等。政府组织农牧民举家搬迁至县城，在家庭的分工中，年轻的夫妇在本地县城打工、做生意，老年人照顾孙子上学。家庭中的主要劳力之所以选择在本地中小城市就业，除自身受教育程度低、缺少技能等人力资本匮乏限制外，还有其他家庭因素，如家中老人身体有病需要照顾，并且本地务工可以更好地监督子女的学习，一家人团聚在一起减少离散痛苦。

一、核心家庭举家迁移陪读

核心家庭是由一对夫妇和未成年子女组成的家庭。未成年子女的教育是核心家庭的重要任务之一，教育支出占整个家庭支出的绝大部分。举家迁移陪读一般会经历分离型（或离散）陪读阶段，在孩子还小的时候，年轻的母亲留守家中照顾孩子，父亲外出务工。根据笔者的调研，已婚男子独自外出务工，工作流动性较强，总是尝试不同的工作，奔波于不同城市，几经辗转，才能结合自身的兴趣爱好找到相对稳定的工作，有些人学习到技术、积累资本和资源后会返乡在本地城镇创业。也有人因为所从事的行业发展不景气，在大城市消费高，收入难有剩余，最终决定返回家乡发展。在人口大流动时代，家庭流动的类型具有多元化的特征，除举家迁移至县城的家庭外，还有举家迁移至其他城市的家庭，子女跟随父母流动，在父母务工的城市接受教育。本书调研的是天祝县的陪读现象，因此主要研究举家迁移至县城的陪读。

举家迁移至城市陪读，无疑会大大增加家庭消费，夫妻双方或一方必须外出工作才能支撑整个家庭在县城的消费。举家迁移至县城同样有买房和租房两种形式。孩子上幼儿园或小学开始陪读的家庭，父母都是年轻人，他们普遍有在大城市生活的经历，深受城市现代文明影响，向往城市，市民化意愿强烈，结婚以后因为家庭原因返回本县城。缺少农业生产经验的他们不会返回农村，更不喜欢留在农村生活。一些人在父母的帮助下，在县城买房，也有人以贷款的方式买房。租房考虑到小孩上学的时间成本，一般会选择租住在学校附近的平房。天祝县的安置区有小学和初中，吸引不少农村家庭在此租房。楼房的租金远高于平房。孩子上高中开始陪读的，父母都已是中年人。在城镇化快速发展时代，非农收入是农民家庭的主要收入来源，无论是年轻人还是中年人，都有非农化工作经历并且从事的职业类型多样。核心家庭进城陪读，夫妻双方要依据各自人力资本和拥有的资源进行重新分工。家庭分工依照比较优势原则，受传统“男主外、女主内”性别规范和社会角色影响，男性外出工作的经验丰富、社会网络更广，相比女性在就业方面更具优势。女性在家庭照料方面发挥主力军作用，当家庭与外出就业无法兼顾时，女性往往回归家庭。孩子上幼儿园、小学以及高中时，需要更多的家庭照料，这时候母亲往往从劳动力市场退下来专职陪读。等到孩子上初中的时候，妇女会外出就业，从事与陪读时间冲突较小的工作，在宾馆、饭店、超市等服务性岗位从业者较多。夫妻双方如果是做生意的，女性在照顾家庭之余，会协助丈夫打理生意。陈先生之前在青海打工，后来因为照顾不上家庭选择回到本地县城做水果销售生意。他将家里的40几只羊全部卖掉，买了一辆货车做水果蔬菜买卖，积累了一些资本后，贷款在县城买了安置房，还买了一辆私家车，将两个孩子转入县城上学。孩子放寒暑假的时候，妻子会帮忙打理水果生意。

个案1：小文是一位年轻的陪读妈妈，今年36岁，儿子在上小学六年级。她从孩子上幼儿园开始就专职陪读，孩子的爸爸在县城本地打工。他们在学校附近租了两间平房。小文平时的主要工作是照顾孩子、操持家务。她不喜欢逛街，喜欢网购，闲暇时间用手机上网，浏览网页、刷小视频，也喜欢在微信朋友圈发一些心灵鸡汤。因为主要的活动空间在出租屋及周围，她不注重外貌打扮，穿着也不太时尚，除了简单地画一下眉毛，再没有化妆，整个人显得比较朴素。她有长期陪读的打算，认为爷爷奶奶照顾不好孩子，不能有效监督孩子的学习。

个案2：50岁的刘女士陪读5年。她们镇上没有高中，孩子上到高中就必须转到县城，但是他的儿子上初中时就转到了县城。她们一家在学校周围租了两间平房。如果选择住校，1个学生一学期补助1000元，在外租房不会享受到补助，然而住校又会因为宿舍学生多，影响学习。刘女士丈夫是县上的工作人员，家庭条件相对较好，能够承担起陪读花费，权衡之下他们选择了陪读。笔者遇到的陪读妈妈大都朴素，多少保留了农村的装扮。刘女士打扮得相对时尚，脸上擦了厚厚的粉，头发烫成小卷，穿着裙子，但是搭配一双布鞋。

个案3：高女士的大儿子今年上高三，学习很好，是班里的前两名之一。她儿子之前住校，一方面住校休息不好、影响学习，另一方面儿子比较恋家，每个周末都想回家。高三的时候儿子要求在外面租房，高女士为了儿子能够专心学习，克服困难从镇上来到县城专职照顾儿子。高女士还有一个女儿在镇上小学六年级，因为是毕业班的学生，往县城转学的时候没转过来，只好由孩子的爸爸在镇上照看女儿上学，高女士在县城照顾儿子。夫妻两个一人看一个学生，无法出去打工，失去经济来源。高女士也会给儿子唠叨家庭的困难，又觉得只有一年的时间，这一年对儿子来说很关键，大家齐心协力会克服困难，不想将来留下什么遗憾，等到儿子考上大学，就会把女儿转到县城。可能是家庭暂时陷入经济困境的原因，高女士表现得较为忧愁，她每天专心给儿子做饭，儿子是主要的交流对象，她很少与其他陪读者来往。

个案4：赵女士今年50岁，文盲，来自打柴沟镇。她的大儿子已经上大学，老二今年高三。她从大儿子上幼儿园开始就在县城陪读，丈夫一个人在县城打工支持陪读。赵女士认为陪读期间最担心孩子的学习，至于花费该花的就要花，但是因为只有老公一个人挣钱养家，资金比较紧张，没有多余的钱给孩子报课外辅导班，也从没报过任何辅导班。当笔者问到陪读高三的学生是不是要讲究饮食、注意营养搭配时，赵女士表示正常吃，和以前没什么区别，原因还是资金不太宽裕。但她表示已经适应了县城的生活，陪读结束后会留在县城。

二、扩大家庭举家迁移陪读

扩大家庭通常指几代人生活在一起的家庭，一般为爷爷奶奶、父母、未成年的孩子组成的家庭。家庭中所有成员搬迁至城镇的行动策略大都是政策推动下的结果，也就是老年人在城镇化中被裹挟进陪读大军，释放家庭中坚劳动力从事经济活动。具体到天祝县，政策推动的城镇化主要是生态移民、精准扶贫户和易地搬迁户等。举家迁移终结了城乡两栖往来的流动模式，实现了彻底本地城镇化。对于教育促进的城镇化，学者之间形成了不同的观点。叶敬忠认为，“教育城镇化是推动县域城镇化的重要手段而非结果，是追求以经济增长为核心的发展主义的战略安排”。[①] 也有学者认为农村教育布局的调整是城镇化发展的结果。（王兆林，2006）根据笔者的调研，教育既是县域城镇化的驱动力，也是结果。在农牧民追求县城优质的教育资源主动进城的行动逻辑中，教育是城镇化的驱动力；而在政府推动的被动城镇化中，教育城镇化是县域城镇化的结果。

陪读是一项高额支出的投资活动，需要几代人共同合力才能维持，因陪读主动进城的家庭不会选择彻底放弃农村的退路而全

① 叶敬忠：《作为治理术的中国农村教育》，载《开放时代》，2017（3）。

家生活在城镇。少数在城市积累了资本的家庭，为了提高老人晚年生活质量，将老人搬迁至城镇。大部分家庭分散在几处，依据不同的个体禀赋追求家庭利益最大化。被动城镇化的家庭只能举家迁移至城镇，在中小城市难以就业的青壮年被迫流向其他大城市寻找出路，又形成新的离散家庭。总之，中西部中小城市城镇化导致进城农村家庭类型多元复杂。在此论述与举家迁移陪读实践有关的家庭类型。一是祖父母陪读，父母在本地经商或打工。一家人生活在城市，生活成本和风险的增加是无疑的。光靠打零工显然不能让整个家庭在城市立足，所以选择留在本地的劳动力通常是经营生意或在建筑工地等收入相对较高的行业打工。牛先生开的“牧家乐”在草原上，共有 5 个帐篷。每年 7 ~ 8 月份是旅游旺季，届时，他的“牧家乐”每天能接待 80 人，旺季两个月能挣 5 万 ~ 6 万；旅游淡季时，牛先生就在县城打零工。这样一年能收入 8 万 ~ 9 万，在县城属于收入相对较高的。牛先生表示，家庭负担大，两个孩子在上高中，老人还要看病，每年收入难有结余，勉强维持生计。二是整个家庭因为孩子的教育迁移进城，在家庭分工上，祖父母负责陪读，孩子的父母在本县城打工一段时间后，跨区域外出打工。父母常年在外地打工，监督孩子的重任落在老人身上，老人因自身文化程度低，现代化、信息化知识匮乏，只能扮演照顾孩子衣食起居的角色，难以给孩子提供学业、精神、心理和情感支持。这种类型的家庭是城市新型的留守家庭。农牧民从农村迁入城市，不只是空间场域的物理转移，生计方式、生活方式、价值理念都会随之发生转变。农村与城市是完全不同的社会形态，农村是熟人社会，村民之间建构的社会网络具有亲密性、合作性和互助性。即使儿女们外出务工常年不在家，老人能够从熟悉的社区获得物质和情感的支持，与留守在家的老人们串门闲聊，排解孤独、烦闷的情绪。城市是陌生人组成的共同体，人与人之间的交往肤浅化、表面化，老人难以找到可以畅谈的对象，难免陷入孤独中。另外，老人在农村可经营农业养活自己和留守在家的孙子，日常生活尚可自给自足不依靠子女，进入城市后，老人只能依靠子女们供养。子女经常不在身边，加之忙于自己的工作，一定程度上忽视了对老人物质和情感层面的支持，加重了老人适应城市的压力。从农村到城市的陪读老人，面临适应城市和陪读的双重压力。一辈子生活在农村、牧区的老人，深受农村、牧区传统文化的角色塑造，实践农村、牧区的生活模式成为一种“惯习”，在城市缺乏经济、社会、情感和心理支持的老人，难以适应城市生活方式、消费方式。他们在城市的空间场域实践农村生活方式、交往方式，将农村、牧区文化移植在城市的土壤，出现了种种不适应。对城市相对陌生的老人来说，来自城市社会的风险和安全隐患远高于农村，日常生活中的安全隐患与伴随信息化而出现的新的安全问题相互交织，增加了在城市生活的风险，现代信息知识匮乏的老人缺少如何规避、化解风险的能力和经验。陪读将被动城镇化的老人推向生活的主角。调研发现，举家迁入县城的农民家庭，大部分并没有实现整个家庭成员扎根县城，通常是青壮年在城—城之间频繁流动。老人在县城照顾孙子上学，在乡村社会的巨变中，进城老人艰难地适应角色与身份转型。三是老人身体有病，难以肩负陪读责任，青壮年劳动力中的一方通常为女性会返回县城照顾老人和陪读。几代人生活在一起，因经济拮据，生活习惯、价值观念与实践逻辑不同，而产生了代际矛盾，代际之间存在因差异而产生的约束感，常常导致矛盾激化。由此可知，举家迁移陪读与老人身体是否健康密切相关，拥有良好健康资本的老人，能够承担陪读任务，减轻家庭压力。健康资本薄弱的老人，医疗支出与陪读支出相互叠加，常常使经济不富裕的农村进城家庭陷入贫困。无论是孩子的父母还是老人，都自身教育程度低，陪读只能发挥“后勤保障”的功能，无法有效辅导孩子的学习，因而也不能有效地监督孩子。从家庭理性选择的角度来说，爷爷奶奶陪读是一项理性的经济行为。然而，隔代陪读也存在诸多问题，如老人的监督力、执行力下降，不能及时发现孩子学习、生活上存在的问题，不能有效、合理地与孩子进行情感和心理层面的交流。除此之外，老人溺爱孩子的行为，导致孩子养成自由、散漫，缺乏约束力的习性，都不利于孩子健康成长。

相较于因陪读而主动进城者，因被城镇化而伴随的陪读成本相对较低。然而，不管是何种类型的陪读，都限制、挤压了家庭中其他成员的行动自由、空间与资源分配，家庭成员围绕陪读形成新的角色分工、实践行动。教育是一项长期的、存在风险的投资，但对于缺乏社会资源的农村家庭来说，仍然是实现家庭阶层地位向上流动的依靠。经济脆弱的家庭因陪读而承受巨大压力，陪读是否有成效存在极大的不确定性和可变性。陪读的成效以孩子学业成功或失败而显现。孩子学习好，考上好大学，意味着将来能够更好地就业，进而在城市体面地生活，实现阶层地位向上流动以及身份的彻底转型，同时也意味着投入巨大经济、人力的陪读取得成功。陪读失败往往会极大地挫伤陪读者的积极性和面子。对有些家庭来说，陪读是主客观压力之下的跟风行动，一旦失败，陪读者会觉得在亲朋、邻里面前没有面子，挫败的情绪传递给其他家庭成员，导致家庭矛盾激化。陪读是我国城乡长期发展不均衡的伴生物，这种社会现象的消除任重道远。

本章小结

教育与中小城市化之间的关系错综复杂，互为目标、原因与结果。追求优质教育资源是农村人口迁入县城的主要目标之一。城镇化快速发展、城镇空间扩张带来人口大流动及农村人口向县城集中，学龄儿童跟随父母进城，在县城接受教育，城镇化发展既是教育城镇化的原因也带来教育城镇化的结果。县域城镇化的两条主要路径为异地城镇化带动和本地城镇化。农村中坚劳动力迁入异地大城市务工经商，获得经济收入支持在县城接受教育的小孩及陪读老人的花费，异地城市化支持中小城市化。本地城镇化有政府主导推进和农牧民因各种原因自发进城两种。无论是政府主导的被动城镇化还是农民主动进城，教育都发挥着重要的中介作用。家庭中与教育相关者因教育与陪读而市民化。

如何陪读、实践何种陪读方式，需要农民家庭依据家庭拥有的资源、家庭经济能力、家庭成员人力资本，并在比较优势原则之下做出理性的抉择。受传统社会角色和性别规范影响，女性在家庭照料方面仍然承担重任，当工作与家庭不能兼顾，家中又没有老人帮助时，女性很可能会返回家庭，因而，妇女是陪读的主力军。陪读妈妈大多早年有外出务工、参与市场经济的人生经历，在增加家庭经济方面扮演重要角色。重返家庭以后，经济上依附于家庭，社会活动空间、社会关系网缩小，不利于女性再社会化。不少女性面临如何协调个体发展与家庭发展的矛盾，女性希望能够走出家庭，创造经济、社会效益实现自我价值。然而，她们又担心子女因缺少监督、陪伴而难以成才，致使自己的努力奋斗失去终极意义。选择的形式总是处于变动之中，家庭要根据形势、处境的变化而做出相应的调适与整合。有些家庭选择老人陪读，家庭缺乏立足于城市的经济能力，光靠一个劳动力无法维持家庭成员在城镇的生活，需要代际之间合力实践城镇化。老人有更多的空闲时间，老人陪读可释放出家庭中的中坚劳动力投入劳动力市场，带来家庭经济收入增加，农民家庭基于家庭成员拥有的人力资本以及家庭发展做出老人陪读的理性选择。

本章从县域城镇化的时空背景下，借鉴生命历程理论探讨社会结构、社会制度以及社会文化变迁与个体发展、生命轨迹之间的互动关系。老年人的生命轨迹因进城陪读而发生波动，老人的家庭与社会角色、职责、身份发生转变，长时间生活在城市的老人，逐渐适应城市的生活方式，享受到城市更现代更便捷的生活，价值观念、思想认识发生转变，认同城市文化，在心理上对城市产生情感。陪读者结束陪读后有返乡和留城两种去向。做出何种选择与家庭经济能力、在城市生活的时间、留城意愿、年龄以及住房等因素有关，最终留在城市的，得以扎根城市，因陪读而实现市民化。陪读作为一种社会现象，有利也有弊，单从陪读者市民化角度看，是一种高成本的城镇化实践路径。

第四章　被征地农民市民化

第一节　土地征收原因

一、田野点的基本情况

笔者的田野点为 H 县 N 行政村下辖的两个自然村，分别为 G 村和 T 村。N 行政村位于 H 县城北郊，海拔 2920 米，气候属寒冷湿润型，距离县城中心约 2 公里，是外界通往 H 县城的门户。2020 年全村共计 432 户 1784 人，其中精准扶贫户 215 户 899 人、低保户 9 户、特困供养户 7 人、残疾户 63 人，党员 49 人。2020 年行政村有牲畜约 2 万头（只），耕地面积为 2100 亩，草场面积为 126200 亩，收入主要依靠养殖和务工。

G 村共有 64 户 298 人，是一个以藏族为多数，藏族、汉族、回族等多民族杂居多宗教信仰共存的村落。土地被征收之前，村民主要以务农为生，农业是主要收入来源，人均土地为 1.5 亩，在农闲之余，男性劳动力会外出打零工以补贴家用，形成半工半耕的生计方式。村落背靠大山，村前大夏河流经而过。农民经营的土地为水浇地，引大夏河的水灌溉。主要种植青稞、油菜、豌豆等农作物。据村民讲述，青稞的亩产量为 500 斤，油菜籽的为 200 斤。青稞除一部分出售外，大部分用来换取面粉，因为当地饮食结构以面食为主，从事农业只能满足基本的生存以及吃饭问题。家庭结构以核心家庭和扩大家庭为主，大多数家庭育有 2 个小孩。据村民讲，当地是民族团结、民风淳朴、尊老爱幼的村落。笔者的调研也印证了村民的说法。

G 村各民族间交往交流交融主要表现在语言、节日、房屋建筑、宗教信仰和通婚等方面。各民族长期生活在一起，认同彼此的文化。语言、节日作为显性的文化符号将各民族凝结在一起，结成相互依赖的集体。村里的汉族、回族既通藏语也精通汉语，日常交流以藏语为主，在家庭内部两种语言交叉使用。虽然藏语是不同民族之间交流的主要语言，大多数藏族会说汉语，藏族内部以及与其他民族交流时偶尔也会掺杂汉语。不管是汉族还是回族都过藏族的节日。尤其是老一辈汉族群众，都会参与到藏族传统的节日当中。回族一般只参与过香浪节。G 村最大的三个传统节日为娘乃节、嘛尼节和香浪节。娘乃节每年农历的四月十四至十五日举行，四月十四日中午村民在公房吃完饭、下午喝茶，十五日开始一整天不吃饭、不喝水也不说话，这一天村民会到 W 寺烧香、转经。公房是村集体修建的，是全村议事的地方，建筑的风格与普通民居相似，由大门、院子、上房、议事间、厨房、杂物间构成。上房是集体活动的空间，有佛堂，还摆放了很多茶儿，举办村集体活动时，村民会聚在上房参加仪式活动、喝茶、聊天等。通常在议事间商量村中大事。现在家家户户基本有车，浪草原已经不会固定在某一时间，只要大家有心情，随时可以出发。村里的汉族在娘乃节这一天也会修行，在嘛尼节会背经书转山，为家人、为村子祈福，汉族也会参与念经活动。回汉藏各民族在香浪节的时候欢聚在草原共度佳节。各民族共同生活在一个空间场域，民族的界限、边界已经模糊淡化，民族只是一种身份的表征，文化的因素相互渗透、交融。个体、空间、集体、认同交织混合。村集体犹如一个大家庭，是所有村民情感的归属，正如一位回族村民所言："作为村子的一分子，要团结和睦、和谐相处，响应党和国家的民族团结政策。村里有什么集体活动我们就要支持，出人力、物力，给予帮助。"（男　回族　55岁）

村子里的汉族信仰藏传佛教和基督教。信仰藏传佛教的老年人平时手里会拿着佛珠念嘛尼，喜欢戴藏族的首饰。多数人家有煨桑台，每月的初一和十五、过年及其他节庆节日或者家庭有什么重大的事，如孩子高考、婚嫁等都会煨桑，煨桑以青稞面为主，和着油炸食品、水果、枣、冰糖或其他有香味的东西一起烧，边烧边念经，祈求心想事成、金榜题名、出入平安，等等。

汉族的民居与藏族民居的风格大体相同。很多汉族人家的大门融合了藏汉文化符号，门楣的雕刻图案糅合了藏族和汉族的文化元素，有八脚狮子、金轮、莲花、龙、大象、鱼、珠宝等图案

图 4.1　G 村公房内外

雕刻，这些符号象征金轮常转、平安以及招财进宝，等等。门壁上既绘有藏族的“十相自在图”，又有汉族的石狮和对联。“十相自在图”和石狮都有辟邪消灾、祈福求平安之意。

民族之间的交往交流交融还体现在藏汉之间的通婚较为普遍，回族因为宗教信仰的缘故，与其他民族较少通婚。笔者调研的村子没有回族与其他民族结婚的案例。随着打工经济的兴起，扩大了村庄的婚姻圈，年轻人在外地打工结识外地人，与外地人结婚，婚姻建立在双方感情的基础上，很少考虑民族因素。“我们以感情为主，感情不合就离婚。我当了半年上门女婿离婚了。我姐一开始嫁到碌曲，没多久离婚了，后来又嫁到四川，又没多久离婚了。现在自己一个人带着孩子过。”（男　藏族　36岁）“我老公在外地打工与别人产生感情，执意要离婚，我不想让两个孩子成长在单亲家庭，一直拖着没离婚，后来他到法院起诉我

图4.2　G村端午节村民运动会及转经活动

离婚，不得已离婚。现在我一个人带着两个孩子，也没办法出去工作。”（女　藏族　32岁）“孙女没妈妈，刚生下来她妈妈就走了。”（女　回族　57岁）笔者遇到个案不能代表整体，离婚现象是否普遍还有待深入调查，因为婚姻问题与笔者调研的主题相关度不大，因此没做全面的调查。当地大部分村民认为藏族姑娘好，不会要彩礼，更不会要房、要车，嫁到夫家以后勤恳、孝敬老人，跟着丈夫外出打工时，会尽快转变角色，为新加入的家庭做出贡献。“我们藏族的姑娘好啊，嫁过来第二年就跟着老公出去打工。像LX那边的姑娘，结婚彩礼那么高，嫁过来以后还得好好地伺候上，饭也不做，什么活都不干，来客人也不招呼，就躺着看电视、玩手机。”（女　藏族　56岁）

T自然村有104户356人，是一个纯汉族村落，只有两户人家娶了藏族媳妇。失地前村民边种地边打工，以半工半耕的生计方式为主。村里的大部分土地为水浇地。种植的作物有青稞、油菜、土豆、豌豆等。另外，大部分村民还种植蔬菜，T村一度是H县的蔬菜基地，当时村子里有40多个蔬菜大棚，菜的品种有西红柿、黄瓜、辣椒、茄子、吊瓜等。现在有些人家还会在自家院子里、房前屋后的空地上种一些平时吃的菜。T村的土地大部分被征用给公司、学校使用。失地后，村民以打工为生。土地的征用在T村内部产生了社会分层。临近马路人家的自留地没被征用，村民在自留地建商铺自营或出租。有劳动能力、会做生意的人家会选择自营，缺少劳动力、不善于做生意的人家会出租给他人。这样的人家共有9家，商铺主要用以开宾馆、超市、饭馆、农家乐、洗车店等。另外，WX高速公路的项目部、监理公司也在此租地办公。这9家人的收入远高于村子内部仅仅依靠打工为生的人家，并且随着政府机关的搬迁、企业的建成落户以及旅游开发等，更进一步带动了马路边上人家的生意。正是这几家人的完全城镇化给外界传递出一种假象，即T村凭借优越的地理条件获得发展资本，迅速实现了城镇化，发展的速度快于周围其他村庄。但是越深入村子内部，贫困就会逐渐呈现，而且相较其他村落没有什么不同，一样的寂静，一样的没有人气，一样的大门紧锁。

据村民讲，当时AB公司征地的时候，承诺每家每户安排1个劳动力在AB上班，然而，因为工资较低，而且在公司上班的人多为藏族，平时大家用藏语交流，汉族有隐形的被排斥感，所以很多人没有选择到AB公司上班，去上班的人也因难以融入而选择离职。目前全村只有3个人在AB公司上班，并且是父女三人。如今进入AB公司的门槛已提高，公司招收的多为大学生。村民因缺学历少技术而被排斥在外。征地的时候村民可自愿选择农村户口或城镇户口，大多数村民出于孩子上学、就业等考虑，选择了农村户口。不少家庭内部部分人员是城镇户口，部分是农村户口。

二、土地的征收

从H县的地形看，两边是高山，大河穿城而过，地理空间狭小。在城镇化进程中，县城必然会向周边郊区扩张，从而造成失地。在郊区，大河两岸分布着不同的村落，N行政村位于大河的北岸，大河南岸村落的土地被征收用来建设居民楼。H县大部分政府机关的搬迁以及一些企业和学校的建设导致T行政村土地被征用。根据H县城市规划，原来的老城区主要发展旅游和商业，政府机关要全部搬迁至郊区，也就是N行政村所辖的部分自然村。征地开始于2008年，最早从G村开始。土地征收经过了县级、镇级、村级以及村民代表各方利益群体讨论、协商与洽谈环节。征地协商在村子的公房进行。根据村长的讲述，当时镇上派征地领导小组到村里协商征地事宜，召集全村的人集中在公房听取征地通知、方案等。村民选出代表与征地领导小组在公房的议事间协商、洽谈。村民代表，代表全村村民表达利益诉求、反映村民的困难。

土地征用的用途有两类，“一类是国家公益事业用地（如道路、桥、学校及政府机关办公楼等）；一类是商业性开发和工业园区建设。”[①] T村和G村土地被征建设政府机关大楼的部分属于公益性建设征地。目前我国大部分地方的“征地补偿包括三块，第一块是对地上附着物和青苗的补偿费用，是对农民私有财产的补偿；第二块是土地补偿费、安置补助费，是对农民丧失生产资料的替代性补偿；第三块是政府安排的被征地农民的社会保障费用，是对土地社会保障功能的替代。”[②] 我国征地补偿安置政策的演变呈现出以下特征：一是征地补偿标准逐步提高；二是补偿费的分配坚持兼顾集体和个人；三是以货币安置为主要手段；四是从独立的被征地农民养老保险向社会基本养老保险制度并轨。[③] 采取何种征地补偿方式与地方经济发展水平密切相关，对于西部地区的小县城来说，地方财力有限，没有可安置失地农民的企业、工厂等，县城缺乏吸纳失地农民就业的岗位。因而，地方政府通常采取货币补偿政策，让失地农民自谋出路。根据笔者

① 张海波、童星：《我国城市化进程中失地农民的社会适应》，载《社会科学研究》，2006（1）。

② 桂华：《地权形态与土地征收秩序——征地制度及其改革》，载《求索》，2021（2）。

③ 马志雄：《被征地农民的生计策略研究》，北京，中国社会科学出版社，2018。

调研，T 村第一批土地补偿为每亩地 6 万元。因为征地开始于冬天，所以不涉及青苗费等其他补偿。G 村第二轮征地开始于 2014 年冬，由于政策的调整，工资、物价上涨等原因，每亩地的补偿款为 18 万元。笔者调研时，距离当地土地被征收已经过去七八年，在这七八年的时间里，当地的农民已经适应了非农化的生活方式，适应了没有土地的农民身份。大多数人在本地县城或邻近的城市打工，少数人利用土地补偿款投资做生意，经历市场经济的大风大浪。总之，各色的人在城镇化的浪潮中为生计努力转型、积极适应生活。

三、城镇化进程中的农民

土地的被征用，意味着农民的耕作生产方式的终结，取而代之的是与城市空间相匹配的各种生产方式。[①] 地处县城周边的 T 村和 G 村深受城市生活方式的影响，政府的征地行为不仅加速了 T 村和 G 村的城镇化进程，实际上因为政府机关的搬迁将 T 村和 G 村纳入了城镇范围。虽然目前村民与政府工作人员因为生活上没有交集，所以交流沟通较少，但从长远看，迁移的政府机关作为一种资源嵌入村庄所处的空间，必定为邻近村庄带来发展资本。因政府征地而导致的被动市民化，引起被征地农民日常生活、价值观念等领域的变化。

（一）收支变化

根据调研，土地征收前后村民的收入来源和收入数量变化较

① 于兰华：《失地老人经济参与的行动逻辑分析：基于苏中 N 市 Z 社区的调查》，北京，中国社会科学出版社，2019。

大。所调研的T村和G村每家的地并不多，但在被征地前村民并没有将土地撂荒选择常年外出务工，土地是基本生活的保障，只有在农闲的时候村民才会出去打零工补贴家用。两村的家庭类型根据土地数量拥有的多少可以分为：地多家庭（一般为10亩左右）、地少家庭和无地家庭。地多和地少的家庭形成以代际分工为基础的半工半耕生计模式，即年长者在家务农并照看孙子辈，中年人在本地务工。无地或土地极少的家庭，比如好几个弟兄分家造成每家只有几分地的家庭，以家庭所有的劳动力常年务工或做生意为生。T村村民种植粮食作物的同时种植蔬菜，蔬菜是经济作物之一。因此，土地被征用前，两村农民的收入来源于农业和务工经商等渠道。农业收入只能解决吃饭问题，农闲之余的务工收入有限，因而大多家庭的消费层次较低。聚餐、旅游这类消耗性的消费在农民家庭并不普遍。土地被征用后，村民的收入来源完全“非农化”，生计类型多元化，村民依据自己的能力、所拥有的资本选择不同的生计道路。失去土地的农民所有的日常生活必需品、粮食和蔬菜都需要购买，随着物价的上涨，开支增加是无疑的。村民反映，如今日常的消费随着收入的增加水涨船高，朋友聚会少不了几百元，夏天亲戚、朋友在草原上煮肉、烧烤，冬天在茶馆喝茶、打牌或者吃自助餐，一次聚会就会花掉好几天的工钱。随着交通条件的改善以及私家车的普及，很多本地人到L州购物，周末的时候去L州旅游、吃饭，一到节假日，去的人更多，县城甚至会成为“空城”。当地人认为L州的衣服品类多、款式时尚，本地的衣服款式落伍，品牌衣服价格高，而且他们认为当地的品牌衣服牌子不正。另外，许多商店、超市都从L州进货。G村60岁以上的老人穿藏袍，30—40多岁的中青年人穿衣讲究品牌，大多数人身穿较为高端的运动品牌衣，如安德玛、阿迪达斯、耐克等，50 岁左右的人穿衣朴素不讲究品牌。T 村村民在穿衣方面相比简朴，保留着农村人的打扮，40 多岁以上的中年人一般穿老旧的衣服，大部分人穿布鞋。年轻人一般在网上买便宜的衣服。家庭经济压力不太大的年轻人喜欢外出旅游。关于农村消费的变革，笔者访谈的一位老人做了这样一个比喻，他说："消费就像江河，流经上游的大城市后必然经过下游的中小城市，只是快慢不同。"城市人所热衷的消费活动，如旅游、聚餐等必然会辐射到农村地区，并经过大众传媒激发农村人效仿的热情。

目前，我国农村土地实行"三权分置"，即农户拥有土地承包权和经营权，土地所有权归村集体。在"三权分置"的背景下，农户只能以一定比例获得征地补偿费，由于集体提留的部分不由农户所掌握，本书只关注农户可直接支配的征地补偿款。[①] 土地补偿款支配方面，G 村的村民将补偿款的大部分用来修建房子。修建一所藏式房子需要近百万元，补偿款不够的人家会选择贷款。"我们老百姓没见过那么多的钱，突然来了一大笔钱，我们也要考虑怎么支配才理性。如果处理不好，放到年轻人手里，拿去赌啊玩啊一下子就花完了。我们要在心里衡量与权衡，如果拿着钱投资做生意，生意失败了，钱也就打水漂了。加上我们世代为农，没有经济头脑，不敢冒险。房子是祖祖辈辈住的，就算没有了吃的喝的还有个住的地方，给后代也有个交代。"（男　藏族　68 岁）因为距离县城较近，没有村民拿着补偿到县城买房，而是翻新自家房屋，他们认为自家的院子宽敞、亮堂、舒适。每

① 马志雄：《被征地农民的生计策略研究》，北京，中国社会科学出版社，2018。

家院子种满了花草树木，夏天的时候大家在树荫下纳凉、聊天，厨房、卫生间以及家具家电设施已经完全城镇化，这样，村民既能享受到城市生活的便捷，还能享受农家小院的惬意。

村民拿着补偿款修建豪华的房子、购买现代化的设备，刺激其他无地户也就是没有补偿款的村民以贷款或借款的方式效仿，修建豪华的房子，导致贫富差距拉大。无地户 ZK 常年在青海 M 县做小本生意，随着年龄的变老，想回老家生活。去年农历二月份，ZK 开始修建老家的房子，家具、家电还没购买已经花去 120 万元。在花完自己打工所得的积蓄之后，他向亲戚朋友借了 60 万元。60 万元对于普通的农民工来说无疑是不小的数目，他借款修房的行为反映出农民消费理念的转变。随着农民收入的增加以及土地补偿款的发放，农民接触了大额金钱，因而在村民之间

图 4.3　G 村民居

出现大额借贷现象。因为借贷亲戚朋友之间产生了不少的矛盾纠纷，在村庄这样的熟人社会，你的财力、家境等，其他人都很清楚，如果不借钱就伤人情，借了不还必将导致关系破裂。G村的SN因为经营沙场、有一辆自卸车以及土地补偿款等，一度家庭条件较为殷实，他的一个朋友曾向他借款40万元，朋友承诺一年之后归还借款，结果三年后也没还上，SN每次索要借款的时候，他的朋友就采取拖延战术，无奈之下SN向法院起诉。SN不止经历了这一次借贷纠纷，还有他的亲戚因为借钱不还，两家人断绝关系等，经过几次教训之后，SN认为朋友与亲戚之间不能借钱。作为85后的SN，消费理念较为理性，他说自己的目标是存10万元，有一些存款可以应急。他所理解的幸福是父母没病、孩子健康。

除修建房屋外，买车是村民的第二大消费行为。其实，买车已日渐成为农村消费的潮流，土地补偿只是刺激村民购买相对高端的品牌车。G村64户人家中有车的为47户，车的品牌参差不齐。在G村调研时笔者看到有些村民开着雷克萨斯、宝马、奥迪、凯迪拉克、URV等相对豪华品牌的汽车。T村104户，53户人家有车。两村中不乏利用土地补偿款购买豪华品牌车的人。Z先生利用补偿款购买了一辆价值23万元的大众途观，两年后以17万元的价格卖给他人，又花了43万买了一辆奥迪Q5。

然而，不是所有的村民都拿着补偿款来满足消费欲望，不少村民利用补偿款投资发展。G村有6户人家购买了自卸车，车的价格为37万元左右，主要用于给建筑工地拉土、拉沙子等，利用机器挣钱无疑高于打零工的人。还有2户人家购买了出租车，这两户均为回族。3户人家开办了农家乐，其中S先生家的农家乐因为疫情期间客源较少而倒闭。根据调研，农家乐的消费对象主要为本地县城人，正如村长所言，“城里人喜欢到乡下吃饭，农村人喜欢进城吃饭”。40 岁的 S 先生是一位敢闯敢干的年轻人，他认为，失去土地反倒让年轻人少了羁绊，生活变得更好，激发了年轻人改变生活的斗志。他家只有 1.5 亩地，土地补偿款与投资农家乐所需的资金相比显得微不足道，大部分资金以贷款的方式落实。2016—2019 年农家乐的生意较好，因为 S 先生善于交际，认识的朋友多，到他家消费的熟人多，熟人带动其他人或介绍游客去他的农家乐消费，一度生意较为红火。后来因为疫情，农家乐的生意逐渐冷清直到最后不得已关店。农家乐倒闭后，S 先生又贷款买了货车，还在当地的乡镇修建宾馆挣钱。总之，S 先生是想尽各种办法挣钱，以积极的姿态适应城镇化。另有 2 户人家利用土地补偿款修建了民宿。民宿的消费对象为游客，因为

图 4.4　T 村民居

调研的两个村子都没有通暖气，只有7—8月份客流量较大，甚至能够满房，其他时间客源很少，一到冬天就只能关门停业。T村除了临近马路的9户人家利用自留地修建了商铺外，还有6户人家开办农家乐，1家农家乐的牌子已办好，还没有正式投资营业。4家办民宿，5家人买了自卸车，1家在青海做家电生意，1户人家在做僧帽生意。1家做医疗器械生意，这家人的生意做得较为成功，在村里修建了两栋别墅，是T村目前住房条件最好的。村子内部有10户人家修建商铺供出租。

外界资源输入的不均衡，如，土地补偿款与土地数量直接相关，土地多的人利用补偿款改善生活、获得投资发展的资本，拉开了与少地或无地户的距离。除此之外，个人禀赋与能力的不同，导致在充满市场竞争的时代，有人抓住机遇赢得人生财富，而有人却挣扎在社会边缘与底层。卷入市场化、城镇化潮流的失地农民内部出现新的社会分层，贫富差距的拉大无疑会使一部分人产生不平衡的心理。

总之，在生计压力和追求幸福生活的双重驱动下，两村村民以积极的姿态适应新的、完全“非农化”的生计方式，转变角色、融入城镇化的潮流。白天在村子调研时，大部分人家大门紧锁，晚上七八点左右村民才会陆续返回家中。失地农民游走在乡村与城市之间，具有非农非城的过渡特征，但是他们的社会关系、消费理念以及价值观正在发生根本性改变。

（二）交往方式的改变

传统的农村社会是基于血缘、亲缘、地缘以及村级互助组织形成的熟人社会。笔者询问G村村长是否熟悉村里其他人家的情况时，村长回答：“除了人家今天吃了什么饭不知道外，其他的，如开什么车、干什么工作、什么文化程度、收入如何、有什么喜好、性格如何、有怎样的人生经历等等，都很清楚。”农业社会的封闭性、稳定性以及农作物生长的季节性，使得人们拥有大致相同的生活节奏，农忙时节都在辛勤耕作。因为T村耕种的是水浇地，每到放水的时候，需要几家人的合作才能完成，生产领域的互助帮扶加深了村民在公共领域的合作交流。农闲时节村民聚集在村落公共活动空间闲聊或相互串门，婚礼以及村级集体活动通常在农闲时节举行。在村庄空间场域，人们交往的对象是村落内部人员，亲密关系以血缘为中心向外推及逐渐减弱，拥有大致相同的经济资本、人力资本的群体所建构的社会关系网具有同质性。被征地加速了村落的开放性和流动性，政府机关的搬迁，企业、学校的建成和运营将村落卷入城镇空间。为了生计，被征地农民纷纷进入县城或外地从事非农职业。由于长期经营农业，缺少其他技术与本领，文化程度低且能力不足，思想观念保守以及浓厚的恋乡情结，加之家中有老人需要赡养或小孩需要抚育，致使大多数中年人选择在本地务工。H县近几年城镇化建设的快速发展，吸纳了大量农村劳动力就业。在建筑工地，失地农民只能从事打零工的体力活，男性劳动力1天120元，女性100元。在县城打零工的人早上七八点去工地，中午休息1个小时，晚上七八点才到家。早出晚归、大门紧锁的生活方式阻断了与其他人交往的时空可能。“除非有什么事，才会到别人家去，平时很少串门。因为你有时间不代表人家也有时间接待你。”（女　汉族　53岁）在家的老人、妇女以收拾家务为主，洗洗涮涮地度过每一天。年轻的女性在家务之余喜欢追剧，浏览小视频或购物APP，老年人因为电视机操作复杂、智能手机不会用而很少有娱乐消遣活动。农村老人处于信息社会的边缘，在传统人际交流网功能日渐式微，现代信息网阻隔，村级公共活动减少的情形下，老年人的生活日渐孤独，很难获得情感互动以及精神层面的慰藉。老年人的交往空间逐渐退回家庭领域。随着人们对教育的日渐重视，身体健康的老年人都会加入到照顾学龄孙子的行动中，以接送孙子、照顾孙子的方式继续投入家庭生产活动中，从而解放家庭中其他劳动力尤其是女性劳动力继续投入经济活动。照顾学龄孙子的老人，日常生活忙碌、充实。“现在都重视教育，把我们老年人整得也忙。以前的孩子都不上幼儿园。入学前，帮父母干家务。入学后，自己去学校，学不学，家长基本不过问，学得好了家长支持继续上，学得不好就种地。现在的小孩必须上幼儿园，不上幼儿园，小学都不收。幼儿园小班早上9点半送过去，中午11点半接回来，下午3点送去，5点半又接回来。一天跑四趟幼儿园，中午还要给做饭。大班的孩子早上8点半送去，11点半接回来，下午2点半送过去，5点半接回来。小学也是一样，一天跑四趟。总之，接送孩子不是一件轻松的活儿。失地后，我们年龄大了，出去也找不到活干，就在家帮忙照顾孙子。”（女　汉族　62岁）“我一直在县城看老大的孩子，已经十几年了。老大夫妻俩在县城有正式工作，没时间照顾孩子。照顾孙子让我每天忙忙碌碌的，我最不喜欢做饭，因为我的眼睛不好受不了油烟。我还是喜欢待在农村，孙子放假或周末的时候我就回农村。”（女　汉族　68岁）不照顾孙子的老年人失地即失业。无地可种的老年人由原来掌控家庭核心财产居于权威地位变为依附于家庭，依靠子女供养，权力的式微、话语权的丧失加剧了老年人边缘化处境。无具体事可做的老年人白天出去散步、锻炼身体，但很少能够遇到可以聊天解闷的人。藏族老人白天还可以去寺院转经，寻求精神解脱。为数不多的几家回族老人要么帮助子女料理生意，要么自己做小本生意，为生计奔波、忙忙碌碌。大多数汉族老人在失业失权的现实语境下，情绪孤独、生活贫困。因为土地的补偿款通常用于修房、家庭消费或被子代拿去投资，很少有家庭把钱存下来留给老人养老，依靠每月120元的养老金，老人的生活难免陷入贫困，而且养老金只有60岁以上才可以领取。当下生活的贫困与未来生活的不确定性，降低了老人生活的幸福指数。年轻人大多在异地城市务工。笔者所调研的两个村子的年轻人大部分在东南沿海一带的电子厂打工。外出前，同乡的地缘社会资本为同辈群体提供了就业的信息、资源和经验。在同伴的带动下，其他群体也到异地城市的电子厂谋求工作。年轻人交往的对象虽以同乡、工厂员工为主，但在工作之余，他们基于兴趣爱好参与其他社团组织，结识新的朋友，增长见识激发思维，扩大异质性社会网络，为突破阶层固化、实现社会阶层向上流动积累了人力资本和社会资本。有些年轻人利用在大城市积累的资本、资源和人脉返乡创业取得成功，实现了身份转型、社会地位的提升。总之，被征地导致村民生计方式转型和家庭成员重新分工，职业的分化在村庄内部产生社会分层。历经城镇化洗礼的村庄不再是昔日大家过的“差不多”的传统村落。虽然村民的宅基地没有被征用，大家仍然生活在原来的空间，维系着原有的社会网络，但是随着贫富差距的逐渐拉大，让不少人深陷焦虑之中。如今村民关心的话题是在哪里挣钱，挣更多的钱。人与人之间的交往变得理性、精于算计。传统的基于农业生计形成的互惠性合作组织因失地而瓦解，重新建构的互惠性合作表现为利益至上。如果彼此的合作能带来经济利益才会选择合作，除此，则多会采取冷漠、观望、事不关己置身事外的态度。新的家庭分工进一步将老人和留守在家的妇女推向家庭空间，接送孩子的工作挤压了老人闲聊、串门的时间，加之对新型媒介工具的陌生以及传统节庆活动的衰落，老人们的生活难免单调。没有外出的妇女虽然也以干家务劳动为主，年轻妇女在空闲之余会上网、刷小视频或追剧，通过了解外界信息保持对时尚潮流的把握。除此之外，有些村民对陌生人表现出冷漠、拒绝的态度。笔者随机访谈时遇到个别村民认为给笔者反映当时征地的情况没有实际意义，更不能解决他们现在所面临的问题和困难，因而不愿意接受访谈或只是轻描淡写地聊几句便转移话题。

（三）消费方式的改变

笔者调研的两个村落均人多地少，而且随着打工经济的兴起，即便土地不被征用，年轻人表示不再经营需要投入精力、时间与财力而回报较少的农业。“土地即使不征，年轻人也不种。种地要投入种子、化肥、农药，现在收割等都要用机器，花费下来不赚还赔。年轻人出去打工一两个月就挣回土地一年的收入。”（男　汉族　68 岁）然而，老一辈人觉得没有土地心理空落落的，他们认为最好的生活状态是有地可以种、有工可以打。对老人来说，失地即失业，辛苦了一辈子，突然闲下来，退出主要生产领域，从掌控家庭发展决策权的角色变为依附于子女的角色，老人难免出现苦闷、彷徨、自我否定的心理。农民因为常年辛苦劳作，大多数人比实际年龄显老，并且 50 岁左右开始身体素质就下滑，一些人还会得高原病，最常见的是高血压。因而，失地农民 50 岁左右就处于半失业或完全失业的状态。如果子女没有稳定的工作，以打零工的形式维持一大家子人的生计时，老人的担忧更多，日常生活中总是极尽可能地精打细算、节衣缩食。T 村中老年人的衣着简朴，大部分人穿布鞋。这种鞋以前是家里的妇女手工做出来的，现在大家都不做了，市面上有布鞋出售并且价格更便宜。可能是出于怀旧，但最主要的还是价格便宜，所以老人选择穿布鞋。“我们祖祖辈辈以种地为生，有了土地心理踏实。以前种地的时候，我们的青稞、土豆、蔬菜都吃不完送亲戚，现在亲戚要是送我们一袋子土豆我们就感激不尽。现在买的油吃着也不放心，青稞瘪瘪的，磨出来的青稞面一点都不香。年轻人出去工作遇到烦心事回来抱怨，我们也跟着难受，希望为孩子们分担一些但能力有限。”（女　藏族　53 岁）失地加剧了大部分老年人对生活不确定性的担忧。“目前生活还可以，谁都不能保证以后的生活，加之生活标准变了，物价逐年上涨，生活越来越难。”（男　汉族　56 岁）子女有稳定工作的老年人对征地持无所谓的态度，随着年龄逐渐变老，体力日渐不支，他们甚至乐意土地被征用，这类老人几乎没什么后顾之忧，精神风貌、幸福指数远高于为生计担忧的老人。当然，村里也有子女不幸去世的孤寡老人。这样的老人无论是经济层面还是精神层面都处于赤贫状态。访谈中遇到一位丧子的老奶奶，提起自己的儿子就会泪流满面，她每天到寺院转经以缓解痛苦。她老伴儿是回族，整日以看电视度日。

被征地前，村民以代际分工为基础从事半工半耕的生计方式，既能获得农业收入也能获得务工收入。在相对封闭的农业社会，城市消费方式的辐射力有限，收入低下的村民相应的消费层次较低。被征地后，基本的生存资料，包括米面油都要花钱购买，农民花销的增大是无疑的。现代化电器的普及增加了每月电费的支出，加之 H 县高寒阴冷，即使入夏，村民晚上睡觉也离不开电暖气，一般家庭每月电费支出 100 多元，另有水费等。这些消费是最基本的，同样是每个家庭必需的支出。除此之外，不同家庭的经济水平、成员需求、兴趣爱好不同，消费的需求和能力呈现出差异性。经济水平决定消费的性质、种类和层次，两村村民的消费特征总体与家庭经济状况密切相关，但也存在年龄、性别差异。如上所述，50 岁以上的中老年人因为失地而失业，没有经济收入，因而消费能力低。有些老人去县城接送孙子会为节省公交费和出租车费（H 县城内打出租车的费用为每人 2 元，包括到 G 村和 T 村）而步行。很少有老人将钱花费在衣着上，更谈不上旅游、聚会等。老人的消费依附于子女，子女买什么衣服老人就穿什么，买什么日用品老人就用什么，难有选择权和发言权。少数中老年人有经济能力。T 村临街的商铺中有两家超市是老人经营，两家的子女分别在外地打工，虽然自营商铺有稳定的收入，老人仍然保留了农村省吃俭用的消费方式，他们将大部分的收入资助给子女。53 岁的 S 先生因为腿疼而较早地退出劳动力市场，在家专职照看他女儿的孩子。儿子大专毕业在江苏一家电子厂打工，每月 3000 元的底薪，除去房租以及个人花销所剩无几。这样的收入很难在大城市立足，在外漂泊几年后，最终将返回本地成家立业。按照传统，S 先生还没有完成帮儿子娶妻成家的人生任务，但是已经退出家庭经济领域的他不愿意再干涉儿子的生活，而是顺从子女的决策。女婿和儿子见他腿疼买菜不方便，就给他买了一辆轿车，他也未曾反对。因为很少有闲钱去自驾旅游，只有买菜时才会用车，车基本闲置在家里，通常加 200 元的汽油可以用两个月。对于子女为他买车，他认为是世道变了，大家跟着时代消费。老年人被裹挟进城镇化潮流，在自身能力不足的现实下，被动地适应城市的生活方式、消费方式及价值理念。

中年人是家庭的中流砥柱，上有老人要赡养，下有未成年的子女要抚育，他们将收入主要花费在购买家庭固定资产、子女教育、赡养老人、人情往来等方面。土地补偿款的发放，在G村掀起了建房热，村民普遍认为钱是死的，终究有花完的一天，房子祖祖辈辈要住，房子修好了不但自己住着舒心，也算是留给子孙后代的一笔固定资产。除此之外，被征地农民认为自己缺文化少技术，思想观念保守，对市场信息感应不灵敏，不敢拿着土地补偿款去投资去冒险。房子作为一种财富象征，一定程度上缓解了被征地农民对未来不确定生活的焦虑感和不安全感，房子在一定意义上是土地保障功能的转化，也就是村民通过实实在在的房子从心理上得到一种安全感。总体来看，中年被征地农民的消费层次处于满足物质需求层面，较少触及精神文化层面的消费。这与中年人所扮演的社会角色相关，承担家庭发展重任的中年人要满足不同家庭成员的消费需求，他们疲于生计压力，无暇顾及自身发展。如果粗略地将消费层次划分为三个阶段，第一阶段为满足衣食住行方面，对被征地农民而言，最显性的表现即为改善住房条件；第二个阶段为拥有较充足的、可流动的资金，可视为拥有投资创业的金融资本；第三个阶段为满足精神文化需求层次的消费，如旅行、继续深造、学习与传承本民族文化，等等。若按照这三个阶段的划分考察失地农民的消费层次，显然他们的消费处于前两个阶段。

年轻人承担的家庭责任较小，成家的年轻人由于父母相对还年轻，可以得到父母人力、物力和财力的照顾，加之城市化的程度更深，不少人学校毕业以后就去城市工作、经商，因而在消费方面更接近城市市民，追求城市有闲有钱阶层的生活方式、消费品位等，品牌意识浓厚，并通过品牌的消费和使用将自己与其他村民、农民工相区隔。笔者在H县G村调研时，恰好赶上一年一度的嘛尼节。嘛尼节是当地比较盛大的节日，在传承民族文化和凝聚村庄合力、加强村民内部交流方面至今发挥着重要作用。2021 年端午节与嘛尼节重合，不少年轻人从外地赶回来参加节日。根据笔者的观察，参加节日活动的年轻人衣着时尚、品牌高端，个别人穿了藏袍，但是所穿鞋子一般是耐克、阿迪达斯等高端运动鞋。男性青年发型时尚，女性青年化妆得体、青春靓丽。他们在衣着打扮、行为举止方面已经完全市民化。访谈部分年轻人得知，他们的收入并不高。ZXC 是某高速公路项目部的资料专员，为临时聘用人员，每月工资 3000 元，除此之外没有任何其他社会保障，高速公路竣工以后项目部会撤到其他地方，ZXC 就要重新找工作。收入不高、工作不稳定的 ZXC 是地道的月光族，偶尔也要借助信用卡消费。她每月都要买衣服和化妆品，并认为女孩子就应该打扮得漂亮、时尚，不但自己开心还能博得外界的眼球。如今的年轻人更加注重自己的形象，甚至不惜花重金改变外貌形象，以此获得社会认同。被征地前，彭先生家有十几亩地，三亩地种菜，无污染的农家菜销路很好，种地时家庭经济条件就不错。被征地后，彭先生利用补偿款在青海开了一家电器店。近几年，生意虽然一定程度上受到网购的冲击，但是从他们家的装修档次，以及他开三十几万的轿车，可以判断其收入不低、生意不错。然而让彭先生最满意和自豪的则是他的两个孩子都考上大学，有稳定的工作和较好的发展前景。他儿子大学毕业后，考到县国税局上班。女儿在云南的一个大学上研究生，准备毕业以后继续读博深造。他表示，只要姑娘愿意上他就支持到底。“现在供一个学生也不容易，虽然研究生有奖学金，家里不用拿学费，每月还有生活补助。但是买衣服、同学聚会，还得家里支持。我姑娘的牙齿不整齐，她担心影响找工作，做了牙齿整形手术，花了好几万。”（男　汉族　56 岁）在快速城市化时代，年轻人的消费价值理念发生深刻转变，追求有品质有品位的生活，以消费体验丰富多彩的人生，强化自我认同与社会认同。

综上，消费在不同群体之间产生了分化，带来了新的社会分层。消费与个体成长的时代背景、人生经历密切相关。当今时代，物质、商品极大丰盛，致使人们深陷“物”的包围中，并通过“物”的消费展现个体的经济资本、阶层地位、生活的态度与品味。正如鲍德里亚所言：“在我们的周围，存在着一种由不断增长的物、服务和物质财富所构成的惊人的消费和丰盛的现象。它构成了人类自然环境中的一种根本变化。恰当地说，富裕的人们不再像过去那样受到人的包围，而是受到物的包围。”[①] 另外，根据笔者的调研，有些因照顾小孩不能外出工作的妇女，因为不能为家庭带来经济收入，在消费方面精打细算、勤俭节约，将钱消费在家庭和孩子身上，很少花在自己身上，穿的衣服、使用的化妆品价格便宜，她们通常在网上买便宜的衣服。日常消费方面同样是尽可能地节约。卖鲜面条的流动车每天下午 3 点到达 G 村，在家的妇女都会出来买面条，流动摊贩所售面条的价格比县城和 T 村便宜一些，县城和 T 村 1 斤面条 3.5 元，流动摊贩的售价为每斤 3 元，而且去县城还要坐公交，耗时又增加成本。“现在花钱的地方太多了，孩子奶粉钱、尿不湿等加起来一个月不少于 1000 元，能省一点儿是一点儿。”（女　藏族　38 岁）

① ［法］让·鲍德里亚著，刘成富、全志钢译：《消费社会》，南京，南京大学出版社，2014。

第二节　主动融入：多元化的生计类型

生计方式的改变，必然会带来社会融入问题。被征地农民的社会融入既关乎群体又牵涉个体，社会融入受被征地农民禀赋特征、认知能力、心理活动、生活经历与社会记忆等个体因素影响，在相同政策环境下，传统性的结构与现代性重构的进程和结果不同。汪维国、李立清实证研究得出，被征地农民的社会融入并非遵循"迁移—适应—融入"的线性轨迹，而是沿着"缓冲适应—快速融入—融入转折（路径异化）—融入内卷化"的轨迹运行。[①] 年龄、文化程度对被征地农民社会融入影响显著。目前，T 村和 G 村被征地农民的社会融入处于"快速融入"阶段，在生计压力和追求幸福生活的双重驱动下，被征地农民依据自身拥有的能力，积极投身到再生产活动中。然而，被征地农民再就业既面临着城市制度壁垒、市场竞争阻力，又面临着自身人力资本和社会资本重塑的局限。[②] 有研究对影响被征地农民就业的微观影响因素中的人力资本与社会资本对比之后得出，人力资本对被征地农民职业向上流动或向下流动影响显著。（郑子峰、郑庆昌、黄建新，2016）农民个体禀赋、社会经历不同，就业类型多元化，从业于不同的行业形成新的社会分层。被征地农民城镇化因年龄、人力资本、生命历程不同可分为本地城镇化和异地城镇化

① 汪维国、李立清：《失地农民社会融入路径异化与内卷化研究》，载《华南农业大学学报》（社会科学版），2018（1）。

② 于兰华：《失地老人经济参与的行动逻辑分析：基于苏中 N 市 Z 社区的调查》，北京，中国社会科学出版社，2019。

等不同类型。本地城镇化指劳动力在本地从事非农工作、非农化的经营。异地城镇化是指劳动力在本县之外从事非农工作或非农经营。

一、土地被征收的老年人

在农村社会阶层中，儿子多的家庭、家庭成员中身体有病尤其是患大病的、离异家庭、独居的老人家庭、光棍以及无地户太多处于社会底层，是农村的弱势群体。有10亩土地的人家能得到100多万的土地征用补偿款，而无地户没有任何补偿，土地换来的经济资本加剧农村贫富差距。除此之外，因被征地而失业的老年人正成为新的贫困群体。我们通常将60岁以上的人定义为老年人。常年从事体力劳动、风吹日晒、起早贪黑的农民看起来比实际年龄显老，不少人50岁出头就已显得老态龙钟，加之结婚早，40多岁就有孙子成为爷爷奶奶的人不在少数。苍老的外貌、有孙子的事实，让不少中老年人提前退出生产领域，由家庭的主角变为配角。这些“老年人”在被征地前，从城市返回农村后还可继续从事农业实现自食其力、以土地养老；被征地后，就只有照顾孙子、干一些家务活，有些子女未成婚的，只能闲散在家中。因此，老年人普遍不愿意土地被征用，觉得失去土地心里空落落的、不踏实。

被征地前，T村和G村属H县的农业区，因为大多是水浇地，粮食、蔬菜一般都会丰收，因此，农民以经营农业为主，家庭中的男性劳动力在农闲之余外出打工。H县地处生态环境屏障区，发展重工业受阻，县城能够提供的就业岗位有限。加之村民思想观念保守，担心语言不通、文化有别、气候不适应等而不愿意到外地务工，所以造成被征地前农民的生计方式以农业为主务工为辅。旅游业是当地的支柱产业之一，近年来旅游业的快速发展，带动了一部分农牧民从事非农化职业，加速了农牧民市民化进程。W 寺院是 H 县旅游资源中最璀璨的明珠，自建寺以来，一直是当地宗教文化的中心。寺院背靠凤岭，凤岭对面碧绿的山峰叫龙山，山上因长满松树，又叫大林棵山。站在龙山上向对面眺望，凤岭像一只展翅欲飞的金凤，要向龙山飞来，而龙山又像一条盘卧欲腾的蛟龙，要向凤岭跃去，龙凤两山遥相呼应。龙凤山岭之间，大河从脚下缓缓流过，冲击出一个半圆形的平滩，形似右旋海螺，当地藏族同胞称这个平滩为扎西，意即“吉祥之地”，汉族群众则称这里为龙凤呈祥的“金盆养鱼”之地。另外，W 寺院吸引全国各地的信教群众到此转经祈福，参加佛事活动，带动 H 县经济发展与外界交流。除佛教文化外，辽阔的草原、古遗迹、圣湖、森林峡谷等自然风光和瞻佛节、插箭节、香浪节、娘乃节等民俗活动是 H 县丰富的旅游资源。H 县借助资源优势打造了一批旅游专业村、示范村和星级农家乐、藏家乐，拓宽了农牧民增收渠道。旅游业带动餐饮、住宿、文娱行业发展为农牧民提供了非农化的就业岗位。2020 全年共接待游客 26 万人次，其中海外游客 1.8 万人次，国内游客 24.2 万人次。旅游创收 3697 万元，其中，国内收入 3295 万元，外汇收入 402 万元。半工半农的农牧业转移人口主要在本地建筑工地打零工或以农家乐、牧家乐服务员的身份参与旅游业，无论他们从事何种非农化的行业，随着年龄的增大，都会返回农村。难以享受城市社会保障服务的老一代农民工返乡后，以继续经营农业的方式养老。被征地农民工返乡后无地可种即失业，不能自食其力的老人依附于家庭，生活质量与子女的收入、职业类型紧密相连。身兼赡养和抚养责任的家庭，往往将有限的家庭资源投入到抚育子代身上，家庭后代承载着家庭社会阶层向上流动的希望，因此，老人默许、支持家庭资源倾向子代的分配。不少农村被征地老人的生活处在安全阀值临界处，暴露在风险之中，显得极为脆弱，他们身体健康则好，一旦身体有病需要依靠药物维持时，则难免陷入贫困，成为新型贫困群体。

被征地老人并非同质化的群体，有些老人利用积累的经验、资源并借助空间优势积极转变生计，增加收入，不但实现自养还为家庭积累财富。T 村的 Z 奶奶和老伴经营着一家日杂超市，主要出售烟酒、食品、饮料、鞋袜、手套等，消费的对象为附近本地人、民工以及过路人。老爷子喜欢喝酒，平时很少参与生意，每天就在超市门前喝啤酒、晒太阳。儿子夫妇在拉萨打工，并已在拉萨买房定居，几乎不回老家。打理生意的 Z 奶奶今年 65 岁，是汉族，但能说一口流利的藏语，并信仰藏传佛教，手里拿着一串嘛呢珠，闲下来就念六字真言。她告诉笔者，自己和老伴经营店铺已经 10 年了，前几年商铺不太多、网购还没兴起的时候生意比较好。近几年不断增多的店铺加剧了竞争，减少了客源和收入。除此，网购对实体店的冲击很大，年轻人包括会使用智能手机的老人喜欢网购，一些网购达人连日常生活中的小物件都在网上购买，如方便面、卫生纸等。香烟因为不能网购而成为小超市的主要销售品，以前有 3 元、4 元、5 元、5.5 元 1 盒的便宜香烟，现在最便宜的 1 盒香烟 8 元。Z 奶奶说，超市大部分日杂用品从 L 州进货，因批量进货不能自己去挑选，所以难免存在质量一般、款式不流行的问题，这也在一定程度上影响了客源。即使生意没有之前红火，每年 4 万 ~ 5 万元的收入足够 Z 奶奶和老伴养老。然而，老人的生活依然简朴，消费层次较低，穿着朴素、饮食不讲究。因儿子常年不在身边以及生意需要打理，很少出去旅游，夏天也没有空闲时间去草原休闲。常年在外打工的罗老汉返回农村后，利用打工的积蓄承租T村廉价的商铺做小买卖维持生活。T村出租的商铺租金相较县城低，即使临街的商铺，租金为700～800元/月，村子内部的商铺年租金只有3000～4000元，而县城中心的商铺年租金一般为3万～4万元。罗老汉共租了两间商铺，两个商铺的租金加起来1年1万，较小的一间商铺出售布鞋、草帽等，较大的是超市。

以农业为主要生计的老年人，除了种地种菜养殖外，没有其他的谋生技能。被征地后，有些老人想尽办法寻找空间种菜、养殖，维持生活。T村的王老汉利用自家门前的空地种蘑菇，他投入3万元搭建了一个小型蔬菜大棚，蘑菇长成的时候，每天能产1筐，大概10斤。王老汉把蘑菇拉到县城去卖，1个多小时就卖完了，1筐蘑菇能卖20～30元，这些收入基本上能够维持他和老伴的生活。沈老汉是村里的少地户，因为家里弟兄多，他分家的时候只分到了4分地，儿子成家有了两个孩子之后他们的家庭也变成了六口之家的大家庭，显然依靠土地难以维生，在失地前他就边打工边养奶牛。被征地后，随着年龄增大体力不支，外出打工找不到合适的工作，沈老汉就专职养奶牛。身体还健康的老年人用三轮车拉货，挣一些苦力钱。在物价上涨、花费日益增多的情况下，老人会做一些力所能及的事以减少家庭的开支。H县气候阴冷，取暖时间长，有些老人为了节约煤炭，冬天就去草原拾牛粪，用来烧火。

除自谋出路者外，政府为被征地农民提供了一些公益性岗位，如门卫、环卫工人、清洁工、护林员等，精准扶贫户的家庭，年龄在60岁以下，符合其他条件的中老年人可从事公益性岗位。就职公益性岗位的多为女性。伴随城镇空间扩张带来的被征地在老年人中产生了明显的社会分化，大部分老年人依赖土地生存，土地对他们而言是生存之本、情感之基，失地就失去收入来源，难以再就业的老年人因被征地而贫困，如果身体健康还好，身体一旦有病每天要吃药无疑于雪上加霜。伴随经济地位下降而来的是家庭地位的边缘化，老人不再掌握家庭的决策权，家庭消费什么，如何消费，子女们去哪里打工都是自行决定。少部分有经商经历的老年人，继续从事商贸活动或参与到子女的生意中，帮忙照顾店铺，为家庭发展做出贡献。有务工经历的老年人利用在城市积累的资本、经验、土地补偿款等，转而经营小本生意，收入远高于失业在家的老人。极少数老年人创造条件、寻找空间继续从事农业维持生计。

二、本地城镇化的中年人

根据笔者的调研，T 村和 G 村的中年劳动力大部分在本地务工和经商。对此现象结合村民的解释笔者认为有以下原因：一是两村的中年劳动力人力资本薄弱，受教育程度低，缺乏在异地闯荡的能力、技术，甚至勇气。二是近年来县城建设速度加快，一幢幢居民楼拔地而起，为进城农民提供了就业岗位，他们在本地能够找到工作、有事可做，在打工挣钱的同时还可兼顾家庭，在家门口就业自然好过在异地漂泊不定的状态。三是中年人通常是家庭的中坚力量，任务重、责任大，同时肩负赡养与哺育的家庭义务。尤其家庭中的老人若是身患疾病，需要人照顾时，他们更不会到远处打工或常年不回家。另外，孩子到了接受教育的年龄，为了让孩子有一个稳定的教育环境，父母会留在身边监督孩子的学习。四是本地就业虽收入少，但也花费少，考虑到大城市生活成本高昂，缺乏社会保障，在非正规部门从事非正式工作的农民工几乎收支相抵，承担重要家庭责任的中年人选择本地就业。除此之外，村民思想观念保守，认为自己的信仰和根基在家乡，外出顾虑重重，担心不能适应异地城市的文化、气候等。在多重因素的叠加影响下，大部分中年人选择了本地城镇化的实践行动。这种选择与其早期人生经历、认知、家庭角色与社会关系相关。

中小城市工业化水平低，能够提供的就业岗位有限。大多数进城农民受困于文化程度低、缺少技术而只能就业于建筑工地，依靠体力打零工。即便是打零工也受到诸多因素的限制、排挤，随着机械化水平的提高，机器代替了很多人工活，人力的需求逐渐下降。本地农民工只能在房建类的工程找到活干，其他的工程，如高速公路等都是老板自带工人，很少招用本地人，个别本地人进去只干一些门卫、打扫院子的杂活。在建筑工地就业的农民工内部产生了分化，打零工的收入最低且工作不稳定，男性劳动力 1 天 150 元，女性为 130 元，而且在外界诸多因素的干扰下，很少有人能做到全勤。加之 H 县高寒阴冷，比其他地方的工期短 2 个月，打零工的最多能干 6 个月。拥有一定技术的人，如钢筋工、木工、水泥工、电工、水暖工等是工程紧缺的人员，容易就业且工资较高。G 村村长告诉笔者，村里人建房子，木工的工费是 12 万元。另有一些人在本县城的乡镇、HZ 市、L 州等地从事装潢、电焊等工作，他们都是以工程队的形式集体外出，承包小工程。有些人贷款或用土地补偿款购买自卸车、铲车等给工地拉料，年收入能达到 10 多万。另有人购买了工程车出租给工地，聘用其他人当司机。跑出租车的人内部也分为自营和雇佣他人当司机两种。自己购买出租车跑运输的收入随季节有很大的不同，夏季旅游旺季的收入远高于冬季，夏季 1 天能收入

400 ~ 500元，冬季只有100 ~ 200元。如果是被老板雇佣跑出租，月工资3000元左右。跑客运车的司机月工资为6000元。商业户以出租商铺、经营超市和宾馆为主，小商铺的租金为1个月800 ~ 1000元。WX高速公路项目部、职工宿舍、监理公司承租的商铺1年的租金为10万元，不过租期只有两年，项目竣工后人员就会撤离。规模较大的一家汽车修理公司和宾馆的年租金为20万元，租期5年。超市的年收入5万 ~ 6万元不等。T村有一家人的户主从事医疗器械销售，是生意做得最成功的，在村子里给他和弟弟分别盖了两栋别墅。

随着旅游业的迅速发展、私家车的增多以及城里人对绿色食品、农家菜、乡村风景的热爱，在旅游资源丰富、自然风光秀美、交通便利的农村、牧区兴起了开办农家乐、牧家乐及民宿的热潮。农家乐、牧家乐和民宿为农牧民提供了非农化的就业岗位，增加了农牧民的收入，实现了农村与城市消费、文化、观念的交流互动，促进城乡融合发展。G村共有3家农家乐、2家民宿；T村有6家农家乐，4家民宿。农家乐的消费群体主要是本县城的人，本村的村民大多消费不起。农家乐的生意多为熟人带动消费，老板和服务员也会在软件平台宣传。民宿主要针对游客或在附近打工的民工。装修一般、设施不齐全，缺少独立卫生间和洗澡设施的民宿1间1晚80元，长租每月租金为300 ~ 400元。LZPC是T村装修文艺、设施齐全、藏文化元素与现代气息完美融合的民宿。老板是一个热爱藏族文化、信仰藏传佛教的汉族人。为吸引游客，他开的民宿采用藏式装修风格，每个房间以著名的风景区命名，如青海湖、纳木措、布达拉宫等。老板之前在县城开客栈的同时从事私人导游工作，清楚游客的喜好，并且积累了经营民宿的经验、资本。书吧、露台、玻璃房、自酿的青稞啤酒无疑是追求独特体验、感受不同文化魅力的青年人、背包客们的追求。“遇到了几个背包客，都是年轻人，氛围很好，有机会再来，再来还住。”（宾客评论）有多年从业经验的老板深知热情、周到的服务是民宿发展的软元素，老板亲自提供免费接送服务，这是其他类型宾馆和酒店所无法提供的。老板“热情的服务”“帅气的外表”，甚至成为给 LZPC 带来客源和回头客的资本。“老板人真的不错，去 W 寺院、汽车站，随时打电话他都来接。”“老板免费把我们从客运站接过来的，还免费送往 W 寺院，走累了提前打个电话就行。虽然这里打个车也就 2 元钱，但是这种服务让人感觉很贴心。”“老板有点帅、头发有点长，大家都叫他‘郑伊健’，可以合影拍照哦。”“冲着‘郑伊健’的名号来的，LZPC 藏家客栈的老板。这是他开的第二家客栈。如果说第一次入住 LZPC 是机缘巧合，那么再来 LZPC 已算是生命中的重逢了。民宿硬件无需赘述，咱是冲着情怀和老板颜值来的。一个字‘好’。”“床很舒服，洗发水和护发素很好用，自己忘记带了所以用客栈的洗了，意外很好用。”“人生的低谷期，在 LZPC 遇见温暖，从此被治愈。”“很多回头朋友都是奔着老板去的。”民宿的消费群体通常为散客，加之地理位置相对隐蔽，位于村子内部而不在旅游圈内，决定了 LZPC 的“慢”发展。LZPC 投入近 200 万，开业那年遇到新冠肺炎疫情，生意不景气，除节假日外，其他时间客人很少。T 村和 G 村两村所有的农家乐和民宿因为没有暖气只有 5—9 月份营业，其余时间则关门停业。

女性劳动力大多就业于饭店、宾馆、农家乐、牧家乐、民宿等服务行业。规模较大的农家乐厨师的工资与服务员的差距较大。笔者调研的 HM 农家乐位于 T 村村口处，是临街商铺。当时老板刚装修就花了近百万，每年的租金 15 万元，5 个厨师每月的工资1万多，服务员、洗碗工等人员的月工资为2500元。农家乐已经营3年多，因为菜品不错、交通便利，一直保持了较好的收入。随着县城空间扩张，越来越多外界资本嵌入城郊，车流、客流量的增多以及WX高速公路项目部、监理公司在T村办公等，都增加了农家乐客源。

本地城镇化中部分人是返乡的农民工，他们早期在大城市奔波，结婚生子以后返回本地城镇。Y先生大专毕业以后在兰州、西安、南京、武汉等地到处打工，结婚以后返回县城参加公务员、事业单位考试，考了两次都没考上。又因为所学专业是数控技术，县城没有对口的岗位，找工作处处碰壁，无奈只好去工地搬砖，依靠苦力养家糊口。大专、中专的毕业生要么进工厂要么去建筑工地要么在服务行业就业，如快递员、外卖小哥、房产经纪人等。然而对于偏远农村家庭来说，能够考上大专已属不易。父母希望子女毕业以后能找到稳定的工作，最好能够考上公务员或事业单位，又稳定又体面。当在严峻的就业形势下，子女成为和自己一样的农民工时，对父母产生了较大的打击，对是否继续投入教育产生矛盾心理，他们既重视子女的教育又担心投入无果。对经济脆弱的家庭来说，教育是一项存在风险的投资，正是回报的不确定性导致村民形成不同的教育观。“即使大专毕业，以后也是打工。”“大专出来就是打工，但是不上不行，不然，出去打工都打不到。”

SNAJ，是G村村主任。他告诉笔者，G村的村主任是大家轮流当，轮到谁家就必须担起责任不能推辞。他因为轮到当村主任而没有外出打工。也因此有时间接受笔者的专访，带领笔者入户采访。回顾起自己的人生奋斗历程，SNAJ甚至记得具体的月份，某一年的某一月自己为何转行、转行做什么、效果如何，等等，这让作为同龄人的笔者极为惊叹。SNAJ 很小的时候，父亲因病而去世，他和姐姐由母亲独自抚养长大。小时候因为家庭贫穷，SNAJ 上到小学毕业就再没上学，姐姐更是一天学也没上。从 SNAJ 的言谈中可知，没能接受良好的教育是他的遗憾，他渴望拥有知识，渴望教育改变命运。13 岁辍学以后，就在村里帮人家放驴，1 天的工钱 15 元。他说以前村里种地的时候，都是两家合伙轮流放驴，要是轮到的人家家里有事不能去放，就雇佣别人，像他这样辍学的孩子就是经常被雇佣的人。16 岁时，他就开始了到处打工的生涯。到工地上打零工、当小工，村里有人家翻盖房子，他就去帮忙打地基、砌石头，当时的工钱都是 1 天 15 元。2005 年 11 月至 2007 年 3 月，表姐夫介绍他到 AM 镇的矿山当保安，月工资 1800 元。2007 年 3 月份，他辞去保安的工作，跟随家里人到 MQ 县挖虫草。据 SNAJ 讲，挖虫草是有时间限制的，村里人每年农历三月十五日启程到草原，扎好帐篷等 2 ~ 3 天就可以挖了，挖到四月十二日左右就不能挖了。当时虫草价格便宜，1 根 2.5 ~ 3 元，现在 10 元 1 根。当时每个人交 300 元的草场费就可以挖。2007 年 5 月 SNAJ 跟同村的几个人一起前往西藏，在西藏的时候，他边在饭店打工，边挖虫草，同时学习给机械车换机油。在饭店干了两个月以后，花 160 元买了一辆三轮车卖水果，1 个月不到就不干了。2007 年 9 月—2008 年 11 月经朋友介绍在北京当保安。2009 年在当地的一家砖厂干了 4 个月，下半年在同村当上门女婿，其间考取了驾照。半年后离婚并和她人再婚。他现在的妻子在 AB 公司上班，每月工资 2200 ~ 2400 元，每周休息 1 天，早上 8 点上班，晚上 6 点下班。有 1 个儿子在 T 村上小学。笔者访谈村长的那天正好是六一儿童节，SNAJ 没有给儿子准备礼物，儿子也没向他要礼物。农村的孩子在消费层次、方式、理念等方面与城市孩子仍有差距。城市的孩子在过年、过生日、六一儿童节的时候可以收到想要的礼物。在网络、大众媒体、商家的大力宣传下，无论是农村人还是城里人都热衷过节，特别是有象征意义的节日。然而，能否收到礼物与经济实力相关，没钱的人就只能看看别人晒在朋友圈的礼物。2010—2014 年 SNAJ 在县城开出租车，月工资 1600 元。SNAJ 家共有 3 亩多地，于 2013 被政府征用，属于第二批土地被征用的，获得补偿款 60 万元。2015 年 3 月，SNAJ 花 37 万元买了 1 辆自卸车，给县城工地拉料，并开了 1 家沙场。他由被雇佣走向依靠技术自营，逐渐积累资本，收入得到极大的提高。利用自卸车挣钱，年收入能达到 10 多万元，除去 4 万 ~ 5 万元的保养维修以及保险费，收入远高于打零工或其他受雇佣的打工者。2021 年 3 月，SNAJ 当选为 G 村村长，村长的工资 1 年 8000 元，远低于外出务工者，并且村中繁琐事务多，当选者出于为村庄共同体服务的理念恪尽职守。当村长期间，SNAJ 雇用了 1 名自卸车司机，沙场也因为无照经营而被迫关闭。SNAJ 的姐姐离婚两次，带着 1 个儿子和 SNAJ 一家生活在一起。2018 年 SNAJ 给姐姐修了一院房子，花费 36 万多。SNAJ 自己的房子没有翻修。开沙场、自卸车的几年，他积累了一些存款，也因此陷入借贷的纠纷中。SNAJ 原打算买一辆 40 多万元的奥迪车，后经朋友们的劝说买了一辆 10 多万元的车，原本打算买好车的钱被一个朋友借去，他的朋友承诺一年后还款，三年后都没还上，无奈之下 SNAJ 起诉到法院。还有其他亲戚朋友小数额的借款，都因为不能按时还款而彼此闹得不愉快，在经历了几次不愉快的借钱经历之后，SNAJ 认为亲戚朋友之间不能借钱，借钱容易伤感情。现在 SNAJ 的奋斗目标是努力存下 10 万元用来应急。

回看 SNAJ 的人生轨迹，单亲家庭、家境贫困、家庭资源的极度匮乏导致他无法积累向社会上层流动的人力资本，小学毕业就辍学，受教育程度低的他只能就业于低层次的社会岗位，工作流动频繁，漂泊不定是常态。然而，SNAJ 并非对自己的人生毫无规划、甘于贫穷，而是勤奋努力，承担起家庭责任，并以学习技术考取驾照弥补教育不足，这也解答了笔者前文所提到的 SNAJ 为什么对自己人生经历记忆犹新。因为缺少家庭庇护，人生的每一步都要靠自己去闯，生活中的重要转折要靠自己选择，所以他才会铭记那些考验他自己成长的重要事件。缺少社会资本的 SNAJ 所构建的社会关系网络狭小，可利用的社会资本为血缘、亲缘和地缘，表现为 SNAJ 两次当保安的工作均是亲戚朋友帮忙介绍的，和同村的人结伴去挖虫草、去西藏等。土地换成货币，由物质资本转化为金融资本，这些金融资本如同外部嵌入的资源给 SNAJ 带来机会，他没有将这些资本用于修房、买豪华品牌车等消费性的花费，而是用来投资，以换来更多的经济资本，实现了由受雇佣到自雇的身份转变。经过多年非农化职业的历练，开阔了眼界，积累了经验和资本，职业选择变得多元化，有效提升了规避生活风险的能力。

综上所述，中年人的城镇化具有“非农非城、亦农亦城”的二元特征，早期生活在农村社会的人生经历塑造了中年人的价值理念、消费观，在城镇化的实践中保留了农村人的生活方式，从农村脱嵌的中年人因人力资本、社会资本不足以及客观制度制约难以嵌入城市、扎根城市，农村和城市的两栖流动，表现为农村中年人既不想回到农村也融不进城市的“双重脱嵌”处境。

三、异地城镇化的年轻人

笔者这里划分的年轻人指刚从学校毕业进入社会，还没有结婚成家的群体。这部分人普遍有较高的学历，大多数人大专及以上毕业，他们学校毕业后即进入城市，认同城市生活方式，市民化的意愿和诉求强烈，不满足于小县城低收入、内卷化的生活状态，大城市丰富多彩的生活吸引着他们。根据笔者的调研，T 村和 G 村的青年劳动力主要流入天津、南京等地的电子厂以及广州、西安、兰州、拉萨、西宁等城市。到东南沿海城市电子厂打工的年轻人通常以村为单位集体外出，以地缘为主的初级社会网络在就业之初发挥重要作用。进入东南沿海等大城市的青年群体，因为高昂的市民化成本和门槛，最终会返回本地县城或进入其他市民化成本较低的城市。在中西部城市务工经商的年轻人，经过个体努力，积累向上流动的经济资本、社会资本等，部分人会在城市买房定居转变为市民。T 村和 G 村流动到异地城市的年轻人除过年外很少回家，因此，对他们的调研以访谈其家里人的方式间接进行。27 岁的小 Y 因为帮忙照顾弟弟的孩子从广州回来以后就没有外出。她弟弟是本村农家乐的厨师，弟弟的大女儿才 1 岁时，弟媳又生了二胎，父母要经营加工僧帽的生意，无人照看小孩，只好让她暂时帮忙。未婚的小 Y 生活在由弟弟一家、父母组成的扩大家庭中。家庭成员之间亲密关系的维持基于角色分工之上的家庭责任的承担，尤其是兄弟姐妹之间亲缘关系的维系要以互助为前提，互相帮助、为家庭做出人力、财力等贡献，才能保证家庭资源分配的相对平衡。然而个体能力的差异性，必然导致家庭内部地位、权力、话语权的不同。在小 Y 家，父亲拥有绝对的权力，大小事务都由父亲裁夺。她的父亲认为小 Y 年纪不小了，女孩子不应该总是在外面漂泊，作为家里老大，小 Y 必须马上嫁出去，所以让小 Y 照看弟弟的孩子，等待相亲结婚。小 Y 之前在广州干销售，工作不稳定，每月的收入必须省吃俭用才能略有结余，由于平时接触的大多是跟自己收入差不多的销售顾问，与城市中上层的往来停留在业务层面，难以通过婚姻实现社会阶层地位向上流动。对于是否再外出，小 Y 也很矛盾，一方面县城缺少企业、公司，自己在大城市积累的销售经验、能力等无用武之地，可供选择的工作只有饭店、宾馆服务员等，她不甘心从事依靠体力的工作。除此，县城的生活单调枯燥，早已适应大城市快节奏、丰富多元生活的她不习惯按部就班、平淡如水的小城镇生活方式。另一方面，虽然城市机遇与挑战并存，然而自己所从事的工作处于城市职业分层的底端，依靠自身的努力打破阶层固化、实现向上流动无疑困难重重。日趋激烈的就业竞争，无处不在的失败与挫折让她时常感受到的是城市的冷漠与排斥。她向往城市理性、充满科技感的生活，然而无法在大城市实现买房定居。单身时可漂泊在城市，一旦结婚生子，就得为子女将来的教育早作打算，不能享受城市社会保障服务的她们，最终只能返乡或将子女留在农村，自己则在农村和城市之间迁徙流动。总之，新生代农民工处于双重脱嵌的状态，他们不想回到农村又融不进城市，如同小 Y 面对的矛盾一样。

异地城镇化的年轻人还未承担起养家糊口的家庭责任，加之父母尚且年轻，有能力自养，因此，很少有年轻人给家里寄钱。父母只知道他们大概的收入，并认为孩子们在大城市消费高，工资难有结余属正常现象。嘛尼节期间，离家较近的年轻人回家过节，参与村集体活动和仪式。从他们的衣着打扮看，消费层次较高，品牌意识浓厚，喜欢时尚和潮流，他们以物的消费实践、强化城市认同。对于笔者所问到的身份认同问题，他们全部回答为市民。农村、农村人是他们不愿驻足的空间，不想成为的身份。虽然年轻人相对于父辈教育程度高，但在人才汇聚的大城市仍缺乏竞争力，大多数人更换工作频繁，流动不定的生活让他们较难积累人力资本、社会资本与政治资本。城市虽承载着他们的理想和梦想，但城市高昂的生活成本和房价令他们难以承受，一旦结婚生子，返回生活成本较低的本地城镇是理性的抉择。少部分人抓住商机创业成功，在中等城市或省会城市买房定居，实现彻底市民化。

四、走出去的妇女

两村少数几家无地产的妇女，早年就跟随丈夫在外务工或经商，年老后，返回农村帮子女带孩子获得代际支持以保障养老。大多数家里有地的中老年妇女，在失地前以经营农业为主，失地后，60 岁以下的妇女有机会实现非农化的就业，增加家庭收入，精准扶贫户可获得公益性岗位，从事环卫工人、护林员、保洁员的工作。中老年妇女受年龄限制，从事不了几年非农化的职业就要退回家庭，她们对将来失业在家，无地可种，难有保障的生活表示担忧。中年妇女的家庭大多是从扩大家庭分化出来的核心家庭。在人多地少的 T 村和 G 村分出来的小家庭能分到的土地很少，这样的家庭单纯依靠土地生活难以为继。半工半耕是家庭主要的生计方式，失地后，她们全身心地投入非农职业，或在建筑工地打零工，或就职在服务行业，或自己经营农家乐、蔬菜店、超市等。对她们来说，土地的保障功能有限，土地是否被征用都无所谓，她们关心的是在哪里挣钱，挣更多的钱。青年女性对土地的感情更为淡漠，即使土地不被征用也不会经营农业、以种地为生。大众媒体所推崇的物质极大丰富的城市是她们所追捧和向往的。总之，土地被征用，一定程度上加速了女性再社会化进程，女性尤其是中年妇女得以走出家庭进入社会，实现经济独立自主，承担起更多的社会角色，在与不同群体的接触中扩大了社交网络，提高了家庭与社会地位。有的妇女，因为家庭的缘故，重新返回家庭、丧失经济地位时往往会产生脱离社会的诸多不适应感。

访谈 ZXJ 的那天下大雨，到 ZXJ 家时她正在倒换家里的家具，把主卧的家具换到旁边的房间，走廊里堆满了零碎的物件，显得凌乱拥挤。ZXJ 本人因为搬家干活未收拾打扮，由于下雨天气冷，她穿了一件略显旧的紫色羽绒服，头发凌乱、随意地扎成马尾。她带领笔者到客间，客房烧着炉子，燃料为牛粪。三岁半的小儿子在床上玩手机。常年在拉萨一家宾馆工作的 ZXJ 极善言谈。她小学毕业，18 岁在成都一家饭店学习了三年酒店管理知识。1999 年去拉萨，在舅舅的宾馆工作。她舅舅的宾馆位于边境线上，距离中印樟木口岸两个半小时的车程。住宿的客人基本上是来自全国各地的游客，来此地旅游主要是观看珠峰日出。每年 7—8 月份是旅游的旺季，旺季时，她们的 25 间房每天客满。宾馆主要是她和老公两个人经营，他们的大女儿留给母亲带。ZXJ39 岁再次怀孕，怀孕后身体不能适应高原气候而返回 H 县老家，生完二胎以后因为孩子没人照看，加之通行证不好办等诸多原因再没能去拉萨。ZXJ 的老公最后也返回 H 县。她的老公出身于四川甘孜的牧民家庭，9 岁到 W 寺出家，19 岁还俗。她老公没有上过学，不会汉语、不识字，不能到外地打工，于是买了一辆三轮车，在 W 寺周边以拉货养活一家四口人。1 天能挣 50 ～ 60 元。微薄的收入使他和老公不得不精打细算、省吃俭用。然而，儿子的奶粉和尿不湿 1 个月就要花掉 1000 元，还有一家人吃的、喝的、用的等，常常让这个小家庭陷入入不敷出的境地。他们的大女儿学习好，每年都能拿奖状。“我女儿今年又评为‘三好学生’，为了奖励她，我带她吃了鸡翅。这几天给大女儿买六一表演的服装、奖励聚餐等就花掉了 500 元，我老公埋怨说，过个节就花掉了他 10 天的工钱。”从早年经营宾馆生意的职业女性到现在带孩子的家庭妇女，由时尚潮流、经济独立变得与外界脱节、缺少交流、经济依附于老公，身份的改变、经济处境的困难让 ZXJ 感觉很憋屈、郁闷，也没有心情收拾打扮自己，盼望尽快出去工作。县城酒店大堂经理 1 个月 3000 ~ 3500 元的工资，远低于自己在拉萨时 8000 ~ 10000 元的工资。刚开始她觉得留在县城工作工资太低。如今，随着时间的推移，自己年龄逐渐增大，酒店等服务行业倾向于招收 18 ~ 30 岁的年轻人，自己逐渐丧失了年龄优势，她现在的想法是只要有个工作就行。

闲暇时间 ZXJ 喜欢刷小视频、自拍、网购等。喜欢网上购物是因为网上的东西相较实体店便宜。ZXJ 在日常生活中所呈现的形象与微信朋友圈、小视频软件中的自我表演判若两人。日常生活中，她忙于带孩子，很少化妆、穿衣风格随意，而展现在微信朋友圈、小视频软件中的她，时尚、潮流，化着精致的妆容、戴着一副大大的耳环，衣着时尚，生活散发着小资情调，朋友圈所晒的主要内容是家人在农家乐聚餐、喝茶，自己赏花、唱歌、跳舞等才艺展示。翻看 ZXJ 的朋友圈，有许多关于人生感悟、生活感想的心灵鸡汤。

调研中发现有不少与 ZXJ 经历类似的妇女，她们早年在外务工，结婚生子以后不得不返回家中照顾孩子。被家庭绊住的女性相比其早期的人生经历，表现出经济地位、消费水平下降，与外界相对隔绝的状态让她们难免出现烦闷、焦虑的情绪。不少人渴望尽早出去工作，在广阔的社会舞台实现自我价值。也有少数回归家庭的妇女找到其他人生乐趣，扩大了社交网络，生活变得多姿多彩，如调研中遇到的喜欢跳广场舞的 YQM。

YQM 是笔者遇到的性格开朗，家庭关系包括婆媳关系以及人际关系处理得较好的年轻女性。她早年跟随丈夫在本县各个乡镇干装修工作，公公去世后，婆婆一个人难以照顾两个上学的孩子，因此她回到家中专职照顾、接送孩子上学。T 村小学的学生和老师以藏族为主，老师授课、开家长会都说藏语，小孩子们之间也说藏语，汉族的学生几乎听不懂老师所讲的内容，家长看不懂老师在微信群里布置的作业，不同民族的学生交流存在语言障碍。因此，很多家庭会将孩子转入用汉语授课的县城小学。YQM 的孩子在 T 村小学上了一个礼拜后就转到县城。为了子女接受良好的教育，家庭理性选择的结果通常为女性回归家庭，专职照顾子女。YQM 回归家庭之后，维持一家五口人生活的重任，就落在丈夫一个人身上。另外，他们家有 1 间临街铺面出租，承租人主要经营文具及学生用品，消费对象为附近藏族中学的学生，因为藏中是寄宿制的，学生两个礼拜出一次校门，难得出来放松心情，学生们就会去县城逛街和购置学习用品，因而承租人的生意不太好，相应地，铺面的租金就低。虽然家庭经济并不宽松，但丝毫未影响 YQM 对兴趣爱好的追求，她喜欢跳舞，是村里广场舞舞蹈队的一员。村里的广场舞舞蹈队组建了一个名为“阳光健身队”的微信群，平时跳舞或外出演出的时候领队人就在群里发通知。7—8 月份旅游旺季时，H 县文化馆会举办群众文化常态化会演，以丰富群众业余文化生活，提升旅游文化氛围，向外地游客和本县群众展现 H 县独具特色的藏族民间歌舞、现代与传统相结合的各类表演。“阳光健身队”每个周末参加县上组织的广场舞大赛，这样的比赛每人能得到 1000 元的补助金。每年 3000 ~ 4000 元的补助金显然并不是 YQM 跳广场舞的初衷，她更多的是通过参与活动彰显自信，扩大社会网络，丰富人生经历，减少回归家庭导致与社会脱节的落寞感。空闲时间 YQM 会和跳广场舞的朋友相约旅游、逛街、在农家乐或其他餐馆 AA 制聚餐，过着“小镇青年”的小资生活。广场舞健身队为她营造了归属感，通过非正式的组织，实现个体与集体的互动、重构。浏览 YQM 的微信朋友圈，让人感觉她是民间歌舞艺术团的演员，关于演出团表演、聚餐与外出游玩的视频、图片是她朋友圈呈现的主要内容。她在社交媒体的表演与在日常生活中所扮演的角色存在“差距”，这种距离感是农村妇女再社会化的主要动力，驱动农村妇女走出家庭、走向社会，积累向社会上层流动的社会资本。

在“男主外，女主内”的性别分工模式下，女性往往承担照料家庭的责任，活动的场域以家庭为主，男性承担养家糊口的责任。当家庭中必须有一个劳动力承担赡养和抚育责任时，家庭理性选择的结果通常为女性回归家庭。笔者在调研中，只遇到 1 户人家是男人留守在家中负责接送孩子上学、辅导作业、给孩子做饭，料理家务等。42 岁的 W 先生理应正是打拼事业、积累家庭资本的年纪，他却选择了回归家庭。W 先生之前是首饰店的店长，他解释说，销售和服务行业要求有良好的外貌形象，年龄过了 40 岁就不行了，需要重新找工作。而自己文化程度不高，没有其他技能，重新找工作只能在建筑工地打零工。如果出去打零工，那么收入与在饭店干服务员的妻子的收入差不多，而妻子不识字，不能很好地教育孩子，理性对比之后，决定由他照顾孩子。不过，W 先生认为目前回归家庭只是暂时的，男人不能没有事业，等小儿子上幼儿园以后，他就会出去工作。

除赡养和哺育责任导致女性回归家庭外，也有女性因经商遭遇失败返回家中，从事一些低风险的工作。赵女士早年在县城经营1家零食店，主要从兰州等地进货，收入虽可观但比较辛苦，自己做生意大小琐碎事都要操心，近年来政府对食品行业监管比较严格，加之店铺租金连年上涨，赵女士最后关门歇业。她本想在本村再开一家铺子，但是担心生意不好做，最后选择照看孩子之余打打零工。她不但照看自己的孩子，还帮忙照顾弟弟的两个孩子，弟弟的大儿子上初三，小儿子上幼儿园。上幼儿园的中午也要接送，偶尔母亲帮忙，母亲不会骑车子也舍不得花钱坐公交。赵女士周末就出去打零工。她的老公是焊工，主要在本县乡镇找活干，哪里有活就去哪里，工作不稳定。

被征地所带来的社会变迁，导致女性职业分层分化，有的家庭利用土地补偿款开办农家乐、宾馆、超市等，由经营农业或半工半耕变为经营商业，商业化的生计方式促使其身份向市民的转变。所调研的两村农家乐有自营和出租两种经营方式。G村的彭女士之前在兰州打工，后来因为小孩上学的缘故返回老家和父母共同开了一家集住宿和吃饭为一体的农家乐。她们家有2亩多地，利用土地补偿款、贷款修建了农家乐。她家的农家乐共建有两层，二楼是吃饭的包间，一楼住宿。农家乐的消费群体为本地县城人，她以发微信朋友圈和拍短视频的方式宣传。民宿的消费对象为游客和附近的民工，她通常在网上打广告宣传。近几年，游客对民宿的要求逐渐变高，要求有洗澡设备和独立的卫生间，她们家的民宿因缺乏洗澡设备缺少竞争力，加之没有暖气，冬天只能关门停业，真正营业挣钱的时间最多为半年。除去厨师的工资和其他成本，彭女士说农家乐的盈利只够她们一家人生活。彭女士表示不会选择种地，“现在种地都是机械化的，机器和人力的投入加起来比土地产出多，种地不划算”。王女士是县城一家饭馆的洗菜工，工作三年，月工资一直为2500元，老公在建筑工地打零工，三个孩子都在上大学，较大的家庭支出，迫使他们夫妇想尽各种办法增加家庭收入。他们在自家院子加盖了4间民宿，租住的一般是附近工地的民工，每个月300～400元，平时住宿1间1晚80元。除加盖民宿外，他们准备在自家院子开农家乐，近期办下了农家乐的牌子，待其他设施购买齐全之后就开张。农家乐的启动资金大概为30万～40万元，光靠她和丈夫的工资近几年很难开办起来，而她的家庭正处于消费支出的高峰期，贷款是他们将农家乐办起来的唯一途径，然而农家乐开办起来是否盈利，也是她和丈夫所面临的担忧。即使面对着各种不确定性的风险，为了生计，他们只能冒险一搏。T村临街村民家的自留地未被征用，村民在自留地上修建商铺出租或自营，有的家庭抽出一部分劳动力经营商铺，其余劳动力外出务工。经营商业与务工相结合的生计方式收入最高，这部分家庭实现了完全市民化，有的收入比城镇居民还要高。也有家庭所有的劳动力投入到经营商铺中，他们的收入也远高于以打工为生计的村民，市民化的程度较高。阳光客栈共有房间16间，全部被WX高速公路项目部承租，用作工人的宿舍，租期为两年，1年10万，客栈前面的小超市由老板娘自营。

当地企业AB公司征地时承诺每家安置1个劳动力，进入AB公司的被征地农民因为较难适应企业管理、企业文化以及工资低等原因，除1名年龄较大的男性村民在AB公司当门卫外，其余辞职自谋出路。留下的均为女性，G村有5名藏族女性，T村有2名汉族女性在AB公司上班。女性劳动力就职于企业，身份由农民转为工人，并且逐渐适应现代化的企业管理制度，社会关系网络由血缘、地缘和亲缘所构建的初级性网络向以业缘为主的次级网络转变。近年来，AB 公司提高了进入门槛，招聘的大多为大学毕业生，与拥有较高人力资本、朝气蓬勃的大学生共事，农转非的村民也因此变动积极向上、乐观开朗。

第三节　社会认同

“在城市化快速发展的进程中，全国各个层面的城镇得到了迅速发展和扩张”[①]，其中，相伴而来的是城镇周边农民的土地被征用，“失去土地的农民，生计方式、职业、社会网络、价值理念发生了根本性变革，经历剧烈变迁的农民在变革与适应中寻找身份的归属”[②]。失地农民难免会遇到“我究竟是谁，我还是不是农民，我能否成为城里人”等问题。个体拥有清晰的定位与认同，会根据社会所赋予的角色规范、行动准则采取实践行动。然而，非农亦农、非城亦城的多重边际特征给失地农民带来角色意识模糊、定位不清、身份认同混乱的困境。个体职业分化、家庭结构与规模变迁、乡村社会流动与现代化重构了群体认同，本书以实证研究的方法，从自我、家庭和社会认同分述群体认同的变迁。

① 贺雪峰:《宅基地、乡村振兴与城市化》，载《南京农业大学学报》(社会科学版)，2021 (4)。

② 于兰华:《失地老人经济参与的行动逻辑分析：基于苏中 N 市 Z 社区的调查》，北京，中国社会科学出版社，2019。

一、自我认同

受传统二元分割制度影响，在我国形成了农村和城市两种完全不同的社会形态。农村社会以农民为主体，农民从事与农业相关的生产经营活动，拥有农村户籍身份。城市社会的市民从事非农化的生产活动，社会化分工明确，商业化、市场化主导经济活动。在早期优先发展城市的一系列社会政策、社会制度导向下，城市居民与农村居民之间文化的交流被阻隔，农民被束缚在土地上，流动性很小，两种社会制度间的隔离对农民身份认知产生根深蒂固的影响。随着城镇化、工业化快速发展，大量农村劳动力进入城市务工经商，在自身人力资本不足以及难以享受城市社会保障制度的约束下，大部分进入城市的农民难以扎根城市，他们在城市与农村之间两栖往来，在身份认同方面认同“农民”或“农民工”身份。根据调研，户籍对农民身份认同影响深刻，不少农民认为自己的身份是户籍决定的。农村学生考入大学、军转干被认为是跳出农门、改变户籍、实现身份彻底转型的主要通道，其他人即使将户口转为城镇户口，也是打上深深的农村烙印。

被征地农民是城镇化的产物。“工业化和城市化的一个重要标志是产业工人增加和农民数量减少。从一定意义上说，产生失地农民是地区经济社会发展的必然现象。”① 在城镇化的建设中，部分农村的宅基地和耕地都被征收，农民被分散安置在其他社区，导致原有的村落彻底消失，农民被动地实现了市民化，由农民变为市民，并且经过生产方式、生活方式、价值观念的再社会

① 廖小军：《中国失地农民研究》，北京，社会科学文献出版社，2005。

化，最终融入城市。也有部分农村的宅基地未征用，只是征用了耕地。农民居住在原来的村落，在原有的空间场域从事变迁了的生产活动，保留了传统的邻里关系、社会关系网络以及社会治理模式，生产生活的核心圈层结构并未发生重大变迁。[①] 然而，城镇化影响下的农村已不是传统意义上的农村，它是城市的市场、网络和服务的拓展[②]，这样的农村是“城中村”，既有传统农村的特性，更有现代都市的印记，“是在城市的扩张和普遍都市化的过程中而出现的城市的农村化”[③]，农村与城市的边界混淆，进一步加速农村劳动力向城市转移就业。失地农民白天在城市工作，晚上回到农村，频繁地往来于农村与城市之间，每天多次的进行场景切换，导致他们身份认同模糊化，难以准确的定位自身。

身份认同是社会政策、迁入地市民态度、个体经济资本和人力资本等主客观多重因素综合影响之下的自我归属评价。个体的自我认知与评价具有主体建构性，相同群体间也会出现身份认同的差异性。被征地农民的流动和分化加剧自我认知的变动性。随着个体城市特性的积累，市民化的诉求就会增强，有强烈市民化意愿和能力的被征地农民认同市民身份。另外，早期非农化经历会影响身份认同。被征地前以半工半耕为生计方式的家庭，对土地的依赖性较小，土地被征用减少了他们的束缚，可以将全部的精力投入务工或经商，这些家庭对土地的情感较淡，随着无地生活的增加，对土地、农村生活方式的记忆会逐渐模糊，认同城市

① 钱全：《家庭城市化单元的代际互动与理性秩序》，载《华南农业大学学报》（社会科学版），2021（4）。

② ［加］杰布·布鲁格曼著，董云峰译：《城变》，北京，中国人民大学出版社，2011。

③ ［法］亨利·列斐伏尔（Lefebvre，H.）著，李春译：《空间与政治（2版）》，上海，上海人民出版社，2015。

生活方式，适应城市文化、接受城市社会价值理念，在身份认同上认同市民身份。经营农家乐失败的S先生又通过贷款在旅游景点开了1家宾馆，他认为被征地进一步激发了自己改变命运、转变身份的斗志，通过投资开发生意他接触的都是城里人或游客，自己本身与城里人没什么区别，历经市场沉浮的他完成了身份的转型。被征地前就以经营商业为主，将土地租给他人耕种的人家市民化的程度更高，土地补偿款为他们扩大生意提供了金融资本，被征地一定程度上加速了他们市民化的程度。创业投资成功的人在县城之外的大城市买房定居，实现社会阶层向上流动，成功转为市民。农民无地可种并非必然贫困又失业，有些家庭利用土地补偿款、早期的资本积累以及空间地理优势实现了市民化的转变。县城的扩张、政府机关的搬迁导致T村一带车流、人流增加。马老汉经营的超市因在马路边而生意越来越好。虽然马老汉认为土地是农民的根本，有土地就有保障，但在自我身份认同方面他认为自己是市民。中老年妇女认为即使现在不种地，她们骨子里还是农民。年龄大的妇女在“男主外，女主内”性别分工模式影响下，以照顾家庭和经营农业为主，较少有机会外出。被征地后，她们因为年龄偏大、文化程度低、缺少技能而无法在城市就业，60岁以下的妇女还可从事公益性岗位，如环卫工人、保洁员与护林员等，60岁以上的妇女就只能彻底回归家庭，照顾孙子、料理家务。年老的妇女习惯了省吃俭用的生活方式，尤其随着物价上涨日常花销增大，她们变得更加精打细算，尽可能地减少开支。但是她们对于年轻媳妇花销大的行为采取默认、理解的态度，认为世道变了，年轻人追求消费是一种潮流，她们管不了也不会去管。早期经营农业的人生经历以及没有能力实践城市消费方式的中老年妇女认同农民的身份，认为她们住在农村，过着城市的生活方式（主要是指不再种地），本质上还是省吃俭用的农民。笔者访谈的Z女士是环卫工人，丧偶、儿子儿媳妇是残疾人，一家五口人主要依靠她每月2000元的工资生活，Z女生今年58岁，环卫的工作也只能再干两年。虽然家庭贫困，然而根据笔者的观察，Z女士相较同龄人注重打扮，她烫着卷发，戴着珍珠项链，衣着整洁，闲暇时间喜欢刷小视频，浏览微信朋友圈。Z女士坦言自己喜欢城市生活方式，表示要是有一笔资金，自己会做生意。农民市民化是一个持续渐进的过程，表现为经济、社会、心理和文化多层次的渐进融入。年轻人向往丰富多彩的城市生活方式，市民化意愿强烈，更倾向于认同市民身份。

二、家庭认同

家庭对中国人而言，意义重大，"它不仅是一个婚姻生活单位，同时也是一个经济和社会生活单位，承担着生产与消费、赡养、祭祀、生育与教养、婚姻生活和精神娱乐等多种功能。"[①]家庭结构是指具有血缘、姻缘及收养关系的成员共居和生活在一起所形成的各种家庭类型。[②]中国家庭结构具有复杂性和多样性。马志雄根据亲属关系和代际结构将家庭结构分为核心家庭、直系家庭、复合家庭、单人家庭、残缺家庭和其他家庭6个类型；并对这些分类根据家庭成员的婚姻状况、性别、年龄等特征进行二级分类[③]。根据马志雄的分类，笔者所调研的村落家庭结构有以

① 周晓虹：《传统与变迁：江浙农民的社会心理及其近代以来的嬗变》，北京，生活·读书·新知三联书店，1998。

② 马志雄：《被征地农民的生计策略研究》，北京，中国社会科学出版社，2018。

③ 马志雄：《被征地农民的生计策略研究》，北京，中国社会科学出版社，2018。

下几类：1. 核心家庭，其中有标准核心（只有夫妻二人与未婚子女）、缺损核心（只有夫妻一方与未婚子女）、隔代核心（夫妻或夫妻一方与未婚的孙子及以上的后代）等家庭类型；2. 直系家庭（扩大家庭一对夫妻与父母和未婚子女构成的家庭）；3. 单人家庭（一人独居的家庭）；4. 其他。家庭结构、类型与规模决定家庭成员的分工。家庭分工是依据家庭成员的性别、年龄及个体能力（受教育程度、掌握技术、思想观念开放等）所进行的理性劳动分配。社会结构的变迁、生计策略的转型导致家庭内部产生新的社会分工，个体掌握的社会资本、经济资本、文化资本出现分化，家庭成员内部的权力、地位、话语权进行着解构与重组。失地加速失地家庭成员社会分工转型、角色扮演及家庭认同。

失地前，T 村和 G 村的标准核心家庭以半工半耕为生计方式。传统的性别分工模式为“男主外、女主内”，家庭中的男性劳动力在务农的同时兼务工或经营小买卖等。也有家庭因为地少的缘故，由妇女专营农业，男性以经商为主。被征地后，半工半耕的生计模式转为完全非农化，男性劳动力完全投入到非农化的职业中，文化程度低、缺少技术、身体健康的人在建筑工地以打零工为主，打零工受天气、身体等因素影响收入不稳。之前就经营小本生意，如开超市、经营其他实体店的人，利用土地补偿款扩大经营，积累财富，家庭经济条件明显改善。女性因为被征地有了更多的选择机会，家庭抚育责任不大（比如孩子已经上高中或大学，不需要接送和做饭等）的女性可外出工作，外出工作的女性或跟随丈夫务工、经营生意，或单独在餐馆、酒店、建筑工地打工、经营实体店等。女性走出家庭进入社会，实现收入增加，社会网络扩大，家庭地位、社会地位以及市民化的水平提高。然而家庭抚育责任大的妇女，如孩子还比较小，或者处于低学龄阶段需要接送和照料，妇女就专职照顾孩子、料理家务等。笔者调研期间遇到3位年龄不到30岁的年轻妈妈因为家中老人身体有病不能带孩子等原因，而由她们在家专职带孩子。目前所扮演的家庭角色、生活现状与自身所期望的社会角色、生活之间的差距和张力导致这几位年轻的妈妈不喜欢与外界交流，将自我与外界区隔。从她们的衣着、外貌打扮看，其消费水平较低。有的妇女之前在外工作，因为生了二胎的原因，由原来时尚、生活丰富多彩、消费相对自由的城市化女性变为没有时间、心情、金钱打扮自己的农村家庭妇女。这种被动的转变是家庭性别分工下的无奈之举。核心家庭一般是从扩大家庭中分离出来的小家庭，土地拥有量较少，有些家庭甚至是无地户。因此，土地的征用对男性职业影响不大，主要影响女性再社会化与家庭认同。土地征用带来女性职业分化，实现成功转型的女性眼界开阔、思维活跃，掌握家庭财产支配权和发展话语权。失地即失业的女性经济上依赖丈夫、消费水平不高，外出工作、实现经济独立的愿望强烈。

缺损核心家庭在调研的两个村落所占的比例较少。这类家庭因为缺少劳动力、家庭结构不完整而缺乏资本以及各类资源，无疑是村落中的贫困户，并且家庭成员的生计暴露在风险之中，家庭很难支撑个体的跨越发展，“寒门难出贵子”，贫困有在代际之间传递的可能性。33岁的DJC一年前与丈夫离婚，独自抚养两个女儿，并且她没有向前夫要两个孩子的抚养费。因为两个孩子都处于低学龄阶段需要接送和照顾，她不得不辞去藏医院的工作。她自己的父母虽然也在同村，但因为父母身体有病不能帮忙照顾小孩，生活的一切重担压在一个年轻的女性身上。目前的生活依靠之前的积蓄与父母的接济应付，对于将来如何打算，DJC表现得消极、悲观，她还没有从丈夫背叛、离婚的伤痛中走出来。年轻夫妇组建家庭通常需要父母的代际扶持，如建新房、房屋装修等。DJC 一家的房子就是她父母利用土地补偿款修建的，即使家庭中的重大支出可通过代际合力完成，如果家庭遭遇变故，如离异等，家庭收入就会迅速减少，新建立的家庭因为缺少资本积累而暴露在各种不确定的风险之下。另外，隔代核心也是生计极其脆弱的家庭，一般是爷爷奶奶和未成年的孙子组成的家庭。有土地的时候，老人以种地养活一家人，虽不能保证生活的质量，至少能保证温饱，失地必然导致隔代核心家庭失业又贫困。在生计的重压，老人不得不想尽办法继续投入生产。75 岁的沈老汉与老伴儿因为儿子夫妇双方的不幸离世而要抚养 4 个孙子。土地没有征用的时候，他们种地虽然辛苦尚能保障孙子们的吃饭问题，失地即失业无疑将这个只能依靠土地为生的贫困家庭推向更加贫困的境地。穷则思变，没有任何人力资本与社会资本的农村老人，利用自己善于经营农业的优势，从事与农业相关的其他副业化解生活的难题。沈老汉利用土地补偿款养了 3 头猪，买了一辆老年电动车给猪拉菜，辛勤的付出总会有回报，经过老两口的努力，保证了家庭生活的延续。

扩大家庭在调研的两个村子所占比例较大。家庭成员因为社会变迁、生计转型重新分工不分家，保证了家庭抵御风险的能力。失地前，扩大家庭成员的分工为老人在家务农、照顾留在家中的孙子，年轻的夫妇外出打工，形成代际分工的半工半耕生计模式。老年人因为耕种土地保证一家人吃饭问题拥有较高的家庭地位和决策权。被征地后，老年人由原来的生产者变为依附子女的被供养者，由原来的经济生产者变为消费者，经济地位下降就难有决策权，在家庭中处于边缘、从属和依附的地位。老人以照顾孙子、操持家务的形式继续投入家庭生产，实现代际支持，从而解放了家庭中的其他劳动力尤其为女性提供了就业的可能，变相地为家庭经济收入的增加作出贡献。随着家庭对孩子教育的逐渐重视，老人以陪读的方式为家庭作出的贡献得到更多的肯定。“现在不重视教育不行，缺技术、少文化的，打工都没地方打，打工都要求大专学历。”（男　汉族　55岁）即便是从事家务劳动，老人也要学会一些技能以适应转变的角色。“为了接送孙子、买菜学会了骑电动车，刚开始磕磕绊绊的，头上都摔了一个大包，现在技术娴熟，在大街上骑车也不害怕了。”（女　藏族　53岁）部分60岁以下的中老年妇女边照顾孙子边从事公益性岗位，每月有一定的收入。但是家庭中的主要收入依靠年轻人，一大家子人生活在一起难免花销大。“为年轻人去哪里挣钱担忧。年轻人如果出去找不到工作，或工作中遇到不顺心的事回来心情不好，我们也跟着难受。我们尽可能地省吃俭用，减轻年轻人的负担。”（女　藏族　53岁）个别有某项技能的老人，被征地后仍然是家庭经济收入的主要贡献者。李先生夫妇从事加工僧帽的生意，主要生产格鲁派的黄色僧帽，W寺每年都举行法会，因而对僧帽的需求量大，生意相对较好。平时虽然生意少，总是有活干。另外，他在自家院子门前加盖了1间商铺出租，1年租金3000～4000元，他的儿子是本村一家农家乐的厨师。他有两个孙子，因为他们夫妇要经营生意，孙子由他的大女儿帮忙照看。大女儿原本在广州打工，弟弟生了二胎以后就暂时帮弟弟照看孩子。一家人通力合作，保证了稳定的收入、和谐的家庭关系，积累了家庭财富、提升了家庭应对风险的能力。

独居的单人家庭无疑是社会弱势群体，多为身体残疾难以成婚或独居的老人。这些人无论是物质层面还是精神层面处于赤贫状态，生活缺乏目标与奋斗的动力，慵懒散漫、得过且过，依靠救济、低保和补助为生。

快速发展的城镇化加速了农村社会的流动性、现代性与开放性，越来越多的农村青壮年携带家庭流入城市，深受城市文明洗礼，实践城市生活方式，认同城市价值观念。认知与行动层面已城市化的农民不会再将农村视为最终归宿，而是将农村视为暂时不能扎根城市的过渡。城市化的农民在农村与城市之间往来迁徙，致使农村的家庭因流动的人而流动，以夫妻关系为主轴的家庭逐渐代替了传统的以父子关系为主轴的家庭结构，家庭成员因经济地位、价值观念变迁而重新分工。在G村与T村的家庭中表现为传统与现代因素共存，一方面失地改变了家庭成员的角色分工，尤其加速了女性社会化；另一方面，老人的家庭主导地位有所下降，表现为老人较少参与家庭的决策类活动、不干涉年轻人的行动，但尊老、敬老的传统美德得以传

图 4.5　加工僧帽

承；还有一方面，中年人选择本地城镇化除人力资本低下外，一个很重要的原因是家中有老人要赡养，几代人生活在一起形成代际合力，对抗不确定性的风险。

三、社会认同

社会认同的内容广泛多元，包括“社会个体对政治、经济、道德、文化乃至领土、人民、传统等社会构成要素的认同，但也可以是社会个体对社会上流行的观点或社会治理者的政策措施和思想理论的认同”[①]。在农民工相关研究中，更加强调社区认同、城市认同和乡土认同。[②]在乡土与城市、传统与现代之间来回穿梭的农民工的社会认同表征出多元性、流变性，包括对乡土社会的认同、对城市社会认同以及自我身份的认同，而且这些认同随着具体语境的变迁而变动。城市融入水平高的农民工更加认同于城市文明、城市生活方式，对乡土记忆、传统社会经验会逐渐变得模糊。在城市融入中面临诸多困境的农民工，对乡土社会保持深厚的情感，将农村视为最终归宿，总是积极主动地参与乡村事务治理，是乡村社会的行动主体，认同农民身份，将自我定位为城市的漂泊者。有研究认为农民工是城市的边缘群体，融不进城市回不去乡村的双重脱嵌状态导致他们的社会认同模糊化、内卷化，只认同于本群体，社会网络进一步同质化。（谢启文，2011）失去土地的农民从事非农化的生计方式，部分家庭转为城市户

① 江畅、李历：《社会共识及其与社会认同的关系》，载《中南民族大学学报》（人文社会科学版），2020（5）。

② 朱迪、王卡：《网约配送员的社会认同研究——兼论“新服务工人”的兴起》，载《山东社会科学》，2021（5）。

口，他们已不再是传统意义上的农民，但又缺少完全融入城市的条件，享受不到相应的制度性“市民待遇”，如缺乏在城市谋生的手段和完善的社会保障，因而成为非农非城的边际群体。认同于“农村人”还是“城市人”与被征地农民的年龄、受教育程度、经济收入、城市融入的程度以及城市市民的态度相关。郁晓晖、张海波认为，“被征地农民的社会认同是源自于他们对过去社会结构的历史记忆和现在社会时空转换中的体验，呈现出身份角色的错位性认同、土地情结的鸡肋性认同、经济生活的剥夺性认同和制度环境的失衡性认同。”①孟祥斐、华学成认为：“社会认同主要反映失地农民在被动城市化过程中的心理感受，包括对自身在经济适应、心理适应与社会适应层面的感知，以及他人对自身感知的承认与接受程度。”②谭日辉认为：“在城市化进程中，社会认同是利益群体的分化与整合、价值冲突的生成与协调的主观依据。”③周爱民认为：“社会认同是人们在特定的社会历史情境下，运用所在地域的集体记忆、个人梦想、权力体系等材料建构出来的‘一致性’。”④学者认为社会认同属于主观建构，是对自身归属于哪个群体的分类，这种分类依据个体是否具有群体特征而主观认定。对被征地农民而言表现在对自身经济、社会以及心理层面是否融入城市的主观评价，以及城市市民是否接受与承认

---

① 郁晓晖、张海波：《失地农民的社会认同与社会建构》，载《中国农村观察》，2006（1）。

② 孟祥斐、华学成：《被动城市化群体的转型适应与社会认同——基于江苏淮安市失地农民的实证研究》，载《学海》，2008（2）。

③ 谭日辉：《社会认同视角下失地农民的市民化研究》，载《湖南社会科学》，2014（6）。

④ 周爱民：《社会认同的影响机制——一个征地拆迁中矛盾化解的解释模型探讨》，载《城市发展研究》，2017（6）。

他们的自我评价。被征地农民社会认同还建立在与自己过去生活纵向比较以及与城市居民横向对比的结果之上。被征地农民的现代化由政府主导推进，农民自身缺乏选择性和实践的自主性，导致被征地农民形成抗拒性认同或一种模糊性的认同。

在我国，“农民”既是一种身份也是一种职业，通常是指以经营农业为生，拥有农村户籍的人。在城市经济快速发展的拉动下，大量农村青壮年劳动力进入城市从事“非农”职业，流动在城乡之间的打工者，认同外界赋予的“农民工”身份，也有不少人认为自己只是在城市打工挣钱，户籍、社会关系网络仍在农村，自己的身份仍然是农民。失去土地的T村和G村村民在身份认同上产生了混乱。“没有了土地，不再种地的人还是不是农民?”关于“农民”身份的认同出现了代际分化。老年人认为即使没有了土地，身份是改变不了的，更何况户籍还未改变。家庭中的主要劳动力因被征地加速向城镇流动，回农村的次数和频率减少，与农村的联系逐渐减弱。尤其是一些核心家庭，携带子女到务工的城市接受教育，最终能在城市扎根是他们奋斗的目标。农村再没有牵挂的人和事，他们好几年才返回农村看看，因而不再认同农民的身份。对一些扩大的家庭来说，因为父母留守在农村，逢年过节都会返回农村探望父母与家人团聚，认为自己的根脉在农村，自己是走出农村但未跳出农门的人，身份认同具有多元性。除此之外，被征地加速了女性非农化进程，推动中年女性从家庭领域进入社会领域，对于提高女性社会地位、城市融入水平以及自我价值认同产生了积极作用。被征地前，家庭理性选择的策略为中年妇女留守在农村照顾家庭、从事农业生产，维持家庭半工半耕的生计方式。被征地后，为了增加家庭收入，她们跟随丈夫外出务工经商，或者在本地县城边打工边照顾家庭，从家庭、农村走向社会、城市，个体活动的空间扩大，思想观念发生转变，在接受新思想、新媒介的熏陶中，接受城市的生活方式，认同城市文化，实现个体再社会化。

第四节　空间、资源与发展：G村与T村比较

“工业化过程就是资本不断向空间扩张的过程。资本不断冲破各种空间限制，不断让不同的空间都资本化。”[①] 工业化、城市化的快速发展，一方面促使城市资本向乡村空间渗入，城市文明、城市生活方式进入乡村，另一方面推动农村资本向城市流动，加快社会的流动性。“马克思和恩格斯将这种因资本主义扩张而普遍化的现代性空间（或城市）的力量称为使‘一切固定的东西都烟消云散’。”[②] 城市空间扩张的初期，农村是城市的依附，为城市的发展提供资源、要素与劳动力，伴随城市空间不断扩张发展，城市周边的乡村空间逐渐内化为城市的组成部分，城市又开始向更边远的区域拓展资本空间。乡村与城市是两种完全不同的物质空间、文化空间及权力空间。占据优势地域空间的乡村，实现了资源与空间双重优势耦合，能够将资源转化为资本，成为携带资本进城的空间载体，从而在城市空间的扩张中迅速内化为城市的组成部分。原来的“农村人”借助资源优势实现经济、社会与心理层面融入及身份转型。

① 孙全胜：《论马克思“空间正义”的理论形态》，载《内蒙古社会科学》，2021（5）。
② 朱晓阳：《“乡—城两栖”与中国二元社会的变革》，载《文化纵横》，2018（4）。

一、地理空间与发展

G村与T村是相隔一条马路的两个自然村。民族构成、地理空间、外部资源输入方面的差异性，导致两村在城镇化、工业化的浪潮中呈现出不同的发展现状、模式与社会分层。G村是以藏族为主的多民族多宗教信仰的村落。各民族在长期的交往交流交融中，文化相互渗透相互借鉴，表现为生活在共同的场域，产生语言、民俗节庆、宗教信仰以及建筑文化象征符号等方面的融合。T村是一个纯汉族村落，其四周分布的均是以藏族为主的村落。

两村均为全域旅游专业村。在村容村貌方面，T村巷主干道建设了文化墙，绘有关于社会主义核心价值观的宣传彩图、文字等，并挂有学习党史的横幅标语。据T村村长讲，以前，村子大部分人家的院墙是用红砖砌成的，近两年，国家给T村投资了乡村风貌改造项目，位于主干道人家的院墙裹了一层浅红色水泥，并雕刻了与农业文明相关的宣传画。T村在村落公共空间安装了简易的健身器材。G村没有建设文化墙也没有悬挂其他任何标语，村落的公共场所为村西头的篮球场，妇女们一般在篮球场跳广场舞。G村集体活动、重大事务的商讨在公房内举行，前文对G村的公房有所论述，此处不再赘述。T村村民会议在村委会召开。在城镇化和工业化的浪潮中，农村青壮年进入城市寻找新的生计方式，农村出现空心化、老龄化、留守化现象。农村中坚劳动力的缺失影响传统文化延续，一些传统节日的集体活动因缺少人力难以举办。G村在社会变迁的语境下，有所选择有所创新地传承传统文化，留守村中的村民仍会举办仪式简化了的集体活动，节日期间可以返乡的青壮年会选择回来参加集体活动。T村村民节日期间参与、组织集体活动的意识淡漠，节日期间的活动从村庄集体的领域转向家庭私人领域。节日期间，村民通常以家庭为单位外出短距离旅游或聚餐。近两年村里没有举办过任何集体活动。人们热衷于打工挣钱，忙于生计，关于村集体的记忆逐渐淡化。村落社会结构兼具乡村与城市二元特征，邻里关系、村落地缘关系逐渐由互助、合作向理性互利转变。在乡村治理方面，G 村村主任由村里的男性轮流担任，轮到的人员有责任有义务为全村服务，不得以任何借口推辞。村民对村主任以及其他村委会成员基本没有意见。T 村的两位村主任任期都已经超过 10 年，其中一位已当了 25 年村主任。村集体资产方面，G 村有一块土地归村集体使用，村民集体修建了 16 间商铺出租给汽车修理公司，1 年租金 20 万元，所得租金归村集体，用于集体活动的花费。T 村之前的公共空地被一家汽车修理公司租用，1 年租金 6 万 ~ 7 万元。

从空间地理位置看，G 村位于山脚下，村前到马路间的空间，之前全部为村民的耕地，后来土地被征用建设政府办公大楼。T 村村子较大、人口较多、村子分布较广，从山脚到马路边的空间全是住户。T 村靠近马路的自留地因为不连片而未被征用，也正是因为这个原因，马路边住户能实现快速致富，村民在自留地上自建两层及以上的商铺出租或自营，生计模式由经营农业、半工半耕升级为经营商业、半工半商，拉大了村庄内部社会分层。正因为临街商业的繁荣给外界一种 T 村发展势头良好、村民转型成功的假象。深入村落内部，就会发现大多数家庭生计转型艰难，从事低端职业、收入不高，身份认同模糊。被征地对临街住户来说是生计成功转型的机遇，他们在变迁中实现机遇、资源与空间优势的叠加。笔者对 T 村临街商铺经营的方式、种类、规模、收入以及从业者身份认同进行了专项调研。商铺的经营方式有自营和出租给他人经营两种方式，自营不用缴纳房租，盈利较好。租金因店铺的大小、所做生意的不同而呈现出差异性。较小店铺的租金为 800 ~ 1000 元，较大的租金 1 年为 10 万 ~ 15 万元。大多数商铺是 2 ~ 3 层，楼下经营生意，楼上住宿。住宿的房租为 500 元 1 个月。商铺的种类有宾馆、综合超市、蔬菜粮油店、餐馆、农家乐、烧烤店、洗车店、WX 高速公路项目部、文具店等。宾馆共有 3 家，其中 2 家自营，1 家是村长和几位村民合资修建的，雇佣人员经营。4 家餐馆，3 家规模较小，老板均为 L 州人，1 家规模较大，是本地人开的。综合超市 3 家，规模相等，1 家是租户，其余 2 家都是自营。1 家蔬菜粮油店，规模较大为自营。1 家洗车店，老板是 DM 乡的农民，老板是首次出来做生意，以前是种地的农民，洗车店的租金 1 年 10 万元，老板雇用了 2 个服务员，服务员的月工资为 2500 元。据老板讲，夏天洗一次车 35 元，冬天价格还会高一些。洗车价格与兰州市差不多。1 家烧烤店的店面较小，老板是来自 H 县 AMQ 镇的牧民。老板的女儿在 H 县藏族中学上学，为了照顾女儿，孩子的母亲到县城做生意，烧烤店也带售小商品。孩子的父亲以放牧为主，偶尔到县城探望、帮忙。据老板讲，现在草场质量下降，他们家一半的牛羊卖掉了，只剩下了一半，因而想到在放牧的同时兼营商业。烧烤店 1 年租金 1 万元，盈利为 1 年 4 万 ~ 5 万元。1 家农家乐，是本地县城回族所开，其规模是 T 村和 G 村两村中最大的，共有 12 个包间，装修花了近百万，租金也是最高的，1 年租金 15 万，老板聘请了 5 个厨师，5 个服务员。因为地处临街，地理位置优越，消费的群体不只是本地人，还包括游客、民工等，近几年的生意一直不错。

从两村发展状况来看，被征地为那些占据地理位置优势的村民带来发展机遇，土地补偿款是他们发展商业的金融资本，借助空间、资源优势叠加，他们在城镇化浪潮中实现快速发展，成功转型为市民，认同于市民身份。绝大多数未占据空间优势的失地农民，积极转型、艰难适应，对未来不确定性、可能充满风险的生活表示担忧。

二、资源嵌入与发展

被征地前，村庄内部因家庭禀赋、个体能力差异就已存在分层。根据笔者调研，两村内部社会分层的原因既有共性又有差异性。两村中，独居的鳏寡老人无疑处于村庄社会分层的最底端，他们基本上丧失了劳动力，家庭供养的缺失、社会保障服务的不完善使他们的生活暴露在风险之下，唯一的依靠是每月 120 元的养老金。这些老人是村庄中的贫困群体和边缘群体，他们不仅经济贫困、生计脆弱，而且精神苦闷、彷徨。T 村有几户人家是多子户，儿子多了结婚、分家时必定会增加家庭经济负担，在家庭资源有限的情况下，分裂出来的小家庭可得到的资源很少，以借款或贷款的方式修建新房子，经济积累本就薄弱的小家庭在维持生计、抚育小孩的同时还要偿还借款，经济压力大、生活困难是不可避免的。教育是改变多子家庭命运的出路之一，然而教育投入具有风险性。受观念的限制，父辈很少会选择全力以赴供子代接受教育，而是会让他们尽快外出打工以减少家庭经济压力，较低的受教育程度造成贫困的代际传递，子代只能从事不需要技术的体力活。除教育外，个体能力是改变人生轨迹的重要禀赋，如果个体敢闯敢拼，通过个人努力做生意或学习一门技术，家庭经济状况就会得到极大的改善。然而笔者所调研的多子户的儿子们都是很普通的人，他们早年因家庭贫困，受教育程度低，小学毕业就帮家里干杂活，年龄稍长就外出打工，部分人到结婚的年龄找不到合适的对象，成为村中的大龄剩男，父母焦急，自己无奈。他们虽然和父辈生活在一起，却很少承担家庭支出，自己打工挣多少钱花多少，不会想到积攒财富以备将来结婚成家用，认为那是父辈的责任。另外，家庭中的主要劳动力外出打工若发生意外，造成身体残疾的家庭，会因为家庭收入来源的突然中断以及巨大的医疗支出而迅速陷入贫困。

子女有稳定工作、经商者、拥有某项技术的家庭是富裕户，处在村落社会分层的顶端。政府征用农民的土地，以货币的方式补偿农民，土地换金钱，物质资本转化为经济资本，拥有土地数量多，就能获得更多的经济资本，土地补偿款作为城镇化发展中嵌入村庄的资源，进一步激发村落的现代性，改变村民的消费观念、生活方式，拉大原有的社会分层。G 村因为第二批土地征用补偿款较高，获得一大笔财富的村民因消费理念、消费支出不同，家庭发展出现更大的分层。大部分村民将土地补偿款用来修建房屋，改善居住条件，在他们的带动下，村中兴起修房热，一些无地户迫于压力以借款或贷款的方式跟风效仿，进一步拉大有地户和无地户的贫富差距。只有少部分家庭将补偿款用于投资买工程车、出租车等。T 村内部因地理位置不同形成发展两极，临街有商铺的村民与村子内部村民发展差距较大，对此前文已作论述。T 村很少有家庭利用补偿款修建房屋，而是用于日常花费或改变生计上。

藏汉民族日常生活消费有所不同，藏族有存储冻肉的习惯，10 月份开始存肉，所存的肉能够吃到第二年 7 月份。一般核心家庭存储冻肉能花费 1 万元左右。地方文化是一些家庭可以利用的发展资源。T 村汉族所开的农家乐、宾馆和民宿，以藏族建筑风格为主，融入藏文化元素，以此吸引游客体验不同的民族文化风情。

当前中国正处在快速城市化进程中，[①] 各级城镇处于空间规模扩张时期，县城是城市与乡村的连接点，是推进城乡融合发展、农村城镇化、乡村振兴的有机载体。县城空间的扩张、建设的加速推进将周边农村卷入城镇空间，为进城农民提供了更多的非农化就业机会，那些缺少各类资本不愿流动到异地城市、有赡养和抚养责任的农民得以就近实现本地城镇化。郊区农民的耕地被征用，保留原来的宅基地，实际上也是保住了较低成本的生活方式，农民没有上楼就不用养楼，所增加的生活成本只是需要购买粮食和蔬菜，粮食和蔬菜的价格并不高，农民家庭完全可以承受。部分农民尤其是年龄大、再就业无门的农民也并不是反对土地征用，而是对养老、不确定生活的担忧。农民的心声反映出征地型城镇化的推进要解决好两大核心问题，即健全土地补偿制度和完善失地农民的社会保障体系。解决好农民最关心的利益问题，让农民共享现代化、城市化发展成果，才能有望实现人的城市化。

郊区地处城乡结合部，深受城镇文明的辐射，农民的生活方式、乡村社会结构以及乡村治理模式兼具城市与乡村的二元特性，在这些区域既能看到城市的影响又能找见传统的印记。郊区农民有更多的非农就业机会。在失地前，生计方式就已经多元化并且非农化的比重较高。村庄内部因从业种类不同产生社会分化。失地后，村民的生计方式完全非农化，家庭禀赋、资本积累的不同，加剧了村庄内部分化、分层。在城镇化带来的社会变迁

① 贺雪峰：《宅基地、乡村振兴与城市化》，载《南京农业大学学报》，2021（4）。

中，那些占据优越地理位置的住户，如 T 村临街户，实现机遇、空间、资源优势叠加，得到快速发展，在空间、认同上完全融入城市。而那些缺少发展资本、依靠体力就业的家庭，因自身非城非农的边际人特征而导致角色意识混乱、身份认同模糊。G 村与 T 村是相隔一条马路的邻村，失地前，两村均是以农业为主的村落，经济发展水平相当，差异性体现在民族文化方面，两村因民族构成不同，民俗节庆、宗教信仰不同，民族文化对村民的消费观念、经济行动及实践的影响不同。失地后，因嵌入资源不同，两村村民出现不同的消费能力、消费观念与消费实践。G 村村民将土地补偿款主要用在翻修房屋、买车等消费型花费上，部分家庭用以投资发展，以购买工程车、开办农家乐或民宿为主；而 T 村不临街的村民将土地补偿款主要花费在日常生活方面。对于两村目前的发展状况，访谈的村民认为 G 村发展好于 T 村，他们认为 G 村藏族村民可到青海、四川和西藏等藏族聚居区做生意，T 村村民要做生意面临文化阻隔，而到其他地区又面临竞争力不强的困境。T 村的书记也认为 G 村村民团结，人心齐、发展快，保留了团结、互助、合作的传统；T 村村民自己只顾自己，集体意识淡漠，体现出个体、分散式的发展路径。

第五节　其他类型的市民化个案：唐卡学徒

H 县因 W 寺而兴，因 W 寺而享誉中外。藏传佛教对当地的影响广泛而深远。唐卡作为佛教文化的精粹之一深受当地群众崇敬，唐卡被誉为笔尖上的修行和笔尖上的艺术。一些热爱本民族文化的唐卡艺人以传授唐卡技艺传承弘扬藏文化。热爱唐卡绘画的学徒通过学习唐卡技艺掌握了安身立命的本领。画唐卡也为求学失败或身处大山的农牧民孩子提供了一条通往社会上层或走出外界的通道。

1709 年 W 寺修建之日，拉萨德庆寺密宗院的画师次佩大师被邀请到这一地区培养画师，之后掀起了 H 地区唐卡艺术的兴盛，在 W 寺及周边寺庙留下精美绝伦的唐卡作品。如今在 W 寺唐卡保存数量极多，且精品无数，堪称稀世珍宝。W 寺建寺 300 余年，唐卡就是伴随它一路走来的历史画卷，从观看唐卡可以看到 H 县的历史，看到 W 寺走过的历程。在 W 寺大小各异的佛宫、佛殿都有唐卡的展示，有卷轴的布艺唐卡，有壁画展示的唐卡故事。购买一幅唐卡更确切地说是请一尊菩萨，是虔诚的信仰者最想要得到的。与其他派别的唐卡相比，LBL 唐卡从画法上讲是勉唐画法，颜料考究、构图严谨、线条流畅，严格遵循藏传佛教造像度量经，严格按照佛经仪轨作画，并不完全服务于审美需求，而是按照佛教经典的规范视觉，具有鲜明的民族特点、浓郁的宗教色彩和独特的艺术风格，以 H 县 W 寺唐卡为代表的“甘南藏族唐卡”是甘南藏族传统文化的代表，已列入国家非物质文化遗产保护名录。

H 县唐卡小镇坐落于 LBL 镇海螺湾藏文化产业园区内，距离 W 寺只有千米之遥。唐卡小镇占地面积 4000 平方米，建筑面积 2000 平方米，有 12 间唐卡画室，有 300 平方米唐卡展示中心及体验中心 1 处，LBL 唐卡艺术与文化协会办公室 1 处。近年来，唐卡收藏热使市场需求旺盛，预约唐卡的国内外游客络绎不绝，唐卡产业为文化产业发展提供了精神动力和智力支持。在 W 寺唐卡艺术与文化协会带动下，县城 12 家注册唐卡公司和 30 家唐卡个人画室联合入驻唐卡小镇，这些唐卡画师每年可创作 1000 余幅各类唐卡作品。唐卡小镇内的著名画师、公司和画室代表曾参加国内各级别展览和展示活动，推动了唐卡文化艺术事业的繁荣发展。

唐卡是一门艺术，更是藏族的文化资源。根据布迪厄文化资本论，文化资源可再造升级为推动地方经济发展的文化资本。“资源具有资本的属性，当一种资源因其具有很高的价值而成为争夺对象，并发挥‘社会权力关系’的功能时，资源就可以阐释为资本。”[①] 文化资本是地方政府在区域发展中建构的重要资本。尤其是在当今乡村振兴战略背景下，需要将当地的自然风光与人文资源升级转化为可带动经济发展的旅游资本，并将当地的历史记忆、文化认同、地方性群体力量建构整合为文化资本，在特定场域中，调动的资本越多，就更能创造区域发展的话语权。[②] 唐卡在当地有广阔的群众市场。文化资源—文化艺人—市场—民众之间围绕文化资源形成良性互动的供给需求圈。

贡却画师，从事唐卡绘画 30 多年。1973 年生，10 岁出家到 W 寺时轮学院当僧人，其间学习唐卡、雕塑、制作酥油花等手工艺，并学习了 5 年佛法。15 岁还俗，回家放牧，一方面牧区生活太艰苦，一方面他不想丢掉自己所学的绘画手艺。于是，又跟随 W 寺的尼玛僧人专攻唐卡 1 年多，1995 年到 W 寺跟着柔扎活佛学习了 5 年唐卡绘画技艺。贡却画师主要以矿物质为原料，所绘制的唐卡线条流畅灵动，色彩鲜明与色调统一，人物形象描绘细腻精准，用色沉稳厚重和构图严整雍容，具有自己独特

① 马妍妍：《媒介怀疑论 信息时代媒介与受众关系研究》，浙江大学博士学位论文，2013。

② 余吉玲：《传承与建构：“三格毛”文化的认同与实践》，载《湖北师范大学学报》（哲学社会科学版），2022（6）。

的艺术风格，所画的唐卡销往国内外。画师告诉笔者，学习唐卡艺术，一方面是兴趣爱好，更多的是修行，画一次唐卡等于一次修行。现在，贡却画师带学徒，免费教他们画唐卡，主要针对没有上过学，或者没有考上大学的孩子，给他们传授一门技艺，让他们走出大山，不再放牧，等于变相地解决就业。除此之外，对贡却画师来说，更多的是将本民族的传统文化传承下去，并发扬光大。

丹智杰，24 岁，高三毕业，没考上大学就来学习唐卡，学习唐卡近 5 年。他从小就喜欢画画，有一些绘画天赋。他告诉笔者，学习唐卡首先要背诵《度量经》，掌握了《度量经》就大体上掌握了画唐卡的比例。唐卡有不同的风格和画派。他们画室老师以《西藏绘画》为入门级的教材，学徒一般从画吉祥八宝开始，刚开始在 A3 纸上练习，这本书需要 1 年时间才能学完。之后开始学习勾线，大概需要 1 ~ 2 年的时间掌握基本技巧，但勾线是需要长期坚持的技艺。接下来学习上色，大体上需要 2 年的时间。因此，学习唐卡技艺一般需要 5 年时间，有的人学习的时间较长，可能会学 8 ~ 9 年，甚至更长的时间。作为一门艺术，需要长期坚持和积累。寺院和当地民众是唐卡消费的主要对象。当地有人去世以后有为其画唐卡的习俗。贡却画师虽免费招收学徒传授唐卡技艺，学徒还要生活，除了家里的支持外，有的学徒将自己所画的唐卡拿到销售点去卖，获得一部分生活来源。

来自四川的阿尔旦今年 23 岁，跟着贡却画师学习了 5 年唐卡绘画。他初中毕业没考上高中，因为从小喜欢画画就专门来到 H 县学习唐卡。现在他已经能够独立完成老师布置的绘画任务，刚开始画大幅作品的时候是几个人合作完成。阿尔旦告诉

图 4.6　唐卡学徒

笔者，其实越小的唐卡越难画，在较小的空前呈现丰富的故事特别考验艺人的技艺。他希望学成后开一家唐卡公司，将唐卡技艺传承下去。

本章小结

本章主要研究了被征地农民市民化。工业化、城镇化、现代化快速发展必然带来城镇空间向郊区扩张以及非农人口的增加，郊区卷入城镇空间，农民的土地被征用来城市建设，农民被动成为市民。在各种规模的城市扩张中，农民土地征用后，补偿标准、安置方式不同。土地作为农民基本的生产生活资料来源，无疑具有重要的价值。即使常年在外务工的农民工也没有选择将土地的使用权永久性出让，而是以非正规的途径流转给同村亲戚、邻居耕种。农民拥有土地一定程度上就拥有生存、发展和养老保障权利。[①]土地还可为进城失败的农民提供退路，不能在城市体面生活的农民可退回农村维持低成本的生活方式。那么，失去土地，农民何以生存？没有土地的农民，还是不是农民？本章以H县城周边的T村和G村为研究对象，研究两村土地流失的原因，失地对农民认知、实践行动、价值观念的影响。

县城连接都市与乡村，县域高质量发展既是乡村振兴战略的依托，更是推动城乡区域协调发展的要求。[②]县域城镇化中，郊区农民土地被征用，土地换货币，农民拥有的物质资本转化为金融资本，土地补偿款作为嵌入村庄内部的一种资源，因占有数量的不同、行动主体认知的差异而加剧了村落之间、村庄内部之间的社会分化。家庭资源禀赋、资本积累、家庭责任的差异性导致农民非农化生计类型多元化。有经商基础的农民，利用土地补偿款扩大经营规模，自营型商业群体收入远高于务工者，他们位于村庄社会分层的顶端，市民化的程度更高，认同市民身份。大多数人以在建筑工地打零工的方式实现本地城镇化。正处于快速建设期的县城尚可为少技术、学历低的群体提供就业岗位，但从长远看，这部分人处于隐性失业中，生活面临各种不确定和风险性。完善的土地补偿制度、健全的社会保障体系能保障失地农民生计的可持续。然而，根据笔者的调研，H县土地征用，中小城市财力有限、能够提供的就业岗位有限，失地农民只能自谋出

① 廖小军:《中国失地农民研究》，北京，社会科学文献出版社，2005。

② 王玉玲、施琪:《县域视野下青年返乡创业研究》，载《中国青年研究》，2021（7）。

路。城镇化的快速发展不是以牺牲农民的利益为代价，相反以实现更多人共享发展成果为追求目标，一个公平、正义、和谐的社会必定是关照社会底层群体的社会。

被征地农民的生计方式、消费实践、社会认同在政府主导推进的城镇化中发生变迁。土地补偿以货币的形式发放，农民家庭突然得到一大笔现金，如何理性消费以避免坐吃山空是每个家庭所面临的考验，代际之间围绕家庭发展策略、利益、职业期望展开博弈。正如有些村民所言，“钱是死的，终会花完”，货币不进入流通领域难以产生增值。然而投资存在风险，对于缺乏经商经历、社会资本的农民而言，将钱花费在建房上是一种理性选择。在农民的观念中，用货币换来实实在在地存在物体，即是金钱价值发挥到最大化的体现。也有家庭将补偿款分类消费，一部分保底，用于实体物的消费上，如建房、买车等；一部分用来投资消费，如买工程车、开店铺等。从实践的社会效果看，这部分家庭转型成功，不但增加了家庭收入，也解决了家庭中主要劳动力的就业问题。在城镇化潮流的席卷下，年轻人倾向于城镇化的消费实践，追求品牌、喜欢旅游等享受型消费，并且喜欢跨省、跨区域的长距离旅游，甚至有人选择出境游，感受异国风情。

被征地市民化加速了女性社会化，女性走出家庭，“洗脚进城”从事非农化职业，扩大了异质性社会网络，她们在职业中追求自我价值。年轻的女性注重个体消费，喜欢时尚、潮流，彰显自信、充满活力的生活状态。女性经济地位的提高带动其家庭、社会地位的提升，表现为在家庭决策性事务中女性拥有更多的决策权与话语权。

本章所调查的被征地农民仍然居住在农村，生活的空间场域未发生改变，传统的社会关系、集体的社会记忆、传统的民俗得以延续和传承，从而强化村民对于农民身份的认同。农民认为他们虽然失去了土地，进入城镇从事非农化的职业，但与有稳定工作、享受完善社会保障服务的城镇居民还存在很大差距。社会距离、社会排斥是影响被征地农民主观建构的关键影响因素。另一方面，生计方式、消费实践、价值观念与城市居民的趋同化导致部分被征地农民认同的模糊化，无法清晰地界定身份归属。农村生活影响较小的年轻人更倾向于认同城市居民身份。他们中的部分人学历较高，并且有在大城市求学的经历。“受教育程度较高的人们往往拥有更多的工作机会以及更广的地理可达范围，这使得他们拥有更高的移动率以及更远的移动距离。”[①] 拥有更多的机遇、更多新鲜有趣的事物、更高收入的大城市是他们向往之地，如帕克所言：“大城市的吸引力在于其充满冒险、刺激，对活力充沛的年轻人有着独特的吸引力。每一个个体总能在城市生活的繁华多样中找到某个地方来充分展示自我，在城市个体独特的天性会受到某种刺激，驱使个体进入城市追求更加本质与原初的东西。”[②] 年轻一代怀揣着扎根城市、成为市民的梦想进入城市，在城市广阔的场域施展自己的理想与抱负，注重自我提高、自我完善。他们寻找工作的出发点并非仅仅满足于安身立命，而是将职业生涯与自身长远发展和价值诉求紧密结合。在城市生活方式的实践中，被城市价值理念所塑造的进城年轻人选择摈弃旧的身份、模糊的传统记忆，建构与城市文明相匹配的社会认同。自我

① [美]理查德·P. 格林（Richard P. Greene）、[美]詹姆斯·B. 皮克（James B. Pick）著，中国地理学会城市地理委员会译校：《城市地理学》，北京，商务印书馆，2011。

② [美]帕克（Park）、[美]伯吉斯（Burgess）著，杭苏红译：《城市：有关城市环境中人类行为研究的建议》，北京，商务印书馆，2016。

形塑技术是保障个人权利的核心，个体要在现代社会摆脱旧有的身份，必须摈弃原有的生活，争取人格层面的自立与成长，重新塑造崭新的自我身份。

另外，本章对文化资源带动的市民化进行论述，主要论述唐卡学徒通过学习文化技艺，积累市民化的人力资本、社会资本与金融资本，并将文化资源转化为带动自我发展的文化资本，实现身份由农牧民到市民的转变。

第五章　地质灾害避险移民市民化：基于灾害人类学的视角

易地搬迁是政府主导的迁移行动。政府将生活在生态环境脆弱区以及难以实现可持续发展地区的群众搬迁至地理资本充足、生态环境良好的区域，实现生态环境保护与经济发展共赢。在城镇化快速发展时期，政府通常将移民安置在城镇或深受城市文明辐射的城郊村落，以驱动地区城镇化发展。综合迁移、社区再造成本以及移民社会、文化适应等因素，易地搬迁移民大多被安置在本地城镇。舟曲县地质灾害频发多发，为彻底摆脱年年重建年年受灾的困境，政府将深受地质灾害威胁的群众跨区域搬迁至兰州新区。“千里搬迁”，移民生存空间、生计方式、社会关系及身份发生巨变。移民如何在传统与现代、新与旧的冲击中调适、重塑与再建构？地方政府如何在新的空间场域创新治理手段，利用移民社区的资源禀赋，探索移民社区可持续发展的路径？又是如何凝聚人心，让移民扎根新居，最终走向共同富裕？本章在对舟曲地质灾害避险移民空间适应、生计方式转型、社会关系重建、民族文化传承以及情感认同等问题研究的基础上，探讨移民市民化。

第一节　研究现状

一、避险搬迁

在人类社会的发展演进中，时常遭遇各类灾害的侵扰，如地震、滑坡、泥石流等地质灾害以及水文气象灾害。人类在与灾害的斗争中，积累了丰富的预防和应对灾害的知识及经验。然而，分布在自然灾害风险区和隐患点上的群众，不仅对已发生的灾害保留痛苦的社会记忆，并且对潜在的危害存在恐惧的想象，深感自己的生活处在不确性与风险中。综合考虑经济、社会以及民众心理承受力等多重因素，对难以摆脱受灾—重建—再受灾空间陷阱的群众进行避险搬迁是有效地规避灾害的行动策略。避险搬迁是将自然灾害频发多发、生态环境脆弱以及贫困发生率高等地区的群众整体搬迁至其他地区，以缓解民众担惊受怕的心理，有效解决贫困问题。政府主导的避险搬迁通常将分布在灾害频发区的村落整体搬迁至异地空间，有的从农村搬迁至农村，也有从农村迁移至城市。搬迁群众在适应、融入、扎根新居的历程中经历空间再造、生计转型、社会关系重构、身份转变以及城市融入等问题。如果搬迁的是民族社区，还会面临民族关系调适、互嵌式社会结构的建构以及民族文化传承等。在整体性、大规模的避险搬迁中，政府在新的空间再造方面发挥主导作用，政府规划建设新社区的基础设施，包括房屋、道路、绿化、公共空间等，还包括教育、医疗、养老等社会保障服务体系的建立和公共服务的完善等。迁移行动中，最重要的是解决移民的就业与生计问题。生计是基础，是移民搬得出、稳得住、能致富的根本。除此，避险移民是牵扯政治、社会、文化整体变迁的复杂动态工程。搬迁群众是空间、社会、文化适应的主体，不同群体表现出适应的差异性。老年人的故土情结浓厚，面对全新的居住环境、陌生的人际关系出现不适感，尤其从农村、牧区搬进城市的老人，在信息化、数字化的城市社会难免产生剥夺感、排斥感和孤独感。缺少技术、文化程度低的中年群体，整合现有资源抓住外界有利条件学习新技术，适应新环境，促进家庭可持续发展的能力有限，只能就业于低技术的劳动密集型产业或打零工，对融入城市缺乏信心，但出于孩子在城市能享受优质的教育而选择努力融入城市。对于年轻群体、儿童来说，离开灾害多发、穷苦的地方进入城市是难得机会，可接受良好的教育，接触更多的新事物、新知识和新技能，为未来人生积累资本、资源、知识及社会网络。在巩固脱贫攻坚成果与乡村振兴有效衔接的背景下，确保移民群众稳得住、能致富的治理方式要围绕增强社会治理能力、强化移民社会融入、优化发展机制等展开。避险搬迁针对的是身处“空间陷阱”“空间贫困”的群体，当一方水土不能很好地养育一方人时，迁移、摆脱原有空间限制是理性的实践行动。以改变生存环境和摆脱贫困为主要目标的避险搬迁，虽然移民群众生活的地理空间发生了彻底改变，但在原生环境中长期形成的社会交往空间和心理情感体验空间并不能相应地发生转变。政府的理性规划与迁移群众的感性体验往往会出现差异、矛盾与张力，即表现为一种空间失衡现象。尽管避险搬迁坚持整体搬迁、集中安置为主的原则，但居住格局的改变，空间场域、生计方式的巨变会带来原有社会关系网的断裂以及社会支持减弱的问题。针对迁移群众出现的空间失衡和空间矛盾问题，应当精准施策，促进社区群众互动交往，建立社区中心等公共活动空间、充分利用网络信息资源，形成协调的空间关系和生活状态。（刘少杰，2020）

在城镇化快速发展的时期，大量移民被安置在城镇。集中安置在城镇的避险搬迁群众，从传统的乡土社会被动迁入现代化的城市社会，生产生活方式和文化心理发生巨变，“这是一种短时间内剧烈的跳跃式社会变迁和时空压缩下的生活快速转变”，[①]有必要从空间的角度探讨避险搬迁群众居住、社会网络、心理感知、身份认同等层面的市民化问题。易地扶贫搬迁在我国如期实现全国脱贫攻坚的战略中发挥重要作用。避险搬迁与易地扶贫搬迁相比，有共同性也有差异性。共同性即为，两种移民方式都是跨区迁移，面临社区重建以及移民生计、文化和心理适应等问题。差异性则为，避险移民遭受过灾害的创伤，需要心理层面的干预和抚慰，帮助受灾移民走出困境，重拾对生活的信心。梳理文献得知，目前关于移民的研究，主要为易地扶贫搬迁、生态移民等，灾害移民涉及诸多问题，并受经济、社会、文化、环境、政策等多重因素错综复杂影响，相关研究较少。[②]现有研究探讨了灾害移民的分类、特征、政策措施及移民的社会适应等问题。随着经济社会的发展以及国家综合国力、现代化治理能力和治理水平的提高，避险搬迁体现出新的时代特点，诸如与城镇化相结合，由突发性移民向避险搬迁为主转变等。

舟曲地质灾害避险搬迁群众从农村长距离搬迁至省会城市新区，远离故土的群众进入完全陌生的城市，生存的地理环境、居住空间、生活方式、社会关系、区域文化以及身份发生了巨变。政府主导迁移群众从传统的乡土社会被动进入现代城市社会，以

① 江立华、曾铎：《易地扶贫搬迁人口的空间变动与身体适应》，载《中国特色社会主义研究》，2021（4）。

② 陈勇：《对灾害与移民问题的初步探讨》，载《灾害学》，2009（2）。

经营农业为主的群众缺乏在城市谋生的技能，整合资源的能力有限，为确保搬迁群众落地扎根，顺利实现市民化，政府在产业发展、就业保障和公共服务上大力扶持移民社区，以增强移民群众的内生发展动力，让他们在新社区新环境看到生活的希望。

二、灾害人类学

自然与社会的双重属性特质形塑了多学科交叉研究灾害的现状。[①] 地质学、气象学、环境科学等自然科学和政治学、历史学、社会学、人类学等人文学科都从不同的视角对灾害、灾难进行研究，并逐渐走向跨学科对话、交流与研究方法上互鉴等。20 世纪 80 年代人类学开始关注灾难，研究灾害与人类文化、行为和社会组织的关系。[②] 人类学研究以其整体观、发展观和比较的视野，从微观视角对社会整体进行研究，以及对社会变迁和进化问题予以关怀，与灾难的总体特征具有特别契合的分析性意义。[③] 人类学关注灾害产生、应对以及恢复重建中的文化因素，并注重地方传统、本土文化在预防和应对自然灾害中形成的生态智慧、经验性知识的价值。人、自然与社会共生于一个生态系统中，在相互勾连、互融互动中形成耦合结构，因而灾害的发生既有自然本身的因素，也有人类过度的经济、社会活动超出自然界承受力与自我修复的阀值的因素。灾害是破坏现有社会体系的显性或潜在危

① 陶鹏、童星：《灾害概念的再认识——兼论灾害社会科学研究流派及整合趋势》，载《浙江大学学报》（人文社会科学版），2012（2）。

② 李永祥：《关于泥石流灾害的人类学研究——以云南省哀牢山泥石流为个案》，载《民族研究》，2008（5）。

③ 夏少琼：《聚焦、连接与融合——汶川地震十年之灾难研究新趋势》，载《西南民族大学学报》（人文社科版），2018（11）。

险因子。然而，灾害不一定引发灾难，当致灾因子与经济、政治、文化、科技以及人类社会的脆弱性相结合时，灾害的风险也随着增加。灾难的本质是对人类社会造成极大的损害，中断、破坏惯常的社会秩序、社会功能及社会结构。[①] 安东尼·奥利弗－史密斯（Anthony Oliver—Smith）认为灾难是“自然、变动或构建环境中有潜在破坏性的因子／力量和某一社会处于经济生产脆弱性条件下的人口相结合的过程／事件”[②]。灾难的发生既有突发性，又有风险、脆弱性累积的过程性。在全球化时代，灾难的发生早已突破地域、族群、文化和制度区隔，一些传染性的病毒表现出惊人的传播速度，如2020年年初暴发的新冠肺炎疫情及其变异毒株，在全球肆虐，给全人类带来极大的损害。某一区域发生的灾难迅速席卷全球，各国政府和地方民众应对灾难的策略和实践，展现出人类作为命运共同体对灾难的感知、认知和实践应对图式。在“破坏—应对—恢复与重建”的灾难反应链中，人类学家的任务应当是反思人类的行动实践为何会破坏人与自然所组建的共同体，以及思考如何建构人与自然万象共生的和合文化以规避和应对各类风险。不少学者认为，脆弱性应当是灾难研究的视角，脆弱性分自然生态的脆弱性和人类社会的脆弱性两种。灾难的发生往往是致灾因子与自然、科技、社会脆弱性耦合影响的后果，灾难历史性地内嵌在社会结构与文化制度中。有研究提出人类学研究灾难的四种取向为：“考古和历史的取向、政治—生

① 何茂莉：《山地环境与灾害承受的人类学研究——以近年贵州省自然灾害为例》，载《中央民族大学学报》（哲学社会科学版），2012（6）。

② ［美］安东尼·奥利弗－史密斯、苏珊娜·M·霍夫曼（Susanna M. Hoffman）著，彭文斌编译：《人类学者为何要研究灾难》，载《民族学刊》，2011（6）。

态的取向、应用取向、社会—文化及行为的取向。”[①] 灾难无疑会带来人员伤亡、财产损失以及痛苦的社会记忆。当今社会，人类可利用强大的科技手段有效地规避灾难，减少灾难的损害程度但却不能消除灾难，甚至在某些灾难面前束手无策、被动适应。消除灾难并非科技发展的诉求，人类是要透过灾难提供的“透视意识形态与物质世界关系的镜子”[②] 来反思自身文化，重塑自然与发展、权力之间的关系。灾难是一种社会建构，受灾群体、救援者、参与恢复重建者以及这些群体内部对灾难的认知具有差异性，不同的认知和经历形成关于灾难的不同解读，“不同形式的知识和不同的道德观念被启动为社会关系的特征”[③]，灾难不仅改变物质世界，更深刻的变化是重构社会关系。人类在应对突发性灾难的共同行动中，社会关系会出现短暂的利他性、凝聚性和整合性，“社会进入到了一种‘阈限阶段’和‘交融’状态，并以一种社会剧场的方式将族群、阶层、地域、性别等这些存在于社会常态结构中的各种关系隔阂界限一一打破，从而让人们跨越种种边界，凝聚在一起来共同形塑了社会应对灾难危机的弹韧性机制”[④]。

灾害的分布具有地域性，某些灾害发生的周期具有规律性。生活在特定灾害分布区的族群，在本土实践中积累了应对灾害的

① 纳日碧力戈：《灾难的人类学辨析》，载《西南民族大学学报》（人文社科版），2008（9）。

② [美] 安东尼·奥利弗－史密斯、苏珊娜·M·霍夫曼著，彭文斌编译：《人类学者为何要研究灾难》，载《民族学刊》，2011（6）。

③ [美] 安东尼·奥立弗－史密斯著，彭文斌译注：《风暴中的声音：救灾与重建中的社会关系》，载《西南民族大学学报》（人文社会科学版），2011（7）。

④ 张原：《田野情境中的灾难人类学——地方灾难场景与应灾实践经验的民族志研究》，载《西南民族大学学报》（人文社会科学版），2017（2）。

知识和策略。人类学的民族志田野调查，在收集地方性生态知识、各利益群体对恢复重建的多维观点方面具有重要价值。中国地域辽阔，灾害种类繁多且发生频繁，自古以来人们就在应对各类灾害的实践中积累了丰富的经验，预防与应对灾害的技术手段日趋先进，关于灾害研究的学科理论渐趋成熟。李茂祥认为人类学系统研究灾难是在汶川大地震之后，汶川大地震激发了人类学家积极应对灾害的学术与社会参与精神[①]，之后关于灾害的民族志调查、学术会议、论文和著作大量开展和问世。徐新建认为，汶川地震后地震博物馆和遗址公园等重建活动是通过保留灾难的历史记忆，以警醒后人正视悲情、珍惜当下，体现了对本土文化中忧患意识传统的再度回归。[②]李永祥、张曦、张原、刘婷、夏少琼等对具体的灾难类型进行人类学田野调查，关注地方性知识、本土经验在灾后重建中的价值、灾害建构的族群记忆以及恢复重建中国家权力与地方实践之间的互动、博弈。中国人类学研究灾害的领域有：灾害的概念化、灾害与文化变迁和保护、灾害与媒体、灾害与性别及弱势群体、灾害与旅游、灾害的文学人类学研究、灾害史研究、灾害与民族关系等。[③]

三、预防灾害的地方性知识

地方性知识（Local Knowledge），是一个地区或社区中的人

① 李茂祥、彭文斌：《中国灾害人类学研究述评》，载《西南民族大学学报》（人文社会科学版），2013（8）。

② 徐新建：《多难兴邦与灾难记忆——地震展馆中的文化重建》，载《中外文化与文论》，2010（19）。

③ 李茂祥、彭文斌：《中国灾害人类学研究述评》，载《西南民族大学学报》（人文社会科学版），2013（8）。

们对自身所处环境的系统性认知，“这些知识潜在地形成了个体的减灾应灾行动”[①]。地方性知识通常由当地民众掌握，并与当地的社会、传统文化、习俗惯例紧密相连。（余厚洪，2021）舟曲县除泥石流、滑坡、地震等地质灾害多发外，暴雨、冰雹、大风和干旱等自然灾害也十分常见，在和各类灾害长期作斗争的实践中，当地群众积累、掌握了如何预防和应对灾害的经验、技巧及能力。

笔者在舟曲 LJ 乡调研时村民反映，过去发生灾害后，受灾的农户会到山上的神庙抽签、打卦，向神灵询问灾害发生的原因，得到神的某种启示后，回家举行一些禳灾活动；或者受灾群众向神灵祈愿，祈求神灵保佑，不要再发生灾害，同样群众会举行一些请愿和还愿的仪式。

预防地质灾害是当地政府的重点工作之一，特别是 2010 年舟曲特大山洪泥石流灾害发生后，舟曲各级政府进一步强化灾害防御，灾害高发期，各级党组织织密应急避险的“责任网”。县自然灾害预警指挥中心和县防汛办、气象局的地质灾害所每天发布预警信息；各乡镇党委紧盯地质灾害滑坡隐患点，进行拉网式排查，常态化开展预警监测。各村党支部利用“党组织 + 网格”管理体系，动员指挥网格长、网格员积极发挥政策宣传员、摸排统计员、物资搬运员、安全劝导员、卫生防疫员、对接协调员的作用，全力协助群众做好应急避险工作。[②]据舟曲地质灾害避险

① 刘冰：《地方知识在社区减灾行动中的整合策略——基于四川省阿坝藏族羌族自治州的案例研究》，载《广州大学学报》（社会科学版），2016（6）。

② 舟曲县人民政府网：《舟曲县：党旗在地质灾害避险一线高高飘扬》，http://www.zqx.gov.cn/info/1089/49486.htm.

移民讲述，2010 年特大山洪泥石流灾害发生后，当地加大了对地质灾害的预警防护，将村子的防洪堤坝筑高、坚固；开挖河道，扩宽出水口子，一到雨季，镇上就会派驻工作人员与村里的党员干部一道，通过喇叭、微信群等告知村民加强警惕，预防滑坡险情，晚上不要睡得太沉，时时加强防范、注意安全。同时，乡镇上会组织一些应急演练，标记逃生的路线。（男　汉族　33 岁）

对于滑坡隐患，村民以被动应对为主。雨下大的时候，山下的村民就跑到山上躲雨，雨小了再下山。有些老人反映，祖祖辈辈生活在这样的环境，已经习惯了，并且山体的移动是缓慢的，因而并不惧怕灾害。然而，“地质灾害具有渐变性、突发性和不可控性等特点”，在渐变阶段，历时的时间较长且地形的变化并不明显，所以人们觉得地质灾害并不可怕，而当暴雨、洪水等突发因素与灾害叠加在一起时，灾难往往表现出突发性。

第二节　何以搬迁

舟曲县地质灾害多发频发，分布在地质灾害点的村落因滑坡、泥石流等地质灾害而受灾，在原址重建面临再次受灾的风险，为减少群众财产损失，政府组织受灾村民跨区域搬迁。村民搬迁的主要驱动力为特定空间场域多发的自然灾害，深层次的原因则是迁移一定程度上满足了村民对发展的需求，敢于搬迁的往往是有资本积累的家庭，这类家庭有进入城市的诉求。移民安置点距离城市近的空间优势满足了他们享受城市教育、医疗、文化资源的愿望，除此之外，正处发展期的兰州新区有更多的就业机会，相比农村，发展前景较好。在比较优势的驱动下，那些敢于冒险和挑战新生活的村民选择搬迁。而且他们的搬迁实践产生了带动示范效应，其他的村民看到同村同乡的人搬迁后顺利地融入新居生活，也打消顾虑，选择搬迁。另外，在人口大流动时代，不少村民有流动的经历，安土重迁的观念已不再浓厚。

一、舟曲：地质灾害多发频发的空间

舟曲是全国罕见的滑坡、泥石流、地震三大地质灾害高发区和水土流失严重区。全县 19 个乡镇分布的 140 处地质灾害点中，滑坡 44 处、泥石流 82 处。泥石流灾害点中，巨型泥石流 6 处、大型泥石流 13 处、中型泥石流 42 处、小型泥石流 22 处，成为甘肃滑坡、泥石流等地质灾害高发区，甚至被地质专家认为是“亚洲第一大泄流坡”。2010 年 8 月 8 日舟曲县爆发特大山洪泥石流灾害。泥石流巨大的冲击力把城关镇 YY 村夷为平地，三分之一的县城被淹。舟曲特大山洪泥石流的发生，是地质构造、气候条件以及人类活动等综合因素作用下形成的自然灾害。

舟曲县境内山峦重叠，山峻谷深、沟壑纵横、谷道狭窄、坡陡流急。山坡平均坡度大约 30 ～ 40 度，也有大于 60 度的悬崖陡坡，形成峻岭奇峰。山地占全县总面积的 87.7%，大部分山地海拔都在 3200 米以上，与河谷相对高差大于 800 米，形成特殊的山地地貌。

舟曲县地处中国著名的南北地带中的舟曲—武都地震亚带上，地震是地质灾害的主要诱发因素，每次地震从震源产生的弹性振动，向周围介质传递时，具有一定的速度，因此使斜坡内产生一种惯性，使下滑力或抗滑力在瞬间发生很大的变化，产生强烈的破坏。地震诱发的滑坡和崩塌规模大、滑速快、分布范围广、数量多、密度高，一次地震可诱发近千个滑坡。舟曲距汶川地震震中 270 千米，引发大量的次生地质灾害，使滑坡、崩塌、泥石流灾害危险程度加剧，地质结构遭到进一步破坏。舟曲“8 · 8”特大山洪泥石流灾害，是汶川地震促发地质灾害的滞后效应的结果。

暴雨是泥石流形成的基本条件之一，也是区内泥石流发生的水动力来源。“8 · 8”舟曲特大山洪泥石流前夜，也就是8月7日23时许起，舟曲县城东北部山区特大暴雨持续40多分钟，降雨量达到97毫米，平均厚度5米，总体积180万立方米。泥石流裹挟冲毁的建筑材料、树木等杂物，冲进县城并涌入白龙江，堆积在白龙江城关桥至瓦厂桥之间长达1.2千米的江道内，致使河床抬高约10米，形成堰塞湖，堰塞湖使县城南北滨河路被淹，白龙江城区段两岸大部分楼房和平房受浸严重。

舟曲县是一个林木繁茂、生态环境良好的地区。由于长期执行以木材生产为主的林业发展战略，国有林区大量采伐天然林，加上当地群众建筑伐木、采薪取火、开垦坡地，区域植被覆盖度大大降低，山体大面积裸露，导致水土流失日益严重，泥石流、滑坡等地质灾害频频发生。面对舟曲县地质灾害多、危害程度大、治理费用高的现实情况，综合分析群众生命财产的“安全账”、治理和搬迁效益的“经济账”、巩固拓展脱贫攻坚成果和推进乡村振兴的“长远账”、资源开发利用和自然环境承载的“生态账”，避险搬迁是保障群众生命财产安全、巩固拓展脱贫攻坚成果、筑牢生态安全屏障、加快舟曲县高质量发展的最有效方式[①]，是跳出地质灾害区年年建、年年毁、年年担惊受怕这种循环的治本之策。2021年8月初，政府启动舟曲地质灾害避险搬迁

① 舟曲县人民政府网站：《舟曲县第五批200户689名避险搬迁群众乘坐省内首趟避险搬迁专列“感恩号”前往兰州新区》，http://www.zqx.gov.cn/info/1040/48676.htm。

工程。计划“第一批避险搬迁工作分三年完成，共避险搬迁 3107 户 12415 人，其中 2021 年搬迁 770 户 2960 人，2022 年搬迁 965 户 4082 人，2023 年搬迁 1372 户 5373 人”[①]。

截至目前，舟曲已向兰州新区搬迁 17 批次地质灾害避险群众，涉及 17 个乡镇 154 个村组 3107 户 12361 人。舟曲县 9 个行政村、12 个自然村组整村组搬迁，完成拆旧复垦 350 亩。自此，舟曲县受地质灾害威胁的 3107 户 12361 名群众彻底搬离危险区域、奔向安全幸福生活。舟曲圆满完成甘肃省政府“三年任务两年完成”的预期目标和为民办实事搬迁安置工作任务。[②]

调研得知，搬迁的村庄分布在山体滑坡地带，其他的村庄不在搬迁范围。滑坡地带的道路年年建、年年产生裂缝，有些村民的房屋也有裂缝的现象。特大泥石流灾害留下的社会记忆以及经常发生的山体滑坡让村民深感自己的生活处在危险中，然而，迁离故土是一项系统性、变革性的实践行动，村民要围绕家庭资源、利益、发展进行抉择。大部分中老年人担心搬迁后生活会更加贫困而不愿意搬迁。“在这个地方（舟曲）穷，搬迁到兰州新区更穷，一切都要从头开始，家里有 8 万～10 万存款的人才敢搬，没钱的家庭、家庭中有老人或拖累比较大的都不敢搬。搬过去怎么生活?”（男　汉族　50 岁）舟曲气候湿润，适宜蔬菜、农作物生长。村民每家每户门前有一个菜园子，用来种植各类蔬菜。有些农户家周围栽种了各类果树，有李子树、核桃树、苹果

① 《迈向幸福美好新生活——舟曲地质灾害避险搬迁工作走笔》，载《甘南日报》，2022-07-01（1）。

② 舟曲县人民政府网站：《2022 年省委省政府为民实事项目——地质灾害避险搬迁：舟曲县第九批 203 户 767 名群众入住兰州新区》，http://www.zqx.gov.cn/info/1040/59641.htm。

树、杏树，等等。村民的生活自给自足、村子环境优美，村民担心搬迁后难以适应什么都拿钱买的消费型生活。也有部分老人认为兰州新区企业多、就业机会多，搬迁后子孙后代会有更好的发展前景，因而有搬迁的意愿。笔者在 GY 乡调研期间遇到的 Y 老人搬迁意愿强烈，老人的家在乡镇上，有两间铺面出租，家庭相对富裕，房屋后面是粮田和树林，视野之内，尽是绿色。即使这样，老人积极报名搬迁，他认为，老家经常发生滑坡，生活处在隐患之中，并且交通不便，不适宜生存。“我们这个地方经常发生滑坡，不适宜居住。种地也种不成，小麦、玉米苗还没长大就被野猪、野鸡吃了。国家的搬迁政策很好，已经搬迁的邻居都生活得挺好。”（男　藏族　73 岁）大部分年轻人出于子女教育和未来发展的需要而选择搬迁，少部分人因为刚翻建了房子而没搬迁。DS 镇、GY 乡交通极为不便，大山深处的村落靠人背的方式经营农业。通常是年轻人春种之后外出打工，到秋收季节返回收割，老年人只能干得动锄草类的农活。DS 镇距离县城只有十几公里，乡镇及村落分布在半山腰，道路均为曲折的盘山路，驾车需要近 1 个小时才能到达县城，遇到雨雪天气，村民难以出行。总之，自愿原则下的搬迁，是村民综合比较迁出地与迁入地气候、环境、交通、经济、教育、医疗等优劣势而做出的选择。有些人家搬迁并不是因为灾害，而是诸如兄弟分家，没有地方建造新房而搬迁。

搬迁力争遵循乡镇村组尽量连片安置的总体原则，安置住房选房工作分四步进行：首先，由乡镇党政主要负责人在县避险搬迁办抓取各自乡镇区域房号；其次，带回房号由村组负责人抓取村组区域房号；第三，由搬迁群众抓取选房顺序号；第四，由群众按照选房顺序号直接抓取安置房号。坚决杜绝和防范了搬迁群众因房号选择引起的矛盾纠纷。[①] 3107户12361名舟曲地质灾害避险搬迁群众平稳入住兰州新区宽敞明亮的崭新住房，充分享受水电路网功能齐全的便捷生活，及时得到就近就地务工从业的工作岗位。与此同时，搬迁群众陆续领取了新户口簿，随迁子女顺利就读于兰州新区各相关学校，社区运行依托临时基层党组织的管理服务持续跟进，特别是社保、民政等民生领域政策随迁延续，不仅使搬迁群众快速适应并积极融入迁入地生产生活，而且切实解决了搬迁群众稳定入住的后顾之忧。[②]

二、兰州新区：承接移民的国家级新区

兰州新区地处丝绸之路经济带与西部陆海新通道、兰西城市群与宁夏沿黄河城市群、黄土高原水土保持生态功能区与祁连山生态涵养区的结合部，以及黄土丘陵沟壑区与西北戈壁沙漠区、陇中旱作农业区与寒旱农牧区、河湟文化与藏羌文化的过渡带，是2012年8月国务院批复设立的全国第五个、西北第一个国家级新区，被赋予“西北地区重要的经济增长极、国家重要的产业基地、向西开放的重要战略平台和承接产业转移示范区”的战略定位，总面积1744平方公里，现已对中川镇、秦川镇、西岔镇实行托管。第七次全国人口普查公报显示，兰州新区常住人口为288200人。有关数据显示，兰州新区经济总量从2010年筹建时的不足5亿元快速增长到2020年的236亿元，年均增长

① 舟曲县人民政府网站：《舟曲第五批次200户搬迁群众搬迁前各项筹备工作加紧有序推进》，http://www.zqx.gov.cn/info/1040/48550.htm。

② 舟曲县人民政府网站：《舟曲第五批次200户搬迁群众搬迁前各项筹备工作加紧有序推进》，http://www.zqx.gov.cn/info/1040/48550.htm。

47.5%。[①] 在成为国家级新区后的多年建设中，兰州新区已然成为一座现代化的城市。但相比其他国家级新区，其人口密度低，作为全省灾后重建易地搬迁和生态移民的主要承接地，自然灾害频发、生态脆弱及贫困地区的群众可搬迁至兰州新区，有望扭转兰州新区人气不足的局面。

2010 年舟曲特大山洪泥石流灾害爆发后，政府为灾民重建了三个安置点，分别为舟曲县老城区安置点、峰迭新区安置点及兰州新区舟曲新苑安置点，老城区建设 1130 套安置房，峰迭新区建 1300 套，兰州新区建 1150 套。老城区安置点仍有地质灾害隐患，但因成熟的商业、完善的设施服务吸纳更多灾民搬迁居住，新城区因距离人员密集的老城区有一定距离、社区设施尚未健全，工作、生活不方便等原因实际入住人数不多。“兰州新区舟曲灾后安置点位于新区东南角，安置点规划面积为 1 平方千米（1500 亩），项目总投资 60185 万元，安置灾民 8000 人，总建筑面积 148956.6 平方米。安置区建设项目包括住宅区、卫生服务中心、寄宿制高中及相关配套工程。其中，住宅区共计 32 栋楼，户型均为二室二厅一卫，共计 1150 套住房；民生服务中心项目总建筑面积 2201.6 平方米。”[②] 2012 年 8 月，位于兰州新区纬三路的安置新楼落成，别具一格的“藏乡”楼群引人注目，黄、红、白的装饰色彩更成为一道靓丽的风景，楼宇的顶部是一个个尖形的红色屋顶，在阳光中更是耀眼。这是设计者独到用心绘制出的一派“藏乡江南”的景致和藏式浓郁风情的楼宇。然而，兰州新区距离舟曲较远，属于跨市县的无土城市安置方式，

① 中国 · 兰州新区网站：《走进新区》，http://www.lzxq.gov.cn/。

② 单广宁：《舟曲泥石流灾后重建的民族学研究》，兰州大学博士学位论文，2015。

以农业为主要生计的群众担心在完全陌生的城市不能就业、无法找到合适的生计、难以适应新环境新文化而不敢搬迁。加之兰州新区当时正处于建设中，各项基础设施不完善，教育、医疗等公共服务不完备，又距离老城区较远，老城区对其辐射带动力不强，导致新区人气不旺。自然环境方面，兰州新区气候干旱、植被稀疏、春季常有沙尘暴等恶劣天气出现，另外，安置在城市的楼房，房价相对较高，农户所要承担的配套资金较多，超出了农户的承担意愿。因此，当时的兰州新区还不具备吸纳移民搬迁的优势条件。除此之外，在灾难中失去亲人、家园的灾民，内心极度痛苦、脆弱，再也无法承受离开故土的孤独感、漂泊感，心理情感层面还未调适到在异域空间重新开始生活的程度。因此当时很少有村民搬迁到兰州新区舟曲新苑安置点，分到房子的村民将房子租给附近被征地农民以及做生意的人。近几年，兰州新区发展迅速，各项基础设施逐步完善，加之农民家庭收入在打工经济时代迅速提高，具备立足城市的经济基础，有些群众选择迁移兰州新区，享受更优质的教育资源、医疗资源。据调研，目前有100户左右人家搬迁至舟曲新苑。由此观之，跨区域易地搬迁的难度更大，所涉及的因素更复杂多元。从政府层面看，需要迁出方和接收方政府之间多次协商、论证、博弈、对接以及上级政府的通盘谋划、顶层设计、宏观指导，才能保证项目工程的落地实施。从搬迁群众看，搬迁的意愿，对迁入地的经济、社会、文化以及心理适应能力随搬迁距离的增大而降低，对未来充满风险生活的担忧因空间距离的扩大而增加。搬迁的目的在于有效地、彻底地解决移民的贫困问题，政府所选择的迁入地须具备发展能力或潜力，经过有效的社会治理激发移民的内生动力，产生经济、社会、生态效益，否则将会造成资源、财产、人力的浪费，带来相应的社会问题。

三、迁移新居

为彻底跳出“受灾—重建—再受灾—再重建”的恶性循环，解决“一方水土不能养育一方人”的困境，政府规划将地处山体滑坡地带的村庄搬迁至兰州新区。综合考虑受灾群众的特点，政府在兰州新区西岔镇现代农业产业园区建设安置点，专门安置全省避险搬迁群众。安置点的移民每家每户的劳动力能分到2亩水浇地、10万元搬迁补助金，群众还可申请5万元的小额农户贴息贷款。根据家庭人数，移民可分到77平方米至180平方米不等的房屋，如，1个六口之家，可以分到96平方米的房子。房屋的建筑风格有庭院式和小高层两种。庭院式的安置房，每家都有一个小院子，屋内的装修风格与城市无异。社区内已通天然气，移民利用天然气做饭、采暖。考虑到安置区规划建设的商业设施、公共服务设施还未建成，政府临时改建了一条商业服务街，涵盖综合商超、餐饮、通信电器、蔬菜水果、家具建材、五金百货等商业门店。公安、卫健、民政等部门及早嵌入，便民警务室、卫生服务站、社区管理站等提前挂牌设立，治安巡逻、医疗服务和社区管理等公共服务跟进开展。从安置点通往主城区有2条公交线路，出租车辆正常通行，能满足安置群众入住后的出行、购物等生活需求。

对比新旧居住空间，新居干净、明亮、宽敞。部分采用庭院、巷道等农村建筑风格，有利于移民物理空间层面的融入，移民聚集在巷道内聊天，具有相同背景的移民有共同的话题、相近的认知、相似的感知，使他们能够很快地建构新的社会关系网，快速融入新环境，形成新的“熟人社会”。因为本书的主题是农牧民转移人口市民化研究，因此，在安置点从事二三产业的移民是主要的研究对象，探讨他们生计的转型、社会关系重塑、文化适应与心理空间认同等。经营现代农业的移民因职业、身份未能发生根本转变而作为对比研究群体，并非本书的重点研究对象。西岔镇作为兰州新区的托管镇之一，随着兰州新区的不断扩张，终将纳入城市空间范围。兰州新区的现代农业产业园区具有丰富的乡村旅游资源，吸纳周边城市市民前往旅游、采摘，体验乡村生活的乐趣，其与城市的空间、文化距离正在逐步缩短。

舟曲避险搬迁群众在兰州新区的安置方式是多元的，政府采取农村有土安置与城镇安置相结合的模式。其中，城镇安置由新区城投集团负责，已在主城区不同区域谋划实施城镇安置项目 11 个，建设移民安置住房 1.2 万余套，为城镇安置群众提供了充足的房源；农村安置由新区农投集团负责，采取统规统建方式，对安置住房和配套基础设施、公共服务设施进行一体化设计、分批次建设，配套建设学校、卫生服务站、养老服务中心、党群服务中心等公共服务设施。目前看，农村安置方式得到了群众普遍认可，搬迁入住率较高。城镇安置方式由于住房售价较高，群众自筹款项较多，农民经济负担过重，当前还处在动员、宣传阶段。舟曲县 GY 乡有两个村子 2021 年整体搬迁，两村中农村户口的村民被集中安置在兰州新区农村安置点，几户城镇户口的人家，政府采取城市安置的方式。城镇安置与农村安置都是政府每户补偿 10 万元，剩下的差价村民自行贴补。城镇安置由政府选定几处小区，村民可自愿选择购买商品房或经济适用房，经济适用房均价为 3800 元 / 平方米，商品房的价格更高，除政府补贴的 10 万元外，剩下的尾款要一次性付清，村民都表示这种付款方式压力太大，一次性拿不出这么多钱。

农村安置点位于兰州新区西岔镇现代农业产业园区。西岔园区将打造西北最大的食用菌研发生产基地，利用双创基地大棚，规划建设实验室科学设施，加强和省内外高水平研发机构的合作，用先进的技术，培育生态高品质的菌类。兰州现代农业双创基地主要建设1200座可移动、模块化、装配式日光温室，其中种植食用菌600座、果蔬300座，中药材育苗300座，还建设了集研发、培训展示为一体的科训中心1座，食用菌棒加工间1座以及其他辅助设施。食用菌种植达产后日产食用菌200吨以上，主要销往兰州及其他省市。以食用菌规模化、产业化、标准化、工厂化为基础，坚持效益与规模相结合，加快产业化布局，着力打造西北领先的食用菌种植与研发基地。兰州新区相关公司的主要产业有：食用菌种植及深加工；中草药育苗；冷链物流。整个产业占比最大的是食用菌，食用菌车间占地30亩左右，建成后有18种菌类面向市场供应，目前主打的食用菌产品为平菇、香菇，香菇日产菌包5万磅，平菇日产菌包3万磅，在整个兰州市、新区的配比完全达产后占整个市场份额的60%左右。西岔园区把科研成果和实际生产应用相结合，和甘肃农业大学、宁夏大学、兰州职业技术学院、兰州现代职业技术学院等高校开展合作，成立“产学研教育基地”“研发基地”“就业创业基地”，建立丰富的人才储备库，并解决大学生实习、就业等问题。通过项目吸纳周边村民及舟曲避险移民群众，经过统一农技培训发展为食用菌产业工人，月收入均可达4000元。[①] 兰州新区秦川园区着力打造特色农业产业基地，带动设施蔬菜、高原冷凉花卉、高原

① 甘肃发布：《兰州新区：发展小蘑菇，做成大产业》，https://m.thepaper.cn/baijiahao_15993557。

夏菜三个产业逐步推进，积极融合休闲农业，在增加设施农业产值的同时，更好的引导区域产业发展。设施农业项目自 2019 年立项，占地面积 406.7 亩地，建成之后主要负责扶贫项目，每年给农户 8% 的利息分红，带动就业。高原冷凉花卉的特点适应兰州新区高海拔冷凉气候，种出来的产品质量有优势，而且以简易设施为主，成本也有优势。像芍药、满天星、向日葵、洋牡丹等这些产品已经走向全国市场，具有一定的竞争优势。2021 年这几个产品产花量大概 70 余万枝，生产面积有 50 多亩，1 亩地产值就 15000 元左右。园区希望通过短期的劳务技能培训，帮助移民群众快速就业或自主择业。截至目前，兰州新区秦川园区现代农业产业园项目已投产日光温室 50 座，拱棚 42 座，露地 70 亩，累计种植面积 400 亩。供应蔬菜水果 50 万斤，鲜切花百合等约 100 万多支，累计销售额 260 万多元。同时，秦川园区还以“企业 + 专业合作社 + 农户”的产业发展模式，推进规模化种植，打造紫花苜蓿、青贮玉米等饲草料种植与和尚头小麦示范基地；另一方面积极引进实力雄厚、农业种植经验丰富的经营组织和项目落地园区。

现代农业产业园的发展能够吸纳大量劳动力，舟曲部分年轻劳动力进入产业园就业，因为有经营农业的基础，移民经过简单的培训就可以上岗，特别是一些女性劳动力得以走出家庭走进社会，成为一名现代工人，在家门口就业，兼顾家庭与就业，不但增加了移民家庭收入，而且使农村妇女由传统走向现代，提高了社会地位与自我认同。城镇化快速发展的时代，城镇元素深度嵌入农民的日常生活中，虽然移民被安置在农村，保留了农村户口，但政府治理的方式是促进农民现代化转型，并实现生计方式的非农化。政府每月举办一次招聘会，解决移民就业问题。扶持有创业意愿的群众创业。比如，兰州新区舟曲综合服务中心于2021年9月组织两次招聘会，两次招聘会上39家用人单位提供180个工种在内的共790多个就业岗位，391人现场达成就业意愿，累积组织236人开展就业技能培训。11月举办了一次招聘会，招聘会上32家用人单位提供了87个工种在内的共1543个就业岗位，根据招聘单位现场报名统计数据，263人现场达成就业意向。截至目前，已在安置区举办了专场就业招聘会8次，联系就业单位50余家，提供就业岗位11000多个，组织开展技能培训45期，培训4000多人次，3500多人实现上岗就业，扶持120余户家庭自主创业。[①] 从职业、居住方式看，移民中的部分人因迁移而市民化，因此，笔者将农村安置点中部分逐步走向市民化的群体纳入研究对象，与城镇安置移民对比分析，探讨移民在职业、居住空间以及身份和价值观层面何以逐渐走向市民化。对移民而言，农村有土安置所承受的变迁冲击力小，最大的变化是从故土脱域，嵌入另一个生存场域，并且以整体的、组织化的方式嵌入新的环境，原有的社会关系、身份得以保留，传承与延续的传统、社会组织有助于移民快速适应新环境。但是农村安置面临着兰州新区土地有限、农村安置耕地紧缺的问题，兰州新区作为接收方，更希望将移民安置在城镇，这样不仅可加速城镇化，还可减少财政支出、节约耕地。鉴于农村有土安置成本高，将来的移民搬迁更倾向城镇安置，从2022年开始，安置点建设的安置房均为小高层。

笔者访谈舟曲移民搬迁临时党支部工作人员关于移民对搬迁

---

① 张建平：《今年第八批舟曲搬迁群众入住兰州新区新康村》，载《兰州日报》，2022-11-19。

安置点的满意度时，政府工作人员认为移民对安置点非常满意，政府安置服务工作细致周到、搬迁安置方案覆盖群众关心的所有民生问题，认为是非常成功的跨区域搬迁行动。“现在下面（舟曲）的人抢着往来搬，一些在外地打工的人都想办法回兰州新区找工作，实现家门口就业。”（舟曲移民搬迁临时党支部工作人员）

为有序推进移民工作的开展，舟曲县委县政府在兰州新区设立舟曲移民安置工作站（兰州新区综合服务中心），配合兰州新区移民办积极开展工作。工作站具体负责移民关心的大小事务，那些看似琐碎的事却是关乎顺民意、达民情、暖民心的大事。跨区域迁移群众对政府有较强的依赖性，他们以凡事都诉诸政府的方式来缓解内心深处的漂泊感、惶恐感、无助感以及不适感。政府根据群众的需求，尽力做群众的靠山，以此达到让移民群众“感党恩、搬得来、稳得住、能发展、可致富”的目的。据调研，工作站开展的民生工作为：一是积极响应县委县政府的号召在移民中进行爱国主义教育，移民群众家家客厅挂伟人像，户户房顶国旗迎风飘扬，在兰州新区成了一道靓丽的风景线。2021年国庆前夕，移民点第一临时党支部及时设立了每个组团的网格长和网格员，维护社会稳定，深化并细化移民管理工作。二是为持续推进避险搬迁群众后续就业，加强劳务输出对接，舟曲避险搬迁第一临时党支部与多部门联动开展就业帮扶，先后与兰州新区现代农业投资集团有限公司、甘肃舟新城投瑞雪华庭房地产开发有限公司、甘肃舟新城投龙舟房地产开发有限责任公司、兰州锦亿圣服饰有限公司、兰州新区土地资产投资管理有限公司、中国十七冶集团有限公司签订就业扶持协议，确保搬迁后的每一个有就业意愿的搬迁群众至少获得 1 个有针对性的岗位信息。组织协调移民去兰州新区工地、工厂、鲜花基地、服装厂等就地就近就业。除此之外，工作站全体工作人员在节假日加班加点，走家串户，摸清每户情况，按照每户具体情况有针对性地制定就业指导。移民中 55 岁到 70 岁之间的中老年人是农业的主力军，针对这部分群众就业难的问题，第一临时党支部就近联系兰州新区农投公司相关部门加以重点解决。最终这部分群众在农投公司找到了绿化方面的工作，并购买了各项社会保险，使这些家庭都有了稳定收入，解决了他们找工作难的问题。三是工作站及时让兜底搬迁户中的孤寡老人直接进入兰州新区舟曲福利院安享晚年。在搬迁工作最关键的时刻，第一临时党支部充分发挥党员先锋带头作用，发动群众志愿者和党员志愿者共 2000 多人次参加卸车搬运和盒饭配送工作，使每批搬迁群众入住新区的当晚都吃上了在兰州新区特订的温暖晚餐。期间，工作站工作人员带动移民群众

图 5.1 新居生活

中未就业大学生积极参加安全宣传，教会群众正确使用壁挂炉点火取暖做饭，手把手教群众开关暖气，插刷水电卡，给群众留下了深刻印象。四是第一党支部对157名残疾人家庭进行了周到细致的服务工作，对有工作能力和愿望的人员想方设法找工作，介绍他们到就近的服装厂工作，使他们有了稳定的收入，过上了美满的生活。由于疫情影响再加上学生处于学期中途转学，因教学进度问题及教材版本不同等原因给搬迁群众中的初高中学生造成了一定的影响，针对这种情况临时党支部组织群众召开五次家长座谈会，与家长倾心交流，耐心细致地做家长的思想工作，协调教育部门妥善解决问题，处理了这一影响搬迁的不稳定因素，使这些学生都回到了新区课堂，继续他们的学业。一桩桩、一件件具体民生事务的解决，浇筑成移民社区稳定发展的基石。

第三节　空间再造、生计转型、关系重建与文化融入

跨区域的迁移意味着与过去与传统较为彻底的决裂，移民开启崭新的生活，就要从头再来，努力寻找新的生计方式、建构新的社会关系网、再造新的身份、适应新的治理模式。为助力移民立足新的空间，政府给出3年过渡期，过渡期内，移民可在故乡与新居之间自由往返。然而，基于时间、距离及经济成本等因素考虑，选择搬迁的移民较少返回故土。不同年龄群体进入新的生存空间，因个体人力资本、社会资本差异产生新的社会分层与社会流动，移民在解构、重组中选择、调适与建构。

一、空间再造

（一）自然地理空间

舟曲县与兰州新区完全不同的气候、自然环境所造成的落差是移民的共性体验。从山清水秀、满山郁郁葱葱的舟曲进入一马平川却是满眼黄土的兰州新区，他们的心情跟着“荒凉”起来，总感觉浑身是土，出去一趟，连睫毛上都是黄土。有些妇女很不适应气候干旱、冬天寒冷的兰州新区，在相对恶劣的自然环境面前甚至有了回迁的念头。大部分人，特别是年轻一代，对兰州新区未来发展抱有很大的希望，认为毕竟是国家级新区，国家会投入财力、资源加快发展。现在的“尘土飞扬”是暂时的，随着安置点道路进一步硬化，周围空地的绿化，环境将会得到极大改善。老家舟曲虽然山好、水好、风景好，但是有滑坡隐患，位于半山腰的村落交通极不便利，车子无法驶入，村民去县城买了东西到达村口之后还要背着回家，而且村民以“人力”的方式经营农业，春耕时将种子、化肥背到田地，秋收时将收割的农作物背回家。移民认为人总要过日子，不能守着景色甘受贫困。年轻人因为常年流动在外，只有过年的时候才回家几天，他们虽然对故乡留有情谊，但少有离愁别绪，认为在哪里生活都一样。“我一直在北京打工，老公在县城开了两家电器店，我们在县城有房子，只有过年的时候回农村老家，在老家就呆三四天，农村洗澡不方便，厨房黑乎乎的感觉不卫生。对我来说在哪里生活都一样，县城生意已经饱和，搬到新区会有更好的发展前景。”（女　汉族　37岁）“哪里是家？就是有父母有孩子，有欢声有笑语的地方。想家也是想家里的人，家里人在哪里，哪里就是家。”（女　藏族　29岁）“现在年轻人常年在外，习惯了流动，我觉得外面比老家好。”（男　汉族　39岁）“在哪里都一样，都要努力拼搏，保持一颗真诚向上的心，才能战胜生活的艰辛。”（男 汉族 26岁）处在社会转型、人口大流动时代的年轻人，市民化意愿与能力之间存在张力，他们向往城市的生活方式，渴望扎根城市，实现身份转型，但缺乏应对城市高消费、充满竞争性生活的能力，被城市辐射的村落、城中村成为他们的落脚之地，在这些空间他们既可以享受城市的便捷性，又能承担起较低的消费。兰州新区避险安置点距离城市近、较低的消费、庭院式的空间，满足了难以在城市扎根的年轻人的需求。大部分老人跟随子女搬迁，子女拥有家庭话语权，决定家庭重大事务，要是子女决定搬迁，老人即使有不舍与担忧，也会选择搬迁，并且老人认为要为子女未来的发展着想，不能因为迷恋自然环境而拒绝搬迁。长期被自然灾害侵扰的老人也喜欢兰州新区的自然环境。“这个地方很好，地势平坦、气候干燥，再也不用担心下雨滑坡的事，睡觉也踏实了。”（女 藏族 72岁）

（二）居住空间

搬迁前，每家每户的房子呈点状散落在村子，村民居住相对分散。安置点的房屋集中连片分布，是整齐划一的建造风格，虽然同一村落的人被集中安置在一起，并且每家每户的门口贴了门牌号和户主姓名，村民仍然需要时间适应完全同质化的空间。搬来的村民保留了只要家里有人，大门就敞开的农村生活习惯，有些方向感差的人直到进入房间才发现走错了地方。尤其是一些不识字的妇女、老人等，更容易迷失方向，他们只好通过门口的电线杆、院中摆放的物品等来辨识是谁家。出行不便限制移民交往的圈子，他们一般只去附近来自同村的邻居家串门、聊天。除此之外，搬迁前，村落人数少，长期生活在一起的人彼此熟知，感

图 5.2　左图为搬迁前的村落民居（舟曲县巴藏乡）；右图为兰州新区移民安置点民居。

情深厚，认同于形成特定环境的村落文化和精神信仰，血缘、亲缘、地域和文化强化村民之间的向心力与凝聚力。搬迁后，村民虽没有被分散安置，然而，来自不同村落、不同乡镇的人重新组成的社区是一个相对陌生的大社区，社区内部同质性与异质性群体共存，村民之间缺乏凝聚力。新的社区制度尚在建设与完善中，社区文化的建构需要更长的过程。社区文化认同的缺失，使得移民更加注重物质与现实利益，更趋向于关注在新的空间如何生存、如何快速找到立足新环境的生计方式。适应庭院居住的村民，不习惯城市楼房的居住空间。做生意的人，将商品摆放在自家院子，不用专门租商铺和库房，节约了不少成本。因而，不同年龄、不同生计方式的移民都喜欢农村安置方式。

（三）制度空间的建构

政府主导推进的避险搬迁，在宣传、动员群众搬离灾害多发频发的原居空间，再造与建构社区公共服务、治理模式、社区文化、社会关系等方面，地方政府均扮演主体角色。为帮助移民定下心来，尽快融入新环境新生活，兰州新区移民办连同舟曲移民搬迁临时党支部加大对移民就业、教育、医疗、养老等社会保障扶持，整治人居环境、完善社会治理，健全党群工作，真心真情为移民办实事。

一是针对搬迁群众人力资本薄弱的现状，有针对性地开展技能培训。政府以培训提素质，以引导促就业为目标，通力协作，共同推进搬迁户创业就业。重点强化就业服务保障，联系对接人社部门，“采取联系企业用工就业一批、引导劳务输出就业一批、支持发展产业就业一批、组织灵活务工就业一批、开发就业扶贫专岗安置一批的‘五个一就业’模式，最大限度满足搬迁群众就业需求”[①]。兰州新区的一些劳动密集型企业面临招工难的困境。文化程度低、缺少技能的搬迁群众非农化就业意愿强烈，他们异地就业缺乏市场竞争力，到兰州新区工厂就业刚好填补企业用工缺口又满足群众致富的期盼。政府根据群众早期积累的社会经验、人生阅历，筛选出适合搬迁劳动力就业的岗位，与兰州新区农林水务局、农投集团、兰州兰商商业会计学校等单位进行对接，对就业困难和有就业、创业培训需求的搬迁户劳动力，有针对地开展创业培训、创业指导，解决企业和移民双向需求，达到共赢目的。冬季是就业的淡季，外出务工人员返乡、工地停工、在大棚务工的大部分工人回家，针对这种情况，政府组织开展了一些技能培训，拓宽群众就业创业渠道。笔者调研期间，政

① 那有布：《关于甘肃舟曲县地质灾害避险搬迁工作思考》，http://chinadjw.org.cn/zhonghebaodao/661.html。

府组织相关职业技能培训学校为移民免费开展厨师、家政、挖掘机等培训。培训课程分为理论和实操两个部分，大概20天的学时。厨师培训传授的都是家常菜的做法，零基础的人也可以参加培训，洗菜、切菜、搭配、火候掌握、佐料、装盘等步骤，老师都会讲解。培训结束后，对培训合格的学员颁发合格证书并进行就业推荐。挖掘机培训合格后颁发毕业证书，学员反映教练指导得认真、细心，希望过年以后，能够找到开挖掘机的工作。

二是临时党支部紧扣搬迁群众关心的现实问题强化社会治理，以党建为引领，定期召开党支部会议，贯彻落实省、州、县有关避险搬迁工作部署，充分发挥战斗堡垒和党员先锋模范作用，建立党员联系群众服务机制，采取结对联系服务方式，以人民为中心，在创业就业、环境卫生、基础设施、疫情防控等方面持续加大工作力度。积极探索并推行网格化管理，建立以“村党支部＋网格党小组＋党员中心户”为框架的三级网格化管理体系，由居民投票推选出网格长（员）、中心户长，逐户收集建立业主信息系统和业主群，同步建立网络服务平台，实行网格化管理服务机制。[①]避险搬迁安置点分为16个网格，设一名网格长和两名网格员，每名网格员管理几户移民，网格长负总责。服务的内容为信息采集、居家养老、司法调解、综治维稳、治安联防、安全检查、社会保障、民政救助、便民服务、矛盾纠纷排查调解、政策法规宣传、环境卫生监督等，网格长、网格员的电话以及所管辖的移民都设有上墙公示牌。网格长每天向临时党支部反馈解决群众困难情况和社情民意。一个党支部就是一个战斗堡

① 那有布：《关于甘肃舟曲县地质灾害避险搬迁工作思考》，http://chinadjw.org.cn/zhonghebaodao/661.html。

垒，为强化基层社会治理，增强移民凝聚力及适应新生活方式的能力，临时党部的工作人员每天入户了解群众生活现状、困难和期盼，帮助移民学会使用天然气、电磁炉、卫生间等，用力、用心、用情支持群众扎根新居。“政府对我们移民特别关心，特别支持，干部天天入户，脚上都磨起了水泡。但是他们毕竟人少，群众反映的有些问题不能及时解决，有些人就会在微信群里喊着说，自己反映的情况不能及时解决，还有人吐槽房屋质量、水质问题，甚至插线板不通电的问题，喜欢在群里发牢骚。总之，群众的事难办，办起来很辛苦，众口难调，只有尽力去办。”（女　藏族　29 岁）

三是利用微信等现代网络 APP 增强移民社区凝聚力和归属感。临时党支部建立了“移民微信群”，工作人员会在群内发布一些相关通知、新闻消息、美篇等，群众有什么要求可在群内发言。除此之外，移民自发创建了许多微信群，相同批次搬迁的群众会创建微信群，还有老乡联络群、移民安置点服务交流群、移民安置点供电服务群等。微信群的创建具有随意性和自由性，个体之间、家庭成员之间出于联络方便都会创建微信群，因而，现代人的通讯录中会有很多不同功能的微信群。做生意的人通过微信群招揽生意，比如，移民需要购买米面油时，在微信群里说一声并告知地址，超市老板就会送货上门。“在兰州新区不但交通便利，生活也很方便，需要什么东西在微信群里说一声老板就会送货上门。在老家哪有这样的待遇？到镇上、县上买个东西还要背回家。”（男　汉族　43 岁）微信群密切了干群关系、强化了群众之间的沟通交流，使来自不同乡镇不同村落呈“分散状态”，彼此陌生的移民有了相互认识的机会，也为群众提供了发声、抒发情感的平台。千里搬迁，来到完全陌生地域的移民情感处于迷茫、空白的状态，需要媒介抒发感情。有些移民以拍摄短视频的方式向外界倾诉自己搬迁后的心情，在与网友的互动中获得慰藉。

四是加强避险搬迁安置区标准化建设。发挥党支部示范带头作用，组织动员广大党员以及搬迁群众持续开展“五无甘南、美丽舟曲”工作，推进搬迁安置区“全域无垃圾”“全域无化肥”“全域无塑料”“全域无污染”“全域无公害”，重点加强扬尘污染、燃煤污染、生活面源等污染的管控，强化饮用水水源环境保护，积极发挥党员带头示范作用，通过“主题党日”党员大会，加强宣传引导，从自身做起，动员农户使用农家肥、有机肥。[①] 开展移民关爱活动，在活动现场，设立了政策宣讲、维权服务、招聘推介、教育咨询、健康义诊、创业贷款等便民窗口，开展送政策、送法律、送岗位、送教育、送健康等活动，集中解答群众关心的问题、疑虑和担心的问题。动员社会各界的志愿者参与搬迁行动。兰州新区组织 3000 人次青年志愿者全程参与移民搬迁安置志愿服务活动，帮助搬迁群众打扫住房，搬卸、运送家具、行李物品，深入搬迁群众家中，志愿服务活动上门进户，让搬迁群众暖心舒心搬进新家。

作为首批入住兰州新区的地质灾害避险群众，舟曲移民得到政府、媒体、社会、企业的高度关注。各级领导的关怀，新华社、人民网等权威媒体的宣传、企业和社会爱心人士的捐赠使移民社区成为“热点”区域。在外界营造与宣传的氛围中，移民更加感恩党的好政策，追求美好生活的愿望更加强烈。因此，当华

① 那有布：《关于甘肃舟曲县地质灾害避险搬迁工作思考》，http://chinadjw.org.cn/zhonghebaodao/661.html。

润医药集团向舟曲避险搬迁群众捐赠价值28万元的常用药品，甘肃慈善总会为随迁幼儿捐赠价值22万元的奶粉时，有移民发出“有种让人幸福、感动到哭的政策，感谢国家，感谢党”的微信朋友圈来感恩党的政策及社会的关怀。

二、生计方式多元化

舟曲县人多地少，主要种植小麦、土豆、玉米、豌豆等农作物以及药材、黑木耳、羊肚菌、油菜、核桃、花椒等特色经济作物。搬迁前，老人、中年妇女留在农村经营农业，年轻的女性边在县城打工边陪读，男性青壮年劳动力外出务工，形成“半工半耕”生计方式和城乡两栖流动生活状态。农业经营方式较为粗放，以人力加半机械的方式进行。大山深处的村民仍然依靠传统的人力、畜力维持生计，留在农村的妇女以自发合作和互相帮工的形式合力完成一些重体力的农活。搬迁后，移民的生计方式因生存空间的转变而发生变迁。舟曲县城的居民，如果选择搬迁，就会安置在市区，属城—城流动，即从中小城镇流向较大城市，流动的目的和诉求体现出个体差异性和多元性，既有对大城市优质教育、医疗等资源的追求，也有家庭收入增加后的消费需求。这两部分人携带一定经济资本、人力资本及社会资本流动，具备市民化能力且市民化意愿强烈。不少人早期在大城市务工经商，为了兼顾、平衡家庭与职业而返乡就业或创业，他们希望通过举家迁移城市减少家庭离散与留守之痛，并让子代享受城市更优质的教育资源，阻断代际贫困，因而在兰州新区就近就地就业的意愿强烈。兰州新区正处于加速发展期，不少企业、工厂因政府招商引资而落地新区。积累务工经验的农牧业转移人口进入劳动密集型企业就业，收入虽低于东南沿海等大城市，然而个体的幸福感、获得感较高，因而，城市融入水平高。不少流动在外的年轻人渴望就地就近就业或创业，实现家庭团聚，减少流动感和漂泊感，但又苦于本地就业工资低，难以供养一家人的城镇化消费，他们在矛盾中徘徊，在异地和本地之间转换就业。

农村安置点的移民搬迁前，青壮年劳动力在本县城或异地城市务工，受限于缺技能少文化，他们在城市从事依靠体力的工作。政府根据村民的实际情况和需求，采取农村安置的方式，以尽可能地减少职业、身份、文化巨变给移民带来的冲击与震荡。然而，嵌入城市边缘的村民思想观念发生转变，部分村民认为离开封闭落后的山村来到城市，就要开启崭新的生活，实践另一种生活方式，他们选择学习一门新技术，如参加厨师、电焊、挖掘机培训等，或者进入工厂打工成为工人，或者开超市、餐馆、理发店、经营其他商铺等，在家门口实现非农化就业或创业。迁移为农民生计方式的转变带来机会，加速迁移群众职业的多元化、非农化，产生基于人力资本、年龄、性别差异之上的社会分层。非农化就业是移民走向市民化的前提，也是移民立足城市的基础和根本。部分搬迁前在异地大中型城市务工经商的青壮年劳动力迁移之后，鉴于兰州新区良好的发展势头返回兰州新区就业，或在兰州老城区就近就业。了解到部分人有就地就近就业，实现家庭团聚的意愿，尚先生开了一家劳务公司，专门为移民介绍工作岗位。部分人坚持在异地城市流动，主要原因认为在兰州新区或兰州上班工资低。“过完年还会去新疆打工。这里工资太低，我打听了一下，工地上月工资不到4000元，不够生活。在蔬菜大棚干的人1天130元，除了吃饭，男的还要抽烟，一天的工钱所剩无几。”（男　汉族　37岁）因此，青壮年的就业呈现出本地和异地就业两种模式。还有部分青年群体，包括刚毕业的大学生，选择留在兰州新区创业。政府对自愿创业的大学毕业生给予扶持和资助，鼓励他们将所学知识转化为带动地方经济发展的资本。有一定经济资本积累、创业意愿强烈的农户在政府的扶持下，根据市场需求选择经商类型，加之处在成长期的移民社区缺少商户，早期进入的商户竞争对手少，有刚性消费需求的移民群众去兰州新区市中心购买商品面临诸多不便，只好选择家门口就近购物，因而经营日用品、家电的商户盈利较好，并且收入远高于进入工厂打工的人。小L是第一个在移民安置点开电器店的返乡大学生。大学毕业时，赶上老家整村搬迁，她没有回老家参与搬迁，而是直接从学校来到搬迁的新家。“我们一直在外读书，搬迁时也不在家，没感受到离愁别绪，希望搬出的是贫困，搬来的是幸福吧。”小L的父母、舅舅都是经营家电生意的，家庭成员为她提供了经营生意的启动资金，并传授经验和能力。搬迁来的移民家里都要安装壁挂炉取暖，不少家庭也要购置新的家电，因此，尽管后来也有人开家电超市，小L的生意一直不错。“舟曲那边开家电竞争大，市场基本饱和了，这边有更好的发展前景。”小L的家电超市是临时党支部扶持的创业示范一号店，临时党支部在媒介上宣传大学生创业风采，安排她们接受新华社等媒体采访，希望通过她们带动更多的青年加入创业队伍。

看到年纪轻轻的小L能够将家电生意经营得红红火火，意识到安置点家电市场需求大，一些拿不准做什么生意的观望者跟风做起家电生意。小Z以前在兰州干销售，全家搬迁后，在新区开了一家电器店，主要销售HD牌壁挂炉。一方面他没有开店的经验，一方面小L代理的品牌已经在安置点打开了市场，其他品牌竞争力弱，难以得到村民的认可，因而生意冷清。“人都有跟风的心理，看到别人家安装某个品牌的壁挂炉，他也会选择相同的牌子。M 品牌主要是做小家电的，HD 品牌是专业做壁挂炉的，但是老乡们认可 M 品牌，我也没有办法。做壁挂炉生意有淡旺季之分，冬季相对生意好，等到春天，天气暖和了我会去做其他生意。在安置点做生意，营销的对象都是搬上来的老乡，不可能要价太高，盈利也就不会太高。”（男　汉族　28 岁）

缺少人力资本、家庭资本积累的年轻人，除选择受雇于工厂、农业产业园及服务行业外，一些人选择学习一门技术，也有人选择从亲戚朋友处借钱创业。韩老板开的超市是临时党支部扶持的创业示范五号店。他是第二批地质灾害避险搬迁群众，到安置点以后发现当地超市较少，早期就在舟曲县超市打工的他萌生了开超市的想法。虽然没有开超市的经验，他还是想尝试创业，于是向亲戚朋友借钱，在临时商业一条街租了一套房子开店，没想到生意挺好。夏天安置点工程大干时期，工地的工人是超市消费的主体，韩老板 1 天能赚 3000 ~ 4000 元，冬季工程停工期间，前来消费的都是附近的移民，超市每天的营业额是几百元，开超市的收入远高于打工收入。“搬迁为我们带来了致富机会，目前移民点人流不多，随着搬迁入住人数的增加，这里会越来越好。这里距离大城市近、交通便利、看病方便，小孩上学也方便，就业机会多，只要愿意干，就能找到活干，在这个地方打工，男的有点技术的 1 天能挣 300 多元，小工也要 200 元以上；女的 1 天能挣 130 ~ 140 元。在舟曲县，男的 1 天挣 100 多，女的还挣不到 100 元。这里就是气候、环境、水质比不上我们老家。我们那边人的皮肤，尤其是姑娘的脸都是白白嫩嫩的，到这里没几天就吹得黑黑的。但是老家一下雨道路就被冲毁，年年修、年年毁。我们村子在半山腰，一下雨就担心滑坡，搬到这边再也不用担心下雨滑坡了。政府、社会爱心人士对我们移民特别关心，捐赠物资、关心发展，很多老百姓没见过壁挂炉，政府挨家挨户地教百姓怎么使用壁挂炉。”像韩老板一样的年轻人认同于搬迁，认为搬迁至城市周边有更好的发展前景，孩子能够接受更优质的教育资源，老人能享受到更便捷、优质的医疗服务。作为首批入住兰州新区的避险群众，他们就像是一群开拓者，在一片荒地上努力开创生计。大部分做生意的人延续搬迁前的生计，继续经营买卖。更多的人从零开始，摸索经验，在实践中探索与尝试，实现生计转型，由雇佣走向自雇。调研时遇到的蔬菜店老板小 Y、开邮政驿站的小 Z 及经营小吃店的小 L 都是没有经验，从零起步，摸索前进的创业者。

搬迁前在县城租房陪读的年轻妈妈要么没有空闲的时间出去工作，要么难以找到上班时间灵活的工作岗位，不能兼顾就业与照顾家庭的她们，只好全职陪读。搬迁后，小孩上学有专门的校车接送，而且中午不回家，这样就解放了一批年轻妈妈进入劳动力市场工作，不但增加了家庭收入，年轻女性重新步入社会，增强了自我认同，变得更加自信乐观。性格开朗、善于言谈的小 Y 搬迁前是村副支书，每月 2000 多元的工资加经营一个小卖部，丈夫在外地的建筑工地上班，月工资为 6000 ~ 7000 元，为了不让自己 1 岁多的小姑娘成为留守儿童，小 Y 坚持不外出工作，两次公务员考试失败之后，她选择了村干部之职。她所在的村子不是整村搬迁的，她认为在农村没有发展前景而选择搬迁，并且认为搬迁后孩子能够接受良好的教育。刚搬来时，新农村还没组建起来，她在鲜花基地上班，月工资 3700 元，有通勤车到移民点接送她们上班。冬天时，不少人辞职回家，通勤车因接送的人太少不再发车，小 Y 因为上班出行不方便而停业在家。新农村班子搭建时，她竞选了妇联主任一职。小 Y 认为搬迁为她带来更多的选择机会，如果一直生活在舟曲，她可能会成为一位陪读妈妈。搬迁后，她可选择在家门口就业也可继续当村干部。由移民组建的新农村人口众多、人员构成复杂，工作开展难度大，需要花费大量时间熟悉农户的情况。小 Y 最关心的是工资问题，“如果工资低就干别的工作不当村干部。我要努力奋斗给女儿创造一个温馨的家。我老公也准备在新区工地上找活干不再外出，一家人团聚最重要。”正如她在微信朋友圈表达的一样：“你在身边，在你身边”，这代表部分年轻人的价值观，她们渴望家庭完整，渴望被爱守护。

正处建设期的移民社区，吸纳了一批文化程度不高、在劳动力市场不具备竞争优势的中年人到建筑工地就业。建筑工地招收工人要求年龄 55 岁以下。有些返乡的农民工重新走上工作岗位，在家门口实现就业，兼顾就业与家庭，既能缓解个体焦虑感，又为整个家庭立足新的生存空间做出贡献。焦虑感产生于因迁移带来的各种担忧，担心自己没事干，担心消费增加，家庭陷入贫困，等等。常年流动在外的第一代农民工是农村中的精英，文化程度相对较高，他们敢闯敢拼，想法与年轻人相似，认为不管在哪里，都要勤奋、努力，才能换来幸福生活。调研时遇到的韩师傅近 50 岁，拥有初中学历。初次访谈时，他正在雕画家神的遮面。他告诉笔者有一定文化程度的人才能给“神”制作遮面、写对联等，没有文化的人会出错。韩师傅写着一手好毛笔字，过年时邻居都请他写对联。韩师傅还是一位钢筋工，之前在兰州榆中县、新疆等地打工，搬迁后，在新区建筑工地干活，绑钢筋的活儿耗费体力，又累又脏。为了供养 3 个大学生他必须努力挣钱，3 个大学生 1 年的花费近 10 万元，也是他们家庭中最大的开支。早些年的时候，他和妻子开着一家小吃店，每天起早贪黑、又忙又累，1 年能挣 7 万 ~ 8 万元，后来妻子体力不支，小吃店开不下去，于是韩师傅学习了绑钢筋的技术。韩师傅在老家的时候也是以务工为主，没种地没养牲畜，搬迁后的生活和以前一样都靠打工维持。只是搬到城市附近，就业机会更多了。常年在外打工、流动，韩师傅的生活方式、思想观念已经市民化。业余时间他喜欢刷小视频，有时候还会拍摄视频记录自己的生活。目前他有 1000 个抖音粉丝，上传的小视频有粉丝点赞、评论时，他会积极回应。网络已成为韩师傅生活的一部分，他 80% 的物品在网上购买，衣服在淘宝、拼多多上买，家电在京东上买。

借助距离城市近的空间优势，移民在职业层面实现市民化，而且移民社区受城市资源、技术、文化的辐射带动，随着城市空间的不断扩张，最终将成为城市的组成部分。在跨区域的迁移实践中，中年女性的再社会化程度最高，原来留守在农村经营农业和照顾子代子女的妇女，走出家庭，进入服装厂、鲜花和蔬菜大棚等劳动密集型企业务工。现代企业、农业的生产方式虽与传统农业、手工业不同，然而有经营农业经验、会绣花技艺的妇女经过短时期的培训都可上岗。女性参与市场经济活动不但增加家庭收入，还强化了女性社会认同，女性变得更加自信，对未来生活充满信心。“在服装厂干，工作轻松，工资按件算，1 个月能挣 2000 元左右，加班另算。现在旱涝保收，不像以前打零工，有时候有活干有时候没活，而且现在干的活不累。工作之余，还能照顾上家庭，以后的生活肯定会越过越好。”（女　藏族　48 岁）受其他女工和大众传媒的影响，从事非农化职业的进城妇女，城市消费体验的诉求强烈，在衣着、外貌等方面追随市民，乡土性迅速退减，城市化、市民化特征逐渐凸显。冬季建筑工地停工，工人返家待业，针对这种现状，临时党支部积极协调企业开展订单式服务，使群众“居家就业”，如，协调兰州某服装厂对未就业的妇女进行现场培训，详细讲解纳鞋底的方法。群众通过和企业签订合同，每双鞋底手工费16元，做好后企业定时上门取货。按照合同，妇女要先预交押金，企业验收合格后才会发手工费并退回押金，有些妇女觉得这种活挣钱来得慢，虽然鞋孔都是提前打好的，自己只负责穿线，但是一天也纳不了几双鞋底。所以，看似能吸纳中年妇女的就业岗位，实则因为赚钱太少而没有吸引力。一些不识字的中年妇女故土情结浓厚，认为自己只能适应乡土生活，缺少在城市生活的资本、能力与经验。在农村，她们就算不识字仍然可以种地，门前栽几排花椒树，每年可产生2万～3万元收入。进入城市，不识字加之语言不通，让她们几乎寸步难行，进入陌生的空间，自己被周围的一切所区隔，难免产生剥夺感、排斥感。然而，搬迁至兰州新区后，通过熟人带领，她们得以在建筑工地就业，非农化就业增强了她们对城市的认同，在身份转型中逐渐适应城市生活方式。

老年群体长期生活在农村，生活方式、思想观念、行动逻辑深深地打上农村烙印，乡土情结浓厚，不愿在生命历程的后期迁移流动，他们因为家庭原因被迫搬迁。然而，老年人也并非同质化的群体，因年龄、身体健康、认知能力等产生分化。年龄不太老的人是第一代返乡农民工，退出城镇返回农村后，他们继续经营农业或照顾子代的子女，以代际合力的方式扶持子代家庭城镇化。搬迁至城市周边以后，一些老人选择重新上岗，从事保安、保洁、环卫工人等学历、技能要求不太高的职业。“我因为腿疾，去建筑工地或大棚已经干不动了，我找到临时党支部，让他们帮忙解决就业，最后他们给我找了秦东农投门卫的工作，1个月工资4000元，我挺满意的。”（男　汉族　56岁）年龄偏大的老人是地地道道的农民，不愿离开生活了一辈子的家园，出于家庭话语权丧失、子女照料起来方便等被迫搬迁。移民社区有养老机构，孤寡老人在社区养老。

搬迁后消费的增加几乎是所有移民的心声，虽然他们被安置在农村，但过着城市的生活，所有的生活日用品，包括柴米油盐酱醋茶都要购买。尤其是采用壁挂炉烧暖气，是家庭中一项较大的新支出，如，96 平方米的房子采用壁挂炉烧暖气，1 天 1 夜能花 30 元，有些人家烧不起，仍然以火炉子取暖，烧煤炭和木材，木材是从舟曲老家拉来的，几乎每家的院子都堆放着木材。笔者调研期间还遇到老人到很远的地方捡枯树枝、背柴烧。在农村老家，蔬菜、水果都是房前屋后自己种，不用买，吃着也放心，搬迁后，花钱买菜，村民觉得菜价又高菜品还不好。“这边的菜价高，一小把韭菜，几个小土豆就要 5 ～ 6 元，我们舟曲那边的青菜 1 把 1 块钱，这边就称斤卖。”（女　藏族　37 岁）农村每家都会养一头猪，腌制的腊肉能吃一年。农家种青稞，可自酿青稞酒，一年能酿 300 ～ 400 斤，亲戚朋友串门时就会喝自酿的酒，现在只能到超市买白酒，一瓶白酒 40 ～ 50 元。还有些人家在门前栽花椒树，新品种的花椒树长 3 ～ 4 年就有花椒可以摘，一斤花椒能卖 120 元。除此之外，小孩在城市接受教育的花费要比在乡镇或县城高。虽然进城的农民家庭没有像城市家庭那样给孩子报课外兴趣班，光是孩子每月的伙食费以及课后延时费，一些家庭都觉得是不少的支出。“在舟曲，孩子上到九年级基本不花钱，这边 1 个孩子 1 个月的生活费是 176 元，还有 60 元的课后延时费，如果不参加课后延时，4 点半就要接回家。”（女　藏族　34 岁）总之，农村是自产自销，花费较少，生活压力小，在城市什么都拿钱买，初入城市的农民面临经济不适应。“搬到这里花费太大，米面油都要拿钱买。米和面还好一些，买上一袋子，吃得时间较长。一桶油 80 元，就不敢放开吃。舟曲那边一桶油 60 元，这边要贵 20 元呢。家里有劳动力的搬过来，生活还能应付，没有劳动力的，再过五六年都呆不下去。”（女　汉族　53 岁）

除了增加的日常消费外，搬迁后还要缴纳政府补贴外的部分房款，购置一些家具家电等，导致许多人家再没有经济能力装修，所以一些家装公司的生意并没有预想得好，当地目前并没有掀起装修高潮。老板们认为再过两三年生意应该会好起来。如移民所言，“搬一次家就会穷一次，一切都要从头开始。”消费的增加倒逼移民生计方式多元化，家庭中有劳动能力的人都实现就业，才能保证家庭城镇化的消费。家庭中因有小孩、老人要照顾而不能外出务工的中年妇女，对城镇化的消费方式极不适应，生活充满矛盾、焦虑和担忧，较难融入新的生存空间、新的生活。

三、社会关系的重构

移民从血缘、亲缘、地缘组建的熟人社会网络脱域，嵌入全新的社会空间，生计方式多元化，社会关系网由同质性变为同质性与异质性多元共存。移民的社会关系网因年龄、生计、身份及价值观念不同而表现出差异性和分层性。移民安置采取同村同乡集中安置的方式，同一村落的人从一个空间集体嵌入另一个空间，社会关系发生位移，内容和实质未发生变化。移民保留了只要家中有人就大门敞开的习惯，邻居随意出入串门、聊天。只是在新的生存空间，移民关注的话题发生变化，对故土的怀恋、对过往的记忆，新的生计方式以及如何适应新的生活等成为人们谈论的话题。在和亲戚朋友的交谈交流中，人们保留了对原来生活的情感记忆，最主要的是，在交流中习得适应新生活的能力，移民之间相互倾诉、宽慰，增强了扎根新空间的信心。原生社会关系网在移民经济融入、社会融入以及心理融入方面发挥重要功能。老人、在家照看孩子的中年妇女等依靠原来社会关系网抒发思乡之情，缓解矛盾、焦虑的情绪。

做生意的人或自雇佣者以业缘为中心建构社会关系网，交往的对象多元复杂，交往的行为充满工具理性与功利色彩。搬迁后做生意的人，大都是延续原有的生计方式，即在搬迁前就在小镇或县城做生意。他们认为小地方的市场已经饱和，缺乏发展潜力，搬迁后营销网会扩大、生意会出现转机，因而选择搬迁。在小镇或县城做生意，很大一部分顾客是熟人，大家彼此熟知，陌生的、流动的顾客只占很小的比例，所以，生意人的社会关系网在搬迁前仍然具有同质性，是扩大的熟人关系网。搬迁后，交往的对象除小部分同村人外，大部分是来自全县不同乡镇的人。除此之外，在建筑工地打工的工人及其他流动人员是主要消费者，这些人员也是商业街餐馆的主要消费者群体，冬季工地停工后，餐馆也关门停业。总之，搬迁后，生意人的社会关系网络不断扩大，交往的对象异质多元，建构的是以陌生人为主体的社会关系网络。

追求城市优质教育资源是迁移的重要驱动力。优质教育资源往往集中在城镇，城与乡、大城市与小城镇之间教育发展差距较大。目前，避险搬迁群众的随迁子女有 800 多名，他们被安插在兰州新区第二小学和第二初级中学。兰州新区中小学校拥有现代化的教学设施、塑胶操场、室内体育馆等，图书馆藏书丰富，教师教学理念先进、教学方法灵活，课外活动丰富多彩。舟曲随迁学生进入开放、现代化的城市学校，能够切身感受到城乡教育发展的差距，个体求知欲被激发。他们渴望尽快融入新环境，被新同学和老师接纳，接受新知识、结交新朋友。语言融入是第一关，在舟曲，老师虽用普通话授课，但方言味道浓厚，学生平时也用舟曲方言交流，进入新学校就要用普通话跟同学和老师沟通交流。开始时，很多学生不太习惯说普通话，而且要在学校和家庭之间不停地切换使用普通话与方言。然而，受周围环境及大众传媒的影响，很多孩子很快就能轻松自如地讲普通话。有些家长反映，自己的孩子不但很快学会说普通话，还学会了很多流行语或一些不文明的语言。“我们舟曲地方小，好像孩子不会说不好的话。到这里他和朋友玩的时候就会突然蹦出不好的话，他自己也意识不到那是不好的话。”（女　汉族　35岁）其次是心理融入，个体适应能力具有差异性和分层性，家庭环境、成长经历、性格等个体差异影响学生适应能力。性格活泼开朗、善于展示自我、喜欢结交新朋友的学生，融入新环境的积极性和主动性更强。他们会将自身与新环境、新交往对象的差异性缩小或忽视，建构新的社会关系网、扩大交往圈，积极地表现会得到热情的回应。新同学新老师会很快接纳他们，帮助他们跟新环境打成一片。这些学生的城市融入能力与意愿强烈，认同于城市，能在较短的时间内实现对城市全方位地融入，对城市更便捷更现代的生活、学习空间产生情感与依赖。相反，性格内向、不善于表达、不敢展示自我、敏感脆弱的学生会将自我与周围环境区隔起来，会放大自身与新环境的差异性，害怕说错话、做错事被其他学生嘲笑，故而将自我封闭起来，其他学生也不知道如何与他沟通交流，造成插班生融不进去新环境。他们交往的对象是其他插班生，缺乏建构新社会关系网的能力，交往的范围并未扩大，固化的交流圈不利于学生学习成绩的提升，成绩下降会导致学生产生厌学情绪，进而导致自信心的丧失。“一开始，我的两个孩子都哭闹着不愿意去新学校，说都是不认识的人，没有同伴，吵着要回舟曲。我告诉他们，老家的房子被泥石流冲毁了，现在回不去。如果你们不上学，就会跟妈妈一样，因为不识字找不到工作。他们听了我的话去学校，现在基本适应了。但是我没上过学，一个字也不认识，没办法辅导孩子，只能靠他们自己。”（女　藏族　37岁）青春期的孩子更敏感脆弱，已经形成的价值观念与新的价值观念难免产生冲突，新旧价值观的冲击让他们觉得迷茫、矛盾、纠结，难以判断对与错。兰州新区初中实行寄宿制，学生1周回1次家，学生出现的一些问题不能及时有效地与家长沟通，他们也不愿意向家长倾诉，身边又缺少可交流的同龄人，多重适应压力导致个别学生逃学甚至辍学。“我儿子今年初二，逃课好多天了，他说这边管理太严格，教材版本不一样，不愿意再去学校，我们一直在给他做思想工作。”（男　藏族　39岁）这些学生对城市的期望与现实中城市的排斥之间存在张力。城市对他们的排斥既有客观原因也有主观因素，客观原因有城乡教育的差距，空间、饮食、居住等生活成长环境的巨变，产生融入困境，主观原因有家庭教育缺失、性格内向等，主客观因素综合影响之下，导致学生角色、身份转型存在困境。他们对城市的情感复杂模糊，热爱城市又不能敞开心胸拥抱城市。另外，调研发现，因教材版本不一样，影响学生适应新的学习环境，如果随迁子女的教育问题得不到很好的解决，势必影响迁移成效。

异地务工者只有冬季返乡，主要社会关系网在工作所在地。返乡后，以家庭为中心与邻居、亲戚朋友往来互动。对常年流动在外的人而言，返乡寄托着乡愁之情。每到年末万家团聚之时，他们返回故乡熟人社会，看看熟悉的山和树、路与人，呼吸散发着泥土芬芳的新鲜空气，感受故乡亲切的气息，暂时获得一种归属感，遗忘流动带来的漂泊感。搬迁后，返乡流动人员无法感受故乡的气息，乡愁无处安放，故乡的人和他们一样在流动，他们仿佛从一种流动进入到另一种流动中。一些返乡的人因而懒得出去串门，待在家里睡觉、上网、看电视。尤其是没有整村搬迁的人家，分散嵌入完全陌生的空间，他们出门没地方去，出去找不到聊天、交往的对象，加之兰州新区冬季寒冷、荒凉，返乡者就更加不愿意出门。前文提到的钢筋工韩师傅，他的三个子女都在外地上大学。他们三个想到寒暑假回家以后没什么事可干，除了睡觉就是玩手机，而选择到广州、深圳、上海等大城市的电子厂打工，过年的时候也不回来，往往是假期结束，开学之后就直接返校。另有异地务工者回家以后摆地摊，销售日常用品，赚一些零花钱补贴家用。H 先生常年在新疆打工，家里人早期在县城开 2 元店，搬迁后继续开小卖部。H 先生冬季回家后，在安置点的空旷地带摆地摊，销售日杂用品。据 H 先生反映，网购对小实体店冲击很大，来他这里消费的都是一些老年人或家里急用某个东西的。回家做点小生意的人，接触的人较多，小摊点有时候会是大家聚在一起聊天的地方，不同个体之间的交往交流，会产生有价值的信息、资源等，再造出异质性的社会关系网，相关的政策、用工信息、赚钱的生意、经营生意的经验在新的社会关系网传递。H 先生在和别人的聊天中得知安置点建筑工地招工的条件、工资等，准备工地开工以后在本地就业。

微信等交流软件是现代社会关系网建构的主要媒介。“社会交往指的是当不同利益的个体推动他们去形成社会单位时所产生的广泛变动的形式。在这些社会单位中，个体实现这些——感官的或理想的、持久的或转瞬即逝的、有意识或无意识的、心血来潮的或受目的诱使的——利益。”[①] 做生意的人借助微信等交流软件发展生意，与顾客交流，为顾客提供上门服务等。需要买东西的人在微信群里说明需求，卖家发图片让消费者自己选择，选好之后送货上门，他们以利益为中心进行社会交往。当地政府利用这些传媒软件发布信息、宣传政策、联络民众等，线上线下结合治理成为社区治理的新方式。网络传播具有快速便捷、及时通达的特性，政府协调企业举办的招聘会、组织的技能培训等信息在微信群发布以后，群众很快便获取信息，因为信息获取渠道狭窄而错失机会、资源的现象越来越少了。政府发布的宣传信息充满正能量，以正面典型引导为主，旨在稳定民心，将来自不同地区的移民凝聚成发展的共同体、情感共同体及命运共同体，促进移民社区和谐稳定。政府在避险搬迁行动中扮演积极主动的角色，在政府细致入微的关怀下，群众在新环境中遇到的日常琐碎难题都会求助于政府解决。移民跨区域迁移，面临生活方式转变及经济、社会、文化和心理等各个层面的融入难题。在一个个问题的解决中，密切了干群关系，政府遇事与群众商讨，听取群众的意见建议。在人人手握麦克风的时代，线上治理，调动了群众参与社区治理的积极性。微信等交流软件已成为亲戚朋友间沟通交流、联络感情、聚会出游等必不可少的媒介。线上交流缩短空间距离，分散在各处的亲戚朋友借助网络软件交流互动，通过观看对方发布或分享的照片、视频、文字等了解其生活近况、心理情感及心路历程，其他人以点赞或评论的方式回应发布者。如今，手机不断丰富我们的生活，为我们编织不同功能的关系网。

① [美] 布劳（Blau，PeterMichael）著，李国武译：《社会生活中的交换与权力》，北京，商务印书馆，2008。

“有一次我回老家忘带手机，我妈让我住一晚再回去，我坚持连夜赶回去了。现在离开手机一天，就好像与世隔绝了。”（女　藏族　32岁）

“人们的交往通过社会空间和时间而激增。社会关系不仅把个体联合为群体，而且将群体联合为社区和社会个体之间的交往势必被组织成复杂的社会结构，而这些交往常常被制度化，使组织的形式永久存在下去。”① 年轻人热衷于过各类节日，喜欢节日营造的或浪漫或温馨或快乐的氛围，商家也借助节日刺激消费，媒体又大肆渲染造势，让不少人裹挟进过节的潮流中。生日、情人节、圣诞节、跨年、结婚纪念日，等等，成为年轻人相聚的日子。大家在聚会中交流，巩固旧人的感情，结交新朋友，扩大社会关系网。

四、民俗文化传承与变迁

“所有的开头都包含有回忆因素。当一个社会群体齐心协力地开始另起炉灶时，尤其如此。”②“被记忆的，是一个社群的历史叙述。”③ 形成于特定地域、空间、民族、文化语境下的民俗文化，因文化展演者生产生活空间发生转换，失去文化传承的土壤、叙述的背景，满足民众诉求的功能弱化。民俗文化如何移植？如何培育、再造新的文化以减少移民在文化层面所感受到的断裂、冲击与震荡？移民如何保留对民族文化、地域文化的集体记忆？移

① ［美］布劳著，李国武译：《社会生活中的交换与权力》，北京，商务印书馆，2008。

② ［美］康纳顿（connerton, P.）著，纳日碧力戈译：《社会如何记忆》，上海，上海人民出版社，2000。

③ ［美］康纳顿著，纳日碧力戈译：《社会如何记忆》，上海，上海人民出版社，2000。

民对故土民俗文化保有浓厚的情感。一些传统的民风乡俗能否在新环境延续是影响村民搬迁的文化因素之一。尤其是生活在大山深处的村民对本民族文化、宗教信仰搬迁后如何传承表现出担忧。政府坚持有所取舍地保留民俗文化，鼓励移民在新旧文化、乡土文化与城镇化的相互碰撞中调适，并建构新的复合型文化。然而，村落中的一些集体性民间信仰活动、仪式等因地域空间的转换，村落的分散、重组以及人文环境的差异而无法举行，但家族内部的信仰得以保留。舟曲汉族有敬家神的传统，民众搬迁时也将家神迁到新居。

节日是民俗文化展演、传承的主要载体。中秋节是移民在安置点度过的第一个节日。中秋佳节是团圆的节日，在外流动无法与家人团聚的游子都会表达对故乡、亲人的思念。政府深度嵌入节日中，组织几家移民合办流水席、分享舟曲老月饼、表演传统歌舞等强化移民邻里之间互动交流，增进对移民社区的情感认同。在移民点第一个春节来临之际，临时党支部组织移民写对联、挂灯笼，传承弘扬舟曲楹联文化。“无论走到哪里，这都是我们舟曲文化，让它源渊流长，陪伴我们搬迁群众永远幸福安康。”（临时党支部工作人员）春节期间，身着民族服装的藏族群众在广场跳锅庄，庆节日、颂党恩，优美的歌声、欢快的节奏吸引其他各族群众加入舞蹈队伍。元宵佳节，各族群众共同表演本民族的非物质文化遗产，“非遗盛宴”闹元宵，社火、罗罗舞、东山转灯等民间非遗文化绽放光彩。群众自发编写了社火秧歌：“（一）正月正，是新正，父老乡亲你是听：党和人民心连心，致富不忘报党恩。（二）正月正，是新年，父老乡亲你听言：迁居新区喜开颜，幸福生活赛蜜甜。（三）正月正，是新正，各位村民你是听：和睦相处邻里亲，藏汉本是一家人。（四）正月正，是新年，各位村民你听言：共同建设新家园，百年梦想如期圆。（五）正月正，是新正，两委班子你是听：执行政策要认真，当好致富带头人。（六）正月正，是新年，两委班子你听言：团结一致谋发展，宏伟蓝图要实现。（七）正月正，是新年，临时支部你听言：社火给你拜大年，百事顺心身体安。（八）正月正，是新正，临时支部你是听：你为移民操了心，乡村振兴立大功。（九）正月正，是新正，镇上领导你是听：站位高远方向明，完全彻底为人民。（十）正月正，是新正，新区民众你是听：从今都是同路人，携手并肩奔前程。”

城镇化加速发展的背景下，大量青壮年外出务工，不少传统民俗文化面临后继无人的传承困境。特色鲜明的民俗文化依靠政府的大力推动而发展。地方政府为提升地方知晓度、开展乡村振兴、发展乡村旅游等，借助独特的民俗文化进行宣传和推广，舟曲县精心打造“松棚楹联、国学文化、古藏文文献、山水生态、东山转灯、博峪采花、巴寨朝水、饮食文化、康体养生、石头文化”等10张文化名片，创新文旅深度融合。[①] 现如今，节日所承载的传统功利性功能减弱，娱乐性、凝聚性增

① 舟曲“正月十九迎婆婆”：元宵节楹联松棚灯会以及灯会的高潮部分迎“婆婆”（圣母娘娘），形成舟曲别具一格的元宵文化。迎“婆婆”吸引远近乡镇及邻县群众云集舟曲县城，一睹供奉各寺庙观“太乙元君九天圣母子孙娘娘”聚会出巡散福盛况，接受人们的香火、礼拜。舟曲县城地区有十六位“婆婆”，正月十九这天，众娘娘由寺庙主持人和信士、信众拥驾聚集驼岭山，进行排位以后，于22时左右缓道各街散福，户众鸣炮迎接，观者人海如潮。关于迎“婆婆”的来历，据传，这一民俗宗教文化活动始于隋炀帝时期。十六国至北朝末，北方长期战乱，人丁欠盛，兵员锐减，隋炀帝振民生，汉传佛教、道教复兴，地方官民盼人丁再旺。宕昌郡地（含今县境）始举元宵庙会祭祀诸“九天圣母子孙娘娘”聚会，出巡人间散福。后来，人们尊奉“九天圣母子孙娘娘”为神明，求男求女，顶礼膜拜。（下接）

强，在市场经济影响下，村民外出务工，只有过年的时候返乡，大家聚集在一起欢度节日，让漂泊在外的人感受到归属感，通过参与集体行动抒发乡愁之情，表达对地域、民俗文化的热爱，

舟曲博峪采花节是最具地域特色的一个民俗节日，于每年端午节举行。采花节是花神的祭节，在藏语中又叫“女儿节”，是博峪一带藏族传统节日。采花节大致可分为“抢水”“采花”和“祝福”三部分，其中“采花”和“祝福”都与民族歌舞相结合。节日由“抢水”活动拉开序幕。“抢水”就是在初五清晨日出前，乡亲们成群结队赶到附近的溪流边、水泉旁，有的双手捧水痛饮，有的汲满木桶背回家去洗发净身。传说这天在太阳出山之前喝泉水可以除灾防病，沐浴能够带来吉祥幸福。而“采花”就是当一轮红日跃上山头，灿烂的阳光普照大地的时候，一个个打扮得花枝招展的姑娘便在各自亲、堂兄弟的护送下，去山野“采花”。她们不仅歌声不断，欢乐起舞，而且还要点火野炊，并围着篝火狂欢一夜。第二天一大早，姑娘们便踏着晨露，唱着采花歌开始采花，把一朵朵艳丽的山花插在头上，返回村里。“祝福”就是姑娘们进村时，几个年老妇女迎在村头，捧着一碗碗自酿的黄酒为姑娘们接风洗尘，迎入村寨。在宽阔的打麦场上，人们擂鼓、放炮、点燃香柏枝，然后，大家手拉手围着圆圈跳舞唱歌，祝福村寨风调雨顺，村民吉祥如意。

巴寨朝水节是舟曲县巴寨沟藏族及周边群众在每年的端午节举行的一项传统的民俗活动。在阿让山顶数百米高的悬崖石缝中，飞泻着一帘神奇的山泉瀑布，形似哈达，声若雷鸣，被当地群众尊称为“曲纱圣水”。每逢农历五月初五“朝水节”，人们早早起来，妇女们穿上盛装艳服、戴上首饰、银盘，男男女女成群结队，穿山越涧，攀到阿让山飞泻流泉的崖峰下，钻进瀑流中，洗梳、沐浴、煨桑、鸣枪、奠酒、喊瀑、唱歌、跳舞。在“朝水节”期间，地处阿让山下的宾格寺还会举行庄重而热烈的宗教活动和仪式，煨桑烟、鸣法号、跳法舞、祈祷幸福安康。“朝水”后，人们带着给亲友的“曲纱圣水”沿着林间小道下山，各路歌手一路相互敬酒，对歌献艺。身着节日盛装的藏族妇女们在野外手拉着手尽情地跳舞，歌颂大自然、神灵和美好幸福的生活。男子们则由长者持矛领头，列成长队，吆喝呼应，摆出威武的“龙阵舞”，尽情地展示着山里人的粗犷与豪放。夜幕降临后举行篝火晚会，男女老少尽情地唱歌跳舞，将节日的狂欢气氛推向高潮。

“东山转灯”是舟曲县东山镇遗留下来的一种带有浓厚地方色彩的民俗活动，既包括传统的转灯祈福、迎灯送福，也包含着保佑一方平安，祈盼来年福寿康宁、五谷丰登的新内容，集中体现了舟曲县民俗传统文化的内涵和魅力。“东山转灯”历史悠久，是一种带有浓厚地方色彩的民俗活动，已有1300多年的历史。转灯节融入了剪纸、书画、宫灯制作、民乐等多种艺术形式，是多元化、综合性的艺术再现，集宗教、祈福、娱乐为一体，是各民族和睦相处的见证。

进一步增强了认同感。

舟曲县政府全力打造的文化名片部分在兰州新区很难传承，跨区域搬迁带来文化传承的空间阻隔。“‘婆婆’在舟曲，不在这里，再没法迎。”（临时党支部工作人员）除此之外，舟曲农村实行土葬，村民担心搬到城市无法延续他们流传下来丧葬习俗。政府倡导移民移风易俗，简化丧葬程序，得到群众的理解与认可。笔者夏天在移民安置点调研时发现，即使酷热难耐，不少移民穿着长袖衣服，甚至有人穿外套，老人穿好几件衣服的更是常见。由此可知，风俗习惯的改变是较为缓慢的。曾经的民俗文化成为记忆中的符号，新的文化尚未建构起来，移民处在传统与现代、城镇与乡土文化的边缘，是文化的边际人。不同文化交替影响移民的价值观念与实践逻辑，造成其角色定位模糊、身份认同迷失，对新社区缺乏归属感与融入感。心理层面的融入是一个漫长的过程，当身与心都扎下根时，移民才能真正融入当地社会。

五、情感认同与心理融入

以往对农民工的社会融入研究认为，流动人口的社会融入要经历经济、社会、文化和心理等层面的融入，并且不同层面的融入之间是递进式的关系。心理层面的融入被认为是最高层次的融入，当迁移人口对迁入地产生情感认同，认为自己是迁入地的一部分，对迁入地产生归属感时才能实现心理层面的融入。舟曲地质灾害避险搬迁群众中最早搬迁到兰州新区的也只有 1 年多时间，移民正处在过渡与适应之中。兰州新区冬季寒冷、荒凉，满眼都是黄土，夏天酷暑难耐、找不到一片阴凉和绿色的自然景观，加大了移民融入新环境的阻力。生存空间的转变伴随生活生计方式、消费结构、社会关系、社区制度、治理方式等全方位多层次的变迁，移民要经历物理空间、社会空间和精神空间的融入。搬迁前，移民的生计方式就充满流动性，家庭主要劳动力流向城市务工；搬迁后，移民必须从事非农化职业。安置到城市周边，加之兰州新区正处在发展与建设期，就业机会相对多，为移民在本地就业或创业提供了条件，因而，移民的生计更加多元化，出现本地就业、创业，异地外出等多种就业方式。迁移为部分人实现生计转型创造了机会，他们利用早期积累的资本与经验创业，由受雇走向自雇，人生轨迹发生转变。消费方式上，虽然移民被安置在农村，但生活方式完全城镇化，他们过着一种城市化的生活。所有的生活用品都要购买，消费迅速增加，有些家庭因此出现暂时性贫困，给移民带来心理压力，导致他们融入新环境的意愿低。社会关系上，移民从封闭的小山村脱域，进入开放的大社区，社会交往的范围扩大，交往的对象既有熟人也有陌生人，重建的社会关系网具有工具性、利益性。重新凝聚来自不同乡镇的群众需要新的社会制度、治理方式、社区文化，组建新的领导班子、治理机构等，这些过程都需要移民逐步适应。移民认为安置点靠近城市、交通便利，能够便捷地享受城市优质的教育、医疗、文化资源，在比较优势之下，对未来生活充满信心。然而，心理融入、情感认同的产生要经历一个长期的过程。“虽然这个地方发展潜力好，但是现在肯定没有归属感，再过5年吧，对什么都熟悉了、一切稳定了才能有。刚来肯定要受罪，要艰苦奋斗找出路。”（男　藏族　41岁）

本章小结

生活在地质灾害频发区域的族群，在实践中积累了预防与应对灾害的本土性知识和策略。灾害不等于灾难，当灾害的爆发给人类社会带来极大的财产损失和人员伤亡时才称为灾难。舟曲县是全国罕见的滑坡、泥石流、地震三大地质灾害高发区。2010年8月8日爆发的特大山洪泥石流灾害，造成极大的伤亡，给当地群众留下极其悲痛的社会记忆。刻骨铭心的伤痛让当地群众生活在恐惧与担忧中，一遇到打雷下雨他们就提心吊胆，一些道路和基础设施年年修年年冲毁，给国家造成财产和资源的浪费。舟曲县有些区域的生态已无法承载人类社会的正常活动，发展受困于空间陷阱。为帮助群众彻底跳出“灾害—受损—贫困—重建—灾害—再受损—又返贫”的恶性循环，政府综合考虑生态、经济、发展等因素，将处在地质灾害频发区的群众跨区域搬迁至兰州新区。

避险搬迁依据村民户口性质分城镇和农村两种安置方式，城镇户口安置在城市，农村户口安置在兰州新区西岔镇农村安置点。政府根据农民的现实能力、需求等将他们集中安置在农村，以减少生活巨变给农民带来冲击与震荡。然而，所谓农村安置点的“农村味道”并不明显，移民事实上过着一种城镇化的生活方式。根据笔者的调研，移民在职业、生活方式、消费层面实现了市民化。生存空间的转换，带来移民生产生活方式、消费结构、社会关系、价值观念等方面的变迁与重构。政府作为避险搬迁的主导者，在移民社区的空间再造中扮演主体角色，引导扶持移民迁移、适应、融入、扎根新居。村民搬迁至城市周边，受城市文明的辐射与浸染，而且移民的新居虽然是庭院式的，但屋内的装修风格却完全城市化，也就是移民被迫裹挟进城镇化的生活方式中，在实践中学会使用现代化的电器、天然气等。移民在新居的消费无疑高于农村，然而相比城市，安置点的消费相对低。农民的消费能力、消费层次较低，缺乏品牌意识，高品质、价格高的商品无法进驻农村市场。有些商家依据市场环境调整价格，比如理发店，同样规模的店面在兰州市，女士烫发要600元起价，在兰州新区安置点就只需要100元左右。除此之外，做生意的人认为消费的主体是老乡、熟人，不能一味地追求经济利润，要兼顾人情、社会关系等。安置在城市周边的空间优势，进一步加速移民社区的流动性、城镇化和分层化，移民的非农化职业更加多元。兰州新区正处于建设成长期，能够提供较多的就业岗位，特别是工厂、大棚基地等劳动密集型企业对劳动力的学历、技能、经验等要求不高。在劳动力市场不具备竞争优势的中年妇女、返乡农民工等得以走进社会，重新走向就业岗位，并在家门口实现就地就近就业，兼顾了家庭增加了收入，积累家庭再生产能力，家庭内部劳动力配置更加优化，增强家庭应对城镇化消费的能力。第一代移民的生产生活充满过渡性与城乡二元特性，经历着传统与现代、乡村与城市、新旧价值观的冲击、互动、调适与再建构。他们子代成长的环境深受城市文化的塑造。在城市接受教育并成长起来的移民二代，更加认同于城市，市民化意愿强烈，城市是他们将来定居生活的地方。

来自不同乡镇，拥有不同职业、民族身份的移民组建的社区具有复杂多元的特征。政府利用国家符号、集体活动加强民族团结，铸牢移民中华民族共同体意识，在社区治理中充分考虑多民族、多文化因素，强化社区发展的共同性、向心力与凝聚力。

第六章　西部中小城市农牧业转移人口市民化的实践路径

关于西部地区农牧民市民化的路径，有学者认为，西部地区城镇工商业发展滞后，难以为进城农牧民提供充足的就业岗位，因此，农牧民本地城镇化面临着一些困境，主要为就业不充分导致收入难以供养城镇化的消费方式（贺雪峰，2022；陈辉，2022）。但是，经过几十年的流动，农牧民的价值诉求发生转变，不少农牧民选择流向本地省会或其他较大城市。除农牧民追求更高收入、更高质量的生活而主动进城外，政府在西部地区农牧民城镇化中扮演重要角色，政府以教育、扶贫及移民搬迁的方式加速农牧民进城。不管是主动进城或因政策被动进城，大部分农牧民并没有彻底转为市民，并且进城农牧民的家庭结构是离散型的，家庭成员分散在城市与乡村的不同场域。通常为，中坚男性劳动力跨区域流动在大城市务工经商，获取较高的收入，维持一家人城镇化的消费。女性劳动力的分布场域、从事的职业呈现出多元化特征，女性要么跟随男性劳动力流动在异地大城市，要么留在本县城边打工边陪读或专职陪读。家庭中的老年群体以留守在农村或进城陪读的方式支持子代家庭城镇化的实践，有些家庭选择女性老年群体进城陪读，男性老年人则留在农村继续经营农业。农牧民家庭结构的分散性和家庭成员的流动性反映出西部县域城镇化或本地城镇化是一种“半城镇化”“过渡城镇化”或“不完全城镇化”。农牧民并未实现举家扎根城镇，其身份的转型不彻底，导致农牧民对城市缺乏认同，角色意识模糊。

笔者在甘肃中小城市的实证调研与学者们的研究基本一致。县域城镇化满足了农牧民的部分城镇化诉求，如，农牧民的子代进城可享受县城较为优质的教育资源、文化资源，老年群体能够享受便捷的医疗资源。然而，农牧民家庭难以整体性地、稳定性地生活在城市，致使一些留守、亲子分离的社会性问题并未因农牧民家庭进城而得到解决，反而因为农牧民进城等转型问题，给农牧民家庭发展带来新的问题。最为显著的是收入未增加，消费却成倍地增加，加重农牧民生计压力，尤其是老人、精准扶贫户等弱势群体成为城市新的贫困群体、留守群体和边缘群体。面对西部地区中小城市农牧民市民化的困境，政府如何“赋能”，进一步激发进城农牧民的发展能力与潜力？农牧民自身如何“增能”，积累融入城市的资本、经验与能力，从而实现扎根城市的问题？笔者结合对甘肃农牧业转移人口市民化的类型、驱动力、现状及困境等研究，提出西部地区中小城市农牧业转移人口市民化的若干实践路径。

第一节　中小城市农牧业转移人口市民化的困境与张力

我国各地生态环境、经济发展水平以及区域文化存在很大的差异性，城镇化的类型、发展能力、水平及程度不同。甘肃自我发展能力不足，工商业发展滞后，政策型城镇化占主体地位。农牧民身份转型面临结构性制约，具体表现为进城农牧民就业不充分，特色产业发展优势不明显，未能形成规模化水平，文旅资源开发程度低等，除客观因素导致农牧民市民化水平低外，农牧民自身城市积累薄弱也是重要的原因。根据笔者的调查，除少部分农牧民抓住发展机遇，积累资本实现身份成功转型外，大部分农牧民对城市生活的美好期待与现实差距之间存在张力，其在嵌入城市的过程中面临自身能力不足、就业不充分、社会关系网络同质狭小、政府赋能不足等困境。

一、微观个体人力资本薄弱

较高的受教育水平、掌握专业技能、健康的体魄是农牧业转移人口在城市立足和获得就业的资本。斯蒂芬（Stefan）曾认为，农村劳动力转移最为关键的影响因素是文化知识，文化水平越高的农民越愿意流向城市。[①] 笔者在甘肃合作市、H县和天祝县发放问卷339份，问卷显示，农牧业转移人口受教育为小学及小学以下的占比为20%，初中为28%，高中或中专为23%，大专为18%，本科及以上为10%。由此推知，甘肃农牧民的教育水平以小学和初中为主，尤其老年人的受教育程度更低。文化水平低、缺少技能，阻碍农牧民向社会上层流动。他们即使居住在县城，从事非农产业，与县城本地人相比仍然处于社会底层，面临被边缘化的处境。除教育水平之外，在中小城市掌握一门技术的农牧民不仅能实现稳定的就业，还能扩展社会关系网。如，在大城市经营一家小店铺，从事安装等技术工作，生活水平无疑处于中下层。因为缺少技术含量，可转化的效益自然少。而在小县城，有

① 罗竖元:《新生代农民工择业行为研究》，北京，科学出版社，2017。

一门技术，就等于有了稳定可靠的生活来源，生活水平高于打零工或其他依靠体力为生的人。

另外，调研发现，甘肃少数民族农牧业转移人口就业族际特征明显，有固化和内卷的趋势。回族、撒拉族、保安族等民族以经营餐饮业、出售藏族饰品和在建筑工地务工为主；藏族以跑运输、经营民族用品商铺和在酒吧等娱乐场所驻唱为主。跑运输虽然辛苦，常年奔波在路上，但收入相对较好。近几年也面临车多货少的困难，挣得越来越少，迫使不少人改行干其他的工作，从事其他的工作又面临人力资本薄弱，以及语言、文化等因素制约，从而使不少人难以充分、稳定就业。

二、未能适应消费型的城市生活

城市与农村最显性的区别即为，城市是消费型的社会。农牧民家庭进入城市后，消费的增加是无疑的。然而，中小城市所能提供的就业岗位有限且工资低下。天祝县进城务工经商人员的平均月收入为 2000 ~ 3000 元，H 县为 1800 元，合作市为 2000 ~ 3000 元，调研范围涉及宾馆酒店工作人员、餐饮店的服务人员、商场导购以及经营流动小摊点的人。大部分打工的人租住在平房中，每月房租 200 ~ 300 元，屋内没有任何设施，连床都要自己买。房租加上日常消费，以及孩子的补课费、课外辅导班费等，每个月的工资所剩无几。农牧业转移人口在城市生活的压力除了收入低外，部分压力来自消费理念未发生转变，缺乏在城市谋生手段的人还不能适应城市消费型的生活。根据美国社会学家威廉 · 奥格本提出的“文化堕距”理论，一般来说，总是“物质文化”先于“非物质文化”发生变迁，风俗习惯、价值观念等意识形态领域的精神文化的变迁要经过长时间的调适、解构以及再建构的过程。[①]据笔者调研，搬迁至天祝县Z和L小区的老人除了生活方式不适应外，几乎全部表示在城市生活消费高。政府人员认为农村进城老人的基本生活不成问题，但老百姓自己觉得在县城生活艰难，陷入新的贫困状态。这在一定程度上折射出老年人的消费理念、价值观念未能融入城市。当所有的日常消费都用金钱支付时，习惯了农村自给自足生活的老人就会产生一种危机感。“过两年别说其他的，就连楼都养不起，一年光物业费就得交1300元，还有水电费、暖气费，等等。”（男　藏族　55岁）在天祝县调研时，调研对象反映，人情开支也占他们消费的大部分，婚丧嫁娶、孩子考上大学、乔迁新居、重要节日等，当地随礼是200元起。除此之外，现在亲朋好友聚会都喜欢去县城餐馆聚餐，平均消费在400元左右。进城农牧民的消费方式受城市市民的影响，尤其是年轻人，认同城市的消费模式，甚至以消费来追求“城市人”的身份，致使其生活陷入入不敷出的境地，不但人生中重要事件的消费，如买房、结婚等花费要靠父代，甚至要几代人的扶持才能完成，并且日常的消费也要借助借贷手段才能满足。由此观之，进城农牧民消费期望与现实能力之间存在差距、张力。

三、重构的社会关系网内卷化

社会网络分析被认为是一种连接微观和宏观层次之社会学理论的工具。此意指两个人的朋友网络的重叠程度直接受到他们彼此间连带强度的影响。基于业缘关系等形成的“弱连带”之间存

① 钱文荣等：《人口迁移影响下的中国农民家庭》，北京，中国社会科学出版社，2015。

在着连接个体与他者的“信息桥”。通过“信息桥”不同个体之间实现间接接触；这些连带的重要性不仅是自己可以操控的网络资源，而且他们同时也是穿越社会距离的管道，以便某些理念、影响力或者信息可以从自己传达到他们身上。[①]人们利用各种资源获得的社会关系的形式化描述就是社会网络。[②]社会网络中相互联系的人们通过网络可以获得有价值的信息、稀缺的资源、资本等，从而节约了获取信息的费用或成本，也就是说社会网络能够为网络中的人提供社会支持，包括物质的、情感的以及心理的支持，等等。Z和L安置小区位于天祝县城边上，县城的人来车往、喧嚣繁华，牦牛广场傍晚的锅庄舞、清晨的转经仿佛都与他们无关。来自全县各个地方的农村人，被插花安排在这两个小区，原来基于血缘、亲缘和地缘形成的初级社会网络被打破，需要重新构建社会关系网。他们仍然是有着相似生活经历、相同生活方式和共同话题的同质性群体。这些共同点将他们的社会交往限定在特定圈层，因而与本地人或城里人交往很少。由于进城的农牧民处在社会底层，掌握的社会资源和有价值的信息很少，他们相互交往时，不能够获取有利的社会资本，从而不利于农牧民向社会上层流动。“与城里退休的老人没有共同的话题，城里的老人都是下象棋、打麻将、打太极，我们乡里来的老汉只会掀牛（一种扑克牌游戏）。人家聊得是退休金，我们聊的是年轻时放牛羊的事。”（男　藏族　67岁）陪读

① [美]马克·格兰诺维特（Mark Granovetter）著，罗家德等译：《镶嵌：社会网与经济行动》，北京，社会科学文献出版社，2015。

② 刘林平：《企业的社会资本：概念反思和测量途径——兼评边燕杰、丘海雄的〈企业的社会资本及其功效〉》，载《社会学研究》，2006（2）。

者受职责、时间和空间等限制，社会交往的对象主要为其他陪读群体，且彼此之间交流的话题主要为陪读对象的学习情况等。他们在城市建构的社会网络一定程度上有利于陪读对象教育资本的积累，而对陪读者自身而言，因与城市市民交集较少，难以获取有利于自身发展的社会资本。

四、城市融入水平低，自我身份认同不高

有研究认为，外来迁移人口融入城市包括个体微观的融入和某一社会群体的融入。个体融入受制度、社会文化的歧视与偏见制约；社会群体融入受社会距离、社会排斥、相对剥夺感等因素影响。[①] 根据笔者的调研，虽然农牧业转移人口进入城镇的路径不同，但在城市融入方面表现得“殊途同归”，整体融入水平偏低，自我身份认同不高，角色定位模糊。自我身份认同是农牧业转移人口结合自身在经济收入、户籍身份转换、住房、受教育程度、职业、生存压力等方面的现状，对比城市居民而综合评估得出。身份认同作为自我定位，反映出是否达到心理和情感层面的融入。关于农牧民城市融入水平、身份认同等问题，笔者根据不同的市民化类型，分年龄群体已做详细论述。另外，值得一提的是，调研发现，年龄在 40 岁以上，文化程度为大专及以下的农牧民，即使在城镇生活得再好也认为自己是农民；另一重要因素为户口是否迁到城市，他们在自我身份定位方面仍然看重户口。

① 陈映芳、陆芳萍：《公共教育与乡城迁移人员的城市适应》，载《探索与争鸣》，2005（7）。

五、社区管理、社区服务不完善

在城市，不同的阶层因收入、社会资源及声望的分化而居住在不同的空间。进城农牧民主要居住在保障性房屋、城中村或城乡结合部的出租房。保障性住房与商品房相比，在社区管理、社区服务等方面存在差距。根据笔者在天祝县廉租房、公租房小区的调研发现，这类小区绿化疏于管理，杂草丛生；治安管理不完善，小区大门、单元楼道门没有门禁系统，人员出入随意，楼道里到处贴满了广告，电梯经常发生故障，小区缺少健身器材以及关于文明、和谐、社会主义核心价值观、民族团结等氛围营造的宣传标语和展板等。硬件设施的不完善以及人文软环境的缺失，使得农牧业转移人口进城以后并未享受到更优质的生活更优美的居住环境，反而因居住条件的差距，产生了一种排斥感和剥夺感，在城镇形成新的城乡二元分野格局。如果这种现状长期得不到改善，会引发一些治安问题，影响社会的稳定与团结。

第二节　中小城市农牧业转移人口市民化的实践路径

事实证明，各地城镇化实践所要遵循的原则即为，根据本地资源禀赋选择城镇化的路径。政府充分“赋能”与农牧业转移人口自身“增能”相结合，有望实现农牧民较为彻底的城镇化。

一、坚持走城乡融合发展之路

以人为本的新型城镇化是要打破传统的、区隔城乡之间各要素自由流动与有机融合的制度性屏障，让进城农牧业转移人口共享城市发展的成果，让城市更好地接纳和包容不同社会阶层的群体，从而有效地解决城乡间发展不平衡性问题。乡村振兴战略，旨在让“空心化”“边缘化”“老龄化”的农村重获发展活力，通过国家政策性扶持，为农村发展输入资源，激发农村内生发展动力，让农村变得强富美。新型城镇化和乡村振兴是新时代我国经济发展的一体两翼，需协同推进。连接都市与乡村的县城，在提高城乡融合水平，促进城乡之间人力、物力、要素、资源、信息和知识自由流动及合理配置，实现共同富裕目标方面发挥纽带作用。第七次全国人口普查公布以及《新中国成立70周年人口流动迁移》数据显示，省内流动人口占全部流动人口比例从“六普”的57.4%提高到“七普”的66.8%。[①]城乡间发展不平衡，农村发展不充分是我国实现共同富裕的短板，而以县城为载体的本地城镇化，在构建新型城乡关系，缩小城乡发展差距，实现新型城镇化与乡村振兴协调发展上发挥了关键作用。

“现代化的进程不仅在经济、政治、教育、文化等领域发生，而且现代性会对个人的生活方式和价值观念产生影响，形成与现代化相匹配的具有现代性的个人。”[②]城镇化加速发展的时代，农村家庭中的成员以主动或被动的形式卷入城镇化潮流，深受城镇化、现代化的形塑，包括老年群体，也在以自己的方式实践着城镇化，他们逐渐接受并实践城市生活理念，如，进城老人的卫生健康观念、休闲娱乐态度会发生转变。有些老人在子女的反哺和带动下，市民化水平较高。比如，他们嵌入信息社会，扮演子代

① 刘新波、崔灿、刘锋：《新型城镇化发展水平的地区差距测算与成因分解》，载《学习与探索》，2022（5）。

② 宋丽娜：《另类的“城市化”——农村青年的“城市社会化”进程》，载《中国青年研究》，2022（10）。

小视频的主要演员，嵌入子女的直播空间，真实再现农村日常生活，真情演绎农村人的家庭、情感故事，传播农村文化、销售农产品，为子代为整个家庭带来经济收入。有些年轻人外出旅游带着年老的父母。笔者调研发现，不少低龄老年人有旅游经历。总之，不同年龄群体的农牧业转移人口实践着不同程度的城镇化生活方式。

“城市与乡村都是人的实践方式、人的社会化方式、人的生产与生活方式、情感融合方式。”[①] 城镇化的实践是农牧民家庭发展周期中的重要事件。家庭成员的城镇化实践模式因人力资本禀赋、社会角色等不同而呈现出差异性。农牧民进城的驱动力虽多元复杂，最根本的是满足对发展的诉求。流动在城市的农牧民并没有完全从农村社会脱嵌，斩断与乡村社会的关系网，而是在城乡之间频繁的两栖流动或季节性返乡，从而加速了城乡之间的互动往来，城市的商品、生活方式及文明被进城的农牧民带入农村，从而打破农村社会的传统性和封闭性，在农村形成一种传统与现代交融并存的复合型文化，造成城乡边界的模糊性，为城乡有机融合发展，实现共同富裕创造了条件。正如赵旭东所言：“城乡之间的分界在被打破，基于城乡融合关系走向的城乡之间会更加紧密地联系在一起。城乡之间互惠性、均衡性及互相依赖的关系将会持久性地存在。”[②]

经过几十年的人口流动，农牧民的价值观念发生转变。他们并非只是追求经济和利益最大化的理性人，一些人更加追求家庭

① 吴伟：《把握市域社会语境中的城乡关系》，载《中国社会科学报》，2022-10-12。

② 赵旭东：《自觉意识下乡村振兴的维度——一种理解农民生活基础的文化转型人类学》，载《社会科学》，2022（8）。

的完整、生活的稳定及内心的安宁。在城市找不到归宿的青年农牧民，在改变自我生命历程的价值诉求驱动下，结合国家、省市乡村发展政策而返乡创业。“返乡创业正在成为促进城乡融合和实现乡村振兴的新动能。”[①]返乡创业也是青年参与乡村振兴的一条重要路径。更多的实践主体参与乡村发展，乡村才有望重获发展活力。“乡村振兴的根本是乡村里人的振兴”[②]，进而才会有与之关联的诸多维度的振兴，如，家庭、土地利用方式的振兴等。笔者在甘肃发放问卷339份，其中40%的调查对象认为，理想的职业是返乡创业。在具体实践中，政府为不同年龄群体的人提供政策支持，满足他们的发展诉求。对长期流动在异地大城市，积累了一定人力资本、经济资本与社会资本等，眼界开阔、思维活跃，却因大城市高昂的房价及市民化成本难以扎根，进而有返乡创业意愿的青年人，给予政策和资金支持，诸如提供创业贷款时简化相关手续、提高额度等，推动返乡农牧民高质量创业。笔者在甘肃调研时，遇到一些年轻人受主客观因素影响，返回本地城市创业，他们借助新媒体、新技术手段，利用当地丰富的文化资源，开办一些文化传播类、旅游开发类公司。另有一些人以拍摄短视频和直播带货的方式进行创业。返乡青年是城乡融合发展、乡村振兴的一支重要力量，他们不仅将城市的资源、信息、技术、知识和网络带入农村，实现“以城带乡，城乡互补，产业融

① 董怡林：《场域关联与关系再生产：返乡创业青年的雇佣逻辑——基于鲁西南Z村电子厂的个案研究》，载《农林经济管理学报》，2021（1）。

② 赵旭东：《自觉意识下乡村振兴的维度——一种理解农民生活基础的文化转型人类学》，载《社会科学》，2022（8）。

合和综合带动”[①]，而且在家门口就业创业，解决了农牧民家庭离散的社会问题，纾解了农牧民对家乡、家人的思念之苦。中年群体相较而言，文化程度较低，缺少相关技能，一般就业于城市中的非正规行业。他们中的大多数人依靠体力为生，年老的时候会返回农村，市民化的意愿和能力不高。也有一些人因为要承担家庭照料责任，而选择在本地城镇务工经商。对于中年群体，政府将生存空间的选择权交给他们，或者允许农牧民在城市与乡村之间自由流动往返，让他们既能留得住乡愁也能享受城市的品质生活。老年群体被裹挟进城镇化的潮流，以被动的形式实践着城镇化。年龄不太老的老人，以进城陪读或继续经营农业的方式，支持子代家庭的进城实践。政府主导推进的生态移民、易地扶贫搬迁等导致农牧民家庭举家迁移城镇，不少老人进城即失业，依靠家庭供养。有些家庭的年轻人常年流动在外，留老人独居在县城。对于进城独居的老人，政府在“养楼养病”方面给予扶持，让其晚年生活得安心、舒心。除此之外，要完善进城老年人养老保障机制，坚持以家庭养老为主的同时，完善社会养老机制，拓宽养老资金渠道，建设设施齐全的养老机构，解决老年人的后顾之忧。另外，针对老年人闲暇生活单调的现状，动员社区居委会组织开展一些文娱类活动，丰富老年人业余生活，促进邻里之间交流互动，创造和谐安居的幸福社区。[②]

---

① 刘金发：《“返”其道而行：“乡愁”建构与农民工返乡创业——基于S省Y县的扎根理论研究》，载《济南大学学报》（社会科学版），2022（5）。

② 刘传江、董延芳：《农民工的代际分化、行为选择与市民化》，北京，科学出版社，2013。

二、解决本地市民化瓶颈

从家庭、社会层面来说，农牧民实现本地市民化是一种理想状态。本地市民化的优势表现在：一是市民化的成本较低，相较于大城市，中小城市房价低，农牧民通过代际之间的合力有望实现在城市买房定居。并且中小城市消费的层次、种类较低较单一，进城农牧民感知到的经济压力并不激烈，农牧业转移人口身处的并不是高度竞争的市场化社会，而是人情与理性相互交织，城乡特征共存、节奏较慢的小城镇，因而心理层面的压力较小。本地城市与农村的空间距离较短，农牧民以在城乡之间频繁往来的方式缓冲进城带来的种种不适感。除此之外，扎根本地中小城市没有户籍等制度性限制，进城农牧民可充分享受中小城市教育、医疗、文化、养老等公共服务资源，从而增强城市的积累性。二是本地城镇有成熟的社会关系网，进城的农牧民可从“先赋性关系网”中获取有关就业、经商、务工的信息与资源等。进入县城的农牧民，大多有相同的文化背景，相似的人生经历，彼此之间有共同的话题，能够较快地建构社会关系网。另外，县城有较多的亲戚朋友，能够为进城农牧民提供情感层面支撑。总之，在县城，农牧民原生社会关系网仍有发挥作用的空间，可在经济、社会、情感和心理层面助力农牧民融入城市。三是本地城镇有熟悉的文化圈，进城农牧民与城镇居民在文化、情感和心理层面的距离较小，农牧业转移人口能够较快地适应带有农村文化因子的县域城镇文化，文化层面的冲击、震荡较少。然而，限于财力薄弱、工商业发展滞后，缺少发展活力及吸纳劳动力就业岗位的西部地区中小城市本地城镇化面临诸多瓶颈。表现在：一是小城市就业岗位少，并且内卷化、同质化现象明显，“圈子文化”过于盛行，即使外出打零工，也是以小群体为单位，一些信息只在小圈子内流动，圈子外的人很难融入，难免造成信息的同质化和重复性。二是中小城市收入低，难以供养家庭成员城镇化的消费方式。据调研，小城市能够提供的就业岗位大体有酒店和饭店服务员、商场和店铺导购等，月工资为2000元左右，从事这类工作的多为女性；男性通常在建筑工地务工或以跑运输为生，还有一些人经营小本生意。经营生意的人，收入高于受雇群体，但在小城市做生意，容易出现市场饱和的困境，难以扩大市场，面临竞争力弱小且内卷的难题。

在城镇化加速发展的影响下，农牧民实践着城镇化的消费方式，尤其在教育的消费上，农牧民家庭已基本实现了城镇化。不断增加的消费，迫使农牧民青壮年劳动力二次流动，流入大城市获取较高收入，支持其他家庭成员的本地城镇化实践。对比本地城镇化的优劣势，其实利弊并存，如何规避劣势，激发优势，是中小城市发展的突破口。然而，个体的需求复杂多元。年轻人向往自由、开放、丰富多彩的大城市，在内卷化和同质化的小城镇找不到奋斗的动力，但大城市高昂的房价和奋斗成本像一堵隐性的墙将他们阻隔在城外。现实与理想之间的巨大张力，导致不同的个体做出异质化的选择，选择不同，市民化的方式、类型和程度自然不同。纵观老一代和新生代农民工生命历程，虽两代农民工成长的社会环境不同、经历不同、价值诉求也迥异，然而，他们的发展路径却是“殊途同归”，即，新生代农牧业转移人口延续着老一代农民工的生命轨迹，他们年轻的时候在大城市打拼，追寻梦想，实现自我价值，年老的时候返回本地城镇。新生代农民工不会选择农村作为落根之地，本地中小城镇是他们最终的落脚之处，不少人以返乡创业的形式在本地小城市实现自己的城市梦。“大城市承载着我的梦想，却给不了我生活。”（女　藏族　27岁）另外，返乡创业青年的社会关系网处在多重结构性压力中。他们长期生活在城市，接受城市现代管理制度的规训，社会交往实践带有利益性、竞争性和工具性。而乡土社会的日常交往以人情和面子为基础，返乡青年要不断地调适利益关系与乡土社会伦理关系之间的张力，才能在乡土社会实现高质量的创业。当地政府应针对不同年龄群体的市民化诉求，给予政策、制度和资金层面的保障，并且积极调动当地企业为本地城镇化做出贡献或许是中小城市解决本地城镇化瓶颈的另一种出路。

调研发现，地方企业或当地在建的国家项目在吸纳本地劳动力就业方面贡献不大。如天祝县KG村工业园区内生产墙砖、地砖的企业，外地老板都是自带工人，本地农民很难进入。H县AB乳业、AD集团等企业是政府扶持的地方知名企业。根据访谈人反映，这些企业对政府的依赖较强，自身应对市场化的能力不足，在拉动地方就业方面贡献也不大。在建的WX高速公路项目部几乎不招H县本地人，个别本地人进去只干一些门卫、打扫院子的杂活。地方企业和驻地企业应当吸纳当地剩余劳动力，为地方经济发展贡献道义责任。除此之外，甘肃涉藏州县发展重工业受限，可依托独特的自然景观、历史文化遗产及民俗文化等发展旅游业，借助乡村振兴发展乡村旅游、休闲观光农业等，拓宽农牧民非农化就业之路，助力农牧民实现本地市民化。

三、强化农牧业转移人口社会支持

社会支持网络关注网络中个体获得、提供和交换的实际形式和感知形式的社会支持，包括情感支持、实际支持和社会交往支持三种。[①]农牧业转移人口社会支持包括正式与非正式两类。正式的社会支持一般由政府提供，包括各种法规制度、社会政策、保障措施等；非正式的社会支持网主要由社区、社会组织、市民提供的社会救助网络体系组成。[②]城市像一个万花筒吸纳各色人等进入，多身份多文化多族群的人在城市的空间场域共生共存共发展。然而，占据更多社会资源、声望和资本的人位于城市社会的上层，与处于城市社会结构边缘的农牧业转移人口在物理空间和社会空间上相区隔，不同群体之间的发展差距较大。打破阶层固化，就要借助国家力量对资源、财富、市场、权利和机会等进行合理分配。建构边缘群体社会支持体系，创造公平的竞争环境，激发农牧业转移人口在内的弱势群体自我发展能力，让他们能够通过自身的能力和知识改变生命历程，实现自身的价值诉求及身份转型。

城镇化的加速发展，让农牧民实现了城乡之间的自由流动，阻碍农牧民进城的制度藩篱逐渐破除，但文化和社会层面的隐性排斥仍然存在。受传统的城乡二元文化影响，市民与农牧民具有不同的身份、价值观念和思维认知。较少与进城的农牧民交流来往，为数不多的互动停留在经济、业务等表层。尤其少数民族农牧业转移人口，因担心自身携带的乡土文化难以适应城市现代文化，而惧怕到东南沿海等大城市务工经商，他们认为自身缺少在大城市生存的能力。“大城市是挺向往的，但是不敢去，我们肯

① 靳小怡、任义科、杜海峰：《农民工社会网络与观念行为变迁》，北京，社会科学文献出版社，2014。

② 马伟华：《社会支持网构建：少数民族流动人口城市融入的实现路径分析》，载《西南民族大学学报》（人文社会科学版），2018（2）。

定竞争不过人家南方人，与其在大城市漂泊不定，还不如在本地城市打工。”（男　藏族　38岁）农牧业转移人口在物理空间、权利空间和心理空间与市民区隔，社会交往的圈子狭小，建构的社会关系网同质化，难以获取有效的社会资本。收入不高、地位低下、权利缺失的进城农牧民难免产生排斥感、剥夺感。如果不调节这种发展的不平衡性，将会阻碍农牧业转移人口对城市的认同，导致农牧业转移人口长期悬浮在城市的表层，难以真正嵌入城市，并且会产生相应的社会问题。政府应完善相关的政策法规，保障进城农牧民合法权益，增强农牧民融入城市的动力，营造和谐包容的社会氛围。完善城市社会救助体系，为弱势群体提供相应的保障。农牧民背井离乡进入城市，为城市的发展贡献力量和智慧，自身却要忍受思乡之苦、想家之痛、漂泊之累，遭受身与心的分离。“前段时间看到一个视频，让我久久无法平静，想起视频中的画面就想哭。视频中，一位父亲在收拾行李，小男孩强忍着泪水，等父亲走后，男孩失声大哭。我害怕我的孩子有同样的命运，要是我有能力让孩子在城市读书就一定带着他，要是没能力，我就返乡。”（女　藏族　37岁）教育是最大的民生问题，寄托着农牧民家庭向上流动的期望，因而，中国家庭普遍重视孩子的教育问题。从某种意义上说，解决好随迁儿童的教育问题，就一定程度上解决了农牧民家庭离散的问题。

根据笔者的调研，少数民族农牧业转移人口受语言、风俗习惯等影响，倾向于选择到相同文化的城市务工经商，如，藏族群众到青海、西藏、四川等地务工的较多。对于少数民族农牧业转移人口市民化的正式支持，坚持民族事务治理法治化，在法治轨道上统筹力量、平衡利益、调节关系、规范行为，保障少数民族的合法权益。让在城市学习工作的少数民农牧业转移人口享受城镇常住人口在教育、住房保障、医疗卫生、就业等方面享有的基本公共服务。进城少数民族群众是新市民的重要组成部分，要营造包容多样的人文环境，提高少数民族农牧业转移人口对城市工作生活的适应能力，引导少数民族农牧业转移人口遵守法律法规，使其真正融入城市生活，真正进得来、融得进、过得好。在非正式支持方面，社区组织为少数民族农牧业转移人口在就业咨询、就业信息发布及意愿诉求方面提供支持，努力营造民族团结的社区文化氛围，协助小区物业美化少数民族农牧业转移人口居住环境，打造环境优美、公共服务配套完善、民族团结、文明和谐的小区，让农牧民在高品质的小区找到归属感，提升融入城市的能力。

四、变“被动市民化”为“主动市民化”

如前文所述，西部地区中小城市的城镇化既有农牧民追求更美好生活更高质量发展的主动进城，也有政府力量推动的被动城镇化。生态移民、易地扶贫搬迁移民、失地农民等被动城镇化类型，往往是举家迁移式的，从而使得缺少城市积累和城镇化诉求的老人、弱势群体等被裹挟进城市。被动进城的农牧民适应城市的能力和动力不足，容易产生等靠要的思想。农村、牧区是老人生活的主要场域，常年辛勤劳作在农村、牧区的老人，形成与农村文化相适应的生活方式、思维认知和价值观念，一些生活习惯根深蒂固，较难发生改变，表现为，老人在城市复制农村的生活模式，将农村的行为习惯移植在城市的土壤。他们难以适应被“声色形物”包围的城市，尤其难以适应以消费为主要特征的城市生活。在车来人往，喧嚣至上的城市找不到归宿。部分精准扶贫户、生活困难群体，依靠政府的扶持脱贫摘帽，但是他们生活积累脆弱，应对不确定性风险的能力不足。他们进城以后，因享受不到原村落的帮扶政策，收入未增加，消费却迅速增加，导致他们的生活难免再次陷入贫困，在城市找不到发展出路的弱势群体，依靠政府、外界救助解困的诉求强烈。

“新农村建设，精准扶贫，乡村振兴等国家战略的相继实施，使农村面貌改变巨大”[①]，农村基础设施条件明显改善，农民生活变得便利，农村环境变得优美，农民不再是“苦力”的代名词。老人经营少量的土地也能实现自养，生活在农村生活成本低，从而生活和精神压力较小。老人在农村经营农业实现自我价值，扮演生产者的角色。他们以自我劳动的方式尽可能地减少对子代家庭的依赖，减少代际冲突与矛盾。因而，老人在农村生活的相对舒适、自如。进入城市后，农村老人原有的生活技能、经验、知识积累等失去发挥作用的空间，在生活、情感上不得不依附于子女和家庭，扮演被动角色，自主性、话语权及自我价值的“丧失”，让老人在城市生活难免充斥着各种压力。精准扶贫户等弱势群体，在农村本就是缺乏经济、知识、资本的贫困群体，进入城市无疑生活会更加贫困，沦为城市边缘群体、贫困群体的风险更大。对于被动进城的老人、弱势群体，政府应将生存场域的选择权交给他们，允许他们根据自身的禀赋做出留城或返乡的选择。

生态移民、被征地农民和易地搬迁移民市民化是政府主导推进的被动市民化。不少农牧民认为既然是政府组织他们进城，就应该理所当然地为他们提供生活所需，解决所有困难，从而助长

① 刘金发：《“返”其道而行：“乡愁”建构与农民工返乡创业——基于S省Y县的扎根理论研究》，载《济南大学学报》（社会科学版），2022（5）。

了一种等靠要的思想。生态移民认为，自己是响应政府号召，为生态环境改善做出贡献和牺牲的人，政府理应保障他们迁移后的生活。“感恩祖国、感恩党、感谢党的政策。我们响应党的号召下山入川进了城。以前我们在农村种地、种菜、养牲畜，每天忙忙碌碌很辛苦，现在搬进城什么都不干，很舒服。……在城里生活，困难吧也多，到实在过不下去时，我们就向政府伸手。政府就是为人民服务的。”（男　藏族　66岁）这种思想不利于农牧民在城市立足。农牧民从农村、牧区迁入县城，生活空间和从事的职业发生了变革，相应地，在价值观念上应意识到县城有更多的就业机会，有更大的发展空间，进而以积极主动的姿态融入城市，争取更美好的生活。

H县T村和G村村民的耕地被政府征用，宅基地未征，村民仍然生活在城镇周边，居住空间并未发生转移，户口仍然是农民，他们其实只是失去土地的农民，在生产方式上发生了“非农”转变，身份上并没有成为城镇居民。土地是农民安身立命之本，失去土地的农民面临资源剥夺和能力贫困的困境。缺技少能的农民只能就业于次属劳动力部门的非正规职业，依靠苦力维持生活，随着年龄的增加，对未来充满不确定和风险性的生活就会感到担忧。对于被征地农民，地方政府应完善医疗、养老、教育等社会保障，促进农民非农化就业。政府还可为被征地农民增加一些公益性岗位，如环卫工人、护林员、清洁工等。

地质灾害避险搬迁虽是政府主导的迁移行动，但在自愿选择的原则下，村民的搬迁是经过反复对比、权衡世居地与搬迁安置点的利弊而做出的理性行动。年轻人将迁移视为满足自身城镇化诉求的机遇，从而积极主动地选择搬迁。老年群体和贫困户担心迁移带来的是生命轨迹的下降，而对世居地潜在自然危害的惧怕又迫使他们不得不重新审视搬迁。“搬”还是“不搬”对于他们而言是充满矛盾的选择。一些人因为村子里大部分人搬迁，孤立在农村而被动选择搬迁，搬迁后，生存空间、生活方式、消费结构的巨变又冲击着他们的内心，摇摆不定的态度只会给家庭和国家带来资源的浪费，并且错失发展的机遇。随着大量移民搬迁入住安置点，地方政府面临将分散的移民整合为社区共同体的治理难题，应针对不同移民的生活现状和发展诉求，创新治理方式，让移民尽快地适应、立足和扎根新居，进而铸牢移民中华民族共同体意识，促进各民族交往交流交融，加速移民由农民转为市民的进程。

五、充分发挥城镇对高质量发展的支撑作用

党的二十大报告指出，“高质量发展是全面建设社会主义现代化国家的首要任务”，深刻揭示了实现高质量发展，是中国式现代化的本质要求，也为我国经济发展指明了前进方向，提供了根本遵循。我国经济已由高速增长阶段转向高质量发展阶段，西部地区中小城市应尽快融入国家发展大格局，找到地区发展的难点和堵点，缓解区域发展的矛盾，实现高质量发展。我国地域广阔，县城众多，各地发展的资源禀赋和文化环境不同。甘肃应坚持把创新发展作为第一动力，推进理念、制度、科技、文化等各方面创新，促进区域协调发展、城乡融合发展和产业协同发展。把绿色发展作为鲜明底色，筑牢国家西部安全生态屏障，提高把“绿水青山”转变为“金山银山”的能力，“将生态资产的潜在价

值转变为现实的经济价值”[①]，积累民族地区实现共同富裕的能力。把开放发展作为重要途径，更加主动地服务和融入国家开放大格局，实现全方位开放、包容性开放、区域协同开放，让改革的成果惠及各族人民。将发展民族文化产业作为带动地区就业的首要动力。

甘肃位于生态屏障区，生态脆弱、发展传统工业受到诸多因素限制。必须通过挖掘民族文化资源和发展生态旅游为农牧民“赋能”。强化农牧民追求发展的能动性、自觉性和担当性，地方政府需要进一步加大对特色产业的扶持力度，调动区域经济发展的人力、资源、要素和资本，协调各方利益，将资源优势转化为促进地区发展的资本。另外，地方政府应研究制定针对城市少数民族的帮扶政策与措施，积极鼓励和支持少数民族医药、民族旅游、民族服饰、民族手工艺品、清真食品等特色产业发展，给予少数民族农牧业转移人口更多的政策支持，提升少数民族农牧民市民化的能力和意愿。因语言不通、缺少技能造成少数民族农牧民市民化意愿与能力之间存在的张力和矛盾，通过普及国家通用语言文字，开展实用技能培训，拓宽农牧民务工经商的地域范围，提升农牧民立足城市的能力。

① 于法稳、林珊：《实现民族地区共同富裕：特征、问题及路径》，载《中州学刊》，2022（9）。

结语与思考

“城镇化是伴随工业化发展，非农产业在城镇集聚、农村人口向城镇集中的自然历史过程，是人类社会发展的客观趋势，是国家现代化的重要标志。”[①] 城镇化的快速发展，让城市空间扩张以及大量农村人口进入城市。进入城市的农村人口长期工作和生活在城市的场域，深受城市文明的浸染，认同城市的生活方式和价值理念。他们对便捷、舒适以及丰富多元的城市充满向往，希望扎根城市。然而，受我国传统户籍制度、城乡二元结构影响以及自身资本、能力和经验的不足，农牧业转移人口难以在城市扎根定居，他们在城乡之间两栖流动，悬浮在城市的表面，无法真正融入城市，是城与乡之间的边际人，回不去农村，融不进城市的农牧业转移人口双重脱嵌于城市与乡村。一个包容和谐的社会，必定是不同层级群体能够共享发展成果的社会。满足农牧业转移人口市民化诉求，是新型城镇化发展的目标之一。由于农牧业转移人口主要流向东部沿海地区、大城市及省会城市等，因而这些地区的农牧业转移人口市民化问题是学界关注的重点。事实上，城镇化的潮流已席卷全国各地，我国各个层面的城镇都得到了迅速发展。在西部大开发、“一带一路”等国家政策机遇的叠

① 中华人民共和国政府网：《国家新型城镇化规划（2014—2020）》，http://www.gov.cn/zhengce/2014-03/16/content_2640075.htm。

加下，西部地区的城镇化也在如火如荼地进行。那么，在西部地区的城镇化中，农牧民进城的驱动力有哪些，进城的农牧民有什么样的价值诉求？携带乡土文化的农牧民进城之后如何调适自我以更好地融入城市，进而实现由“农村人”到“城市人”的身份转变？笔者以甘肃为实证研究对象，对上述问题进行了探究，主要思考在县域城镇化发展背景下，微观个体、家庭的生命史、生命周期的转变。个体的命运与时代发展紧密相连。工业和商业发展滞后、缺乏产业支撑的西部中小城市的城镇化主要依靠政府政策性推动，因而部分农牧民包括老年群体、弱势群体被裹挟进城镇化潮流，这些群体的市民化并不是他们自愿选择的结果，而是一种被动型市民化。

在政府主导推进的生态移民、失地农民和易地搬迁移民的市民化中，缺乏城市积累和城镇化诉求的农牧民从熟悉的生存环境、社会关系网、治理结构中脱域，进入陌生的空间场域、社会结构、社会制度和社会文化之中，围绕空间、资源、发展与各方利益群体进行博弈，在传统与现代之间调适自我，解构在长期实践中形成的与农村、牧区文化相适应的价值观，建构适应城市生活方式的新理念、新认知，并在日常实践中逐渐强化城市人的身份认同。不同于主动进城者，生态移民、失地农民、易地搬迁移民的进城是举家迁移式的，家庭成员无法依照个体禀赋选择进城还是留守。家庭整体迁移无疑会显著增加消费，并且老年人更难融入城市。农村与城市最显性的区别在于城市是消费型的社会，城市的日常生活实践离不开各类消费。为了供养一家人在城镇的高消费，进城的农牧民家庭不得不依据家庭成员所拥有的资本、资源及能力进行重组与整合，形成适应城镇生活的生计模式。进城农牧民在生计压力之下选择了多元化的生计策略。不同年龄群体的城镇化实践模式呈现出差异性，年轻群体主要流向县域外的大城市，以异地城镇化为主，肩负家庭供养、抚育责任的中年劳动力主要在本县城就业，部分人以打零工为生，其实是隐性的失业者，大部分缺少技术、能力与资本的农牧民在县城从事缺乏稳定性的职业，处在城市社会分层的底端。被动进入城市的老年人，进城即意味着失业，依附于家庭和子女的供养，由家庭生产者或半生产者变为完全的消费者，给老年人的心理和精神层面带来冲击，导致他们对城市生活充满担忧，难以认同城市。概而述之，目前，进城农牧民还未实现整个家庭扎根城市，呈现出家庭中的部分劳动力跨县域外出，与留守在县城的家庭劳动力合力维持一家人在城镇的生活，形成“人口异地工业化带动本地城镇化的特殊模式”①。流动在大城市的年轻群体，到供养家庭的生命阶段又会返回本地城镇。因为“大城市能满足流入者物质利益最大化追求，却给不了权利、福利和归属感。回流的选择是人们在安全需求与利益需求之间寻找平衡的过程”②。由此得知，县域城镇化的家庭处于离散与流动的状态，是一种不完全或“半城镇化”，主要因进城主体缺乏立足城市的能力所致。

甘肃城镇化的行动策略具有某种相似性，但由于不同区域经济社会发展水平的差异性，城镇化的发展路径、模式也呈现出区域特性。甘肃位于生态屏障区，生态区位重要但生态脆弱。为减少对生态环境的人为影响，政府将位于生态核心区、生态

① 肖磊、潘劼：《人口流出地区城镇化路径机制再认识—以四川省县域单元为例》，载《地理科学进展》，2020（3）。

② 李海波、陈政、欧沙：《县域城镇化与人口回流耦合关系研究——基于湖南省88个县（市）数据的分析》，载《经济地理》，2019（11）。

脆弱区的农牧民搬迁，部分农牧民被政府安置在城镇，农牧民因生态而进城，产生了生态移民市民化问题。生态移民市民化是由政府主导推进的被动型市民化，而非农牧民自愿选择离开原来生活的场域主动进城的行为。外界力量驱动下的进城，导致生态移民生活的转型具有突变性。从原来的生活空间、生产关系以及社会网络脱域，进入全新的社会与文化空间，需要掌握新的生存技能，建构新的社会关系网，以再社会化的方式完成生计方式及身份的转型。非农化就业是农牧民立足城市的根本，但是年龄偏大、语言不通、人力资本薄弱的农牧民事实上很难在城市谋到一份职业。他们中的部分人不愿意打零工或者从事体力劳动，除了从事体力劳动收入低下外，生态移民认为自己是响应政府的号召搬迁，为生态发展做出了贡献，理应得到补偿，保障他们的生活，他们对政府有较强的依赖性。然而，中小城镇能够提供的就业岗位有限，处于隐性失业或不能充分就业的农牧民游走在城市社会的边缘，在经济、文化、社会和心理各个层面受到城市的区隔。政府“赋能”与农牧民自身“增能”的不足，导致农牧民的需求与现实处境之间存在较大的张力。农牧民从原来的熟人社会网络脱域，分散嵌入陌生的空间，需要建构与城市行动逻辑相符合的社会网络。来自农村的相同背景、相似的人生经历，让共同搬迁来的老人彼此之间有共同的话题。他们复制农村的社会交往方式，与陌生人交流少有距离、猜疑或排斥。年轻人大都外出务工，只有冬季停工或过年的时候返回。常年流动在大城市的年轻人，认同城市文明，日常行动实践中充满工具理性色彩，建构的是多元异质的社会关系网。长期在大城市和农村之间流动的年轻人，过着一种漂泊不定的生活，他们认为在哪里生活都一样，因而对城市人的身份认同模糊。然而，难以在大城市扎根的农牧业转移人口，县域城镇化或本地城镇化的诉求强烈，因为其子代可在县城接受优质的教育资源。移民后代在城市成长，接受城市教育，在各个层面实现了完全市民化。另外，天祝县城北新区的保障性住房小区安置了大量来自各个乡镇的农牧民，民族构成以汉、藏、土、回为主，由进城农牧民组建的移民社区是多民族混居的社区。多民族分散居住的格局淡化了民族间的差异性，各民族关系融洽。政府应将移民小区打造为民族团结示范小区，进一步弘扬民族团结主旋律，持续营造民族团结的良好氛围，加强各民族交往交流交融，构建多民族互嵌式社会结构。

主动进城者大多是“教育驱动”的结果，家长进城陪读，产生陪读型市民化。陪读无疑会大大增加农牧民家庭支出，不少家庭以代际合力的形式支持陪读。选择爷爷奶奶陪读还是父母陪读是基于家庭成员拥有的资源、资本作出的理性决策。爷爷奶奶陪读的家庭通常孩子的父母在外地或本地务工经商，外地工作的父母回家机会少，父母在孩子成长过程中的缺席，导致许多孩子疏于监管，最终的结果是投入在教育上的财力、物力、人力并未取得期望的结果，孩子未能考上理想的大学，甚至未能考上高中。除老人外，妇女是陪读的主力军，陪读是女性进城的主要原因和形式。中年妇女的陪读从孩子上初中或高中开始，持续的时间较短，并且她们认为自己进城的主要职责是照顾求学的孩子，因而不注重与外界的交流，活动的空间主要在租住屋所在的区域。陪读结束后，她们会返回农村继续从事农业或其他原职业。年轻妈妈在陪读之前就有城市流动过的经历，大多数人从孩子上幼儿园开始就陪读，陪读时间持续长，在生活方式、身体表征、社会交往、心理认知等层面已完全市民化。陪读寄托着农村家庭改变子代命运，实现社会阶层地位向上流动的期望。对富有家庭和草根精英来说，陪读是经济积累后的必要消费，对贫困家庭而言，陪读是不得已而承担的城镇化成本。不管是何种动因，陪读这种长时间的城镇化实践，促进了各种陪读群体市民化，而且陪读一定程度上促进了农村留守群体城镇化。父母肩负家庭经济重任，将陪读的任务交给原本留守在农村的爷爷奶奶，老人陪伴孩子生活在县城，实践城镇化的生活方式，受城市现代文明影响，在观念认知、行为逻辑层面上实现了城镇化。比如很多不识字的农村老人，在城市学会了拍小视频，用微信等新媒体软件开展社交等。

政府主导推进的城镇化也会与教育需求相耦合，或者说政府以教育为中介加速城镇化。精准扶贫户、易地扶贫搬迁户在政府动员进城时，教育是影响其作出抉择的重要因素，贫困家庭虽然担心没有能力立足城市，但出于子女在城市能够享受到优质的教育资源而进城。除此之外，相比其他贫困陪读家庭，政府主导进城的家庭可得到福利性住房，不用租房住。调研发现，进城的精准扶贫户并没有因为进城上楼而摆脱贫困，不少家庭因为在城市生活成本增加而返贫。为了子代的教育和家庭的发展，他们寻找多元化的生计策略，努力转型，积极主动的融入城市。在人口大流动以及网络信息化快速发展的时代，城市对农牧民来说并不陌生，城乡之间的边界逐渐模糊化，城乡的距离日渐缩短，信息传播的去“中心化”，让哪怕是地处偏远的农牧民也能通过手机及时了解到时事热点新闻。丰富多元的城市吸引农牧民，他们以网购、网络社交，拍摄短视频的方式沉浸在现代文明的实践中。青年群体思维活跃、想法与众不同、喜欢新鲜事物、追求不一样的人生体验，所从事的职业多元、新潮。他们中的一些人即使处在城市底层，也会选择在繁华的大都市打拼；有些人热爱自己的故乡及本民族文化，虽然身处大都市，通过新媒体新技术推广家乡文化、乡土文化及民族文化；也有在大都市迫于生活成本高、前景渺茫的压力而返回小城镇创业，成为享受“慢”生活的小镇青年。

被征地农民市民化是另一种被动型市民化。城镇空间的扩张，将郊区农民卷入城镇化潮流。农民的土地被征，用于城镇化建设。在各方利益群体以土地为中心的博弈中，农民无疑处于弱势地位，能为自身争取的资源非常有限，往往被动地接受土地补偿的标准和方式。市场经济时代，土地在农民家庭收入中不再扮演主要角色，然而，土地对农民来说并非可有可无，而是充当重要的心理保障作用。农民失去土地就失去了保障，对未来充满不确定和风险性的城镇生活充满担忧。货币补偿的方式以及市场经济下的自谋出路，加速农村社会分层与流动。总体来说，中老年群体面临生计转型困难、身份认同模糊的困境。他们失地即失业，由家庭生产者变为依附家庭和子女的消费者，成为进城的贫困群体、边缘群体和留守群体。老年人即使失去土地、生活在城镇也不认同城里人的身份，认为自己就是“下岗”了的农民。地处城市周边的郊区，深受城市经济、文化辐射，城乡之间要素、人力、资源和知识等自由流动，农民大多从事非农化职业、市场经济意识浓厚，因而城市周边的中年人具有较强的社会适应能力，能够迅速转换角色，在建筑工地或劳动密集型企业就业，或从事商业经营活动，承担起供养家庭的重任。年轻人由于长期流动在大城市，对农村、土地的情感淡漠，土地被征用，乡村纳入城市体系，一定程度上满足了他们的市民化诉求。土地补偿款作为嵌入农村的重要资源，利用方式的差异化也能加速农村社会的分化。善于抓住商机的村民利用土地补偿款进行再生产，投资购买生产性工具或者经营商业，由受雇走向自雇，积累经验、资本、资源和财富，从而实现完全市民化。另一部分家庭将补偿款用于盖房、买车等消费性活动，虽积累了物质资本，生活方式走向现代化，但是自我发展能力相对不足。

舟曲地质灾害避险移民跨区域迁移，生存空间巨变伴随生计方式、消费结构、社会关系、社区治理变迁转型。来自不同乡镇、拥有不同民族身份和信仰的移民，彼此之间社会关联松散，对新空间缺乏归属感与情感认同，内心充斥着茫然和不确定性，克服安土重迁、忍受思乡之苦的移民追求幸福生活的愿望强烈。如果生活水平下降抑或迁入地缺乏发展潜力，移民会有深深的挫败感、剥夺感和心理失衡感，从而不配合政策，甚至回迁，造成资源浪费与经济损失。将“分散”的群体凝聚为相互理解、相互尊重、相互包容的发展共同体、情感共同体和命运共同体，考验地方政府的治理能力。地方政府从经济、社会、文化等多维度发力，助力移民物理空间、社会空间与情感空间融入，让移民尽快稳下来，重启崭新的生活。非农化就业是移民立足新居之本，借助国家级新区的空间优势，移民的就业方式实现多元化，产生新的社会分层、社会流动。尤其是文化程度低、年龄偏大的隐性失业群体，重返劳动密集型企业就业，在家门口实现就业，提高了移民生活满意度。他们切身感受到制度与政策的优越性，加上在政府、新闻媒体的正面宣传下，进一步深化了对党和国家的认同。“有共同目标或共同命运的群体之间更可能形成积极的群际关系。”[①] 因地质灾害而千里搬迁，与故乡与过去断裂，披荆斩

① 管健、杭宁：《知情意行：四维一体铸牢中华民族共同体意识》，载《南开学报》（哲学社会科学版），2021（6）。

棘、开启新生活的相似经历或命运以及追求富裕生活的共同目标，容易引发移民群体共情，激发感情共鸣，建构积极的社会关系，拉近群体间社会距离，深化内外群体之间交往交流交融，为建构社区共同体夯实社会交往基础。文化认同是最深层次最持久的认同。在培育社区新文化时，政府坚持以社会主义核心价值观凝聚共识，增强社区凝聚力与向心力，将物理意义上的共同体再造为生活、情感与命运共同体。我们看到，第一代移民面临经济、社会、文化及心理多次层融入困境，为扎根新居，他们筚路蓝缕、开拓奋进，也为子代积累进城的资本、资源；移民二代在城市接受教育，深受城市文化形塑，他们认同城市，最终将会扎根城市。

综上所述，在现代化、城镇化的发展进程中，甘肃产生了不同的市民化类型，不同的市民化类型对应不同的市民化群体。总体来看，因“外部赋能”与“内部增能”双重能力不足制约，甘肃农牧民市民化水平不高，处于被动市民化或半市民化的境地。无论是出于追求美好生活进城，还是因生态、失地等原因被动进城，大部分人生活在城市的底层，处于“非农/牧非城”的边缘地位，角色定位不准、身份认同模糊。只有少部分人实现了成功转型，在生活水平、消费方式、思维观念等方面实现完全市民化。大部分农牧民市民化实现“生存型”向“发展型”转变，需要政府给予农牧民充分的社会权利，完善社会保障服务，推行有效的就业政策等为其赋能；同时需要农牧民提高自身能力、转变观念、拓展社会关系网络，增强主体能动性，以积极的姿态融进城市。

本书是在县域城镇化背景下，探讨不同年龄、生计方式的农牧民市民化。“县城是我国城镇体系的重要组成部分，是城乡融合发展的关键支撑，对促进新型城镇化建设、构建新型工农城乡关系具有重要意义。”[①]“县域城镇化不仅是我国城乡关系转型的伴生结果，更是在这一转型环境中，家庭基于理性的响应。”[②]王春光认为，县域是经济共同体、福利共同体和社会治理的共同体。“乡镇和村庄经济活动与县域经济联系紧密。县域是农村人口转向非农、寻找城镇化的主要场所，县域既是生产共同体，又是消费共同体，合称经济共同体。我国以县域为单位建构福利，强化了人们对县域社会的依赖和认同。”[③]农村人口选择本地城镇化的一个重要原因是可享受县域同等的福利保障。社会共同体体现在以县为单位的社会交往、社会认同上，尤其是流动在外的人对来自相同县域的人有很深的情感认同。我们可从王春光对县域社会的分析理解农村人口，尤其是有赡养和哺育责任的中年劳动力为什么倾向选择本地城镇化。县城是农牧民实践城镇化的主要场域，除县域内文化背景相似、可共享社会公共服务外，缺乏人力资本、物质资本、经济资本与社会资本的农牧民缺少立足大城市的能力，消费水平较低的县城为渴望成为市民而又无法实现愿望的农牧业转移人口提供了可能路径。在新型城镇化发展背景以及乡村振兴战略下，城乡如何有机融合发展是本书需要拓展的领域。

---

① 中华人民共和国中央人民政府:《中共中央办公厅 国务院办公厅印发〈关于推进以县城为重要载体的城镇化建设的意见〉》，http://www.gov.cn/xinwen/2022-05/06/content_5688895.htm。

② 施德浩:《家庭再叙事与教育资本化——微观视角下县域城镇化兴起的家庭、制度与空间》，载《城市规划》，2022（7）。

③ 王春光:《县域社会学研究的学科价值和现实意义》，载《中国社会科学评价》，2020（1）。

参考文献

一、中文文献

（一）著作

[1] 范可 . 认同、文化与地方历史：人类学的理论探讨与经验研究 . 北京：社会科学文献出版社，2018.

[2] [法] 布迪厄 . 实践感 . 蒋梓骅，译，南京：译林出版社，2018.

[3] [德] 韦伯 . 宗教社会学：宗教与世界 . 康乐，简惠美，译，桂林：广西师范大学出版社，2010.

[4]（元）管 · 宣奴贝 . 青史（足本）（第一部、第二部）. 王启龙，还克加，译，北京：中国社会科学出版社，2012.

[5] 张亚辉 . 宫廷与寺院 . 北京：中国藏学出版社，2015.

[6] [法] 亨利 · 列斐伏尔（Henri Lefebvre）. 日常生活批判（全 3 卷）. 叶齐茂，倪晓辉，译，北京：社会科学文献出版社，2018.

[7] [美] 詹姆斯 · 弗格森 . 现代性的前景：赞比亚铜带省城市生活的神话与意义 . 杨芳，王海民，王妍蕾，译，北京：社会科学文献出版社，2017.

[8] [美] 凡勃伦（Veblen，T.B.）. 有闲阶级论 . 蔡爱百，译，北京：商务印书馆，1964.

［9］[英] 亨利 · 伯恩斯坦 . 农政变迁的阶级动力 . 汪淳玉，译，北京：社会科学文献出版社，2011.

［10］[英] 维克多 · 特纳 . 象征之林 . 赵玉燕，欧阳敏，徐洪峰，译，北京：商务印书馆，2012.

［11］[美] 林肯 . 死亡、战争与献祭 . 晏可佳，译，龚方霞，校对，上海：上海人民出版社，2018.

［12］杨红伟 . 清朝循化厅藏族聚居区之权利机制 . 北京：高等教育出版社，2015.

［13］[美] 戴维 · 斯沃茨 . 文化与权力——布尔迪厄的社会学 . 陶东风，译，上海：上海译文出版社，2006.

［14］[美] 施坚雅 . 中国封建社会晚期城市研究——施坚雅模式 . 王旭，译，长春：吉林教育出版社，1991.

［15］[美] 施坚雅 . 中国农村市场和社会结构 . 史建云，徐秀丽，译，北京：中国社会科学出版社，1998.

［16］潘家恩 . 回嵌乡土：现代化进程中的中国乡村建设 . 北京：中国人民大学出版社，2020.

［17］[加拿大] 查尔斯 · 泰勒 . 现代社会想象 . 林曼红，译，南京：译林出版社，2014.

［18］田汝康 . 芒市边民的摆 . 福州：福建教育出版社，2016.

［19］[美] 杜赞齐 . 文化、权力与国家：1900—1942 年的华北农村 . 王福明，译，南京：江苏人民出版社，2003.

［20］[美] 克利福德 · 格尔茨 . 尼加拉——十九世纪巴厘剧场国家 . 赵丙祥，译，北京：商务印书馆，2018.

［21］葛剑雄，安介生 . 移民与中国传统文化 . 太原：三晋出版社，2022.

［22］[美] 柯林斯 . 互动仪式链 . 林聚任，王鹏，宋丽君，

译，北京：商务印书馆，2009.

[23] [英] 鲍曼 . 共同体 . 欧阳景根，译，南京：江苏人民出版社，2003.

[24] [美] 威廉 · 福特 · 怀特 . 街角社会：一个意大利人贫民区的社会结构 . 黄育馥，译，北京：商务印书馆，1994.

[25] [美] 特纳 . 仪式过程：结构与反结构 . 黄剑波，柳博赟，译，北京：中国人民大学出版社，2006.

[26] [美] 克莱德 · M. 伍兹 . 文化变迁 . 胡华生，译，石家庄：河北人民出版社，1989.

[27] 李向振 . 活法儿：京北城郊村的生计策略与日常生活 . 北京：中国社会科学出版社，2022.

[28] [法] 古柏察 . 鞑靼西藏旅行记 . 耿昇，译，北京：中国藏学出版社，2006.

[29] [法] 石泰安 . 川甘青藏走廊古部落 . 耿昇，译，成都：四川民族出版社，1992.

[30] 白玛措 . 牧民的礼物世界（上、下）. 北京：中国社会科学出版社，2019.

[31] 阮西湖 . 都市人类学 . 北京：华夏出版社，1991.

[32] 沈林，张继焦，杜宇，金春子 . 中国城市民族工作的理论与实践 . 北京：民族出版社，2001.

[33] [美] 保罗 · 诺克斯，[美] 史蒂文 · 平奇 . 城市社会地理学导论 . 柴彦威，张景秋，等，译，北京：商务印书馆，2005.

[34] [美] 罗杰斯（A · Rogers）. 多区域人口学：原理、方法和扩展 . 中国人口与发展研究中心，译，北京：中国人口出版社，2016.

[35] 杨清媚 . 双重时间体系：一个滇缅边境社会的历史与人

类学研究 . 北京：商务印书馆，2021.

［36］杨华 . 乡争 . 北京：北京大学出版社，2022.

［37］[英] 吉登斯（Giddens，A.）. 现代性的后果 . 田禾，译，南京：译林出版社，2011.

［38］[挪威] 弗雷德里克 · 巴斯 . 族群与边界——文化差异下的社会组织 . 李丽琴，译，马成俊，校，北京：商务印书馆，2018.

［39］[保] 查内娃（Tzaneva，E.），方素梅，[美] 施密特（Schmitt，E.）. 灾害与文化定式：中外人类学者的视角 . 北京：社会科学文献出版社，2014.

［40］[法] 米歇尔 · 马费索利（Michel Maffesoli）. 部落时代：个体主义在后现代社会的衰落 . 许轶冰，译，上海：上海人民出版社，2022.

［41］[美] 哈立德 · 科泽 . 国际移民 . 吴周放，译，南京：译林出版社，2009.

［42］柳陞祺 . 西藏的寺与僧（1940 年代）. 北京：中国藏学出版社，2009.

［43］罗意 . 消逝的草原：一个草原社区的历史、社会与生态 . 北京：中国社会科学出版社，2017.

［44］[美] 克利福德 · 格尔茨 . 追寻事实：两个国家、四个十年、一位人类学家 . 林经纬，译，北京：北京大学出版社，2011.

［45］[美] 罗伯特 · 瑞德菲尔德 . 农民社会与文化：人类学对文明的一种诠释 . 王莹，译，北京：中国社会科学出版社，2013.

［46］魏后凯，等 . 新型城镇化重塑城乡格局 . 北京：社会科

学文献出版社，2021.

［47］[美] 查尔斯 · 霍顿 · 库利 . 人类本性与社会秩序 . 包凡一，王湲，译，北京：华夏出版社，2020.

［48］李锦 . 家屋与嘉绒藏族社会结构 . 北京：社会科学文献出版社，2017.

［49］[美] 阎云翔 . 礼物的流动：一个中国村庄中的互惠原则与社会网络 . 李放春，刘瑜，译，上海：上海人民出版社，2016.

［50］[美] 马歇尔 · 萨林斯 . 亲属关系是什么，不是什么 . 陈波，译，北京：商务印书馆出版，2018.

［51］[美] 格尔茨 . 地方知识：阐述人类学论文集 . 杨德睿，译，北京：商务印书馆，2014.

［52］徐水源 . 社会融合：新时代中国流动人口发展之路 . 北京：人民出版社，2019.

［53］[英] 弗里斯比 . 现代性的碎片：齐美尔、克拉考尔和本雅明作品中的现代性理论 . 卢晖临，等，译，北京：商务印书馆，2013.

［54］[法] 爱弥尔 · 涂尔干 . 宗教生活的基本形式 . 渠敬东，汲喆，译，北京：商务印书馆，2011.

［55］[美] 帕森斯 . 社会行动的结构 . 张明德，夏遇楠，彭刚，译，南京：译林出版社，2012.

［56］吴毅 . 双村百年：村治变迁中的权威与秩序 . 北京：社会科学文献出版社，2021.

［57］[法] 石泰安 . 汉藏走廊古部族 . 耿昇，译，北京：中国藏学出版社，2013.

［58］赵世瑜 . 在空间中理解时间：从区域社会史到历史人类

学 . 北京：北京大学出版社，2017.

［59］[英] 伯格 . 讲故事的人 . 2 版 . 翁海贞，译，桂林：广西师范大学出版社，2015.

［60］[美] 罗伯特 · N · 贝拉等 . 心灵的习性：美国人生活中的个人主义和公共责任 . 周穗明，等，译，北京：中国社会科学出版社，2011.

［61］[美] 阎云翔 . 私人生活的变革：一个中国村庄里的爱情、家庭与亲密关系（1949—1999）. 龚小夏，译，上海：上海人民出版社，2016.

［62］[法] 皮埃尔 · 布迪厄 . 实践理论大纲 . 高振华，李思宇，译，北京：中国人民大学出版社，2017.

［63］熊凤水 . 流变的乡土性 . 北京：社会科学文献出版社，2016.

［64］[日] 佐藤仁史 . 近代中国的乡土意识：清末民初江南的地方精英与地域社会 . 北京：北京师范大学出版社，2017.

［65］[英] 艾伦 · 哈丁（Alan Harding），[英] 泰尔加 · 布劳克兰德（Talja Blokland）. 城市理论：对 21 世纪权利、城市和城市主义的批判性介绍 . 王岩，译，北京：社会科学文献出版社，2016.

［66］赵树凯 . 农民的政治 . 北京：商务印书馆，2012.

［67］王勇 . 城市化进程中失地农民的利益表达机制研究 . 北京：中国社会科学出版社，2014.

［68］杨美惠 . 礼物、关系学与国家：中国人际关系与主体性建构 . 南京：江苏人民出版社，2009.

［69］麻国庆 . 破土而出：流动社会的田野呈现 . 北京：北京师范大学出版社，2020.

[70] [英] 齐格蒙特 · 鲍曼 . 流动的现代性 . 欧阳景根，译，北京：中国人民大学出版社，2017.

[71] [德] 斐迪南 · 滕尼斯 . 共同体与社会：纯粹社会学的基本概念 . 林荣远，译，北京：北京大学出版社，2010.

[72] [美] 斯科特（Scott，J.C）. 弱者的武器 . 郑广怀，张敏，何江穗，译，南京：译林出版社，2007.

[73] 张领 . 流动的共同体：农民工与一个村庄的变迁 . 北京：中国社会科学出版社，2015.

[74] [美] 马克 · 格兰诺维特（Mark Granovetter）. 镶嵌：社会网与经济行动（增订本）. 罗家德，等，译，北京：社会科学文献出版社，2015.

[75] 王春光 . 从农业现代化到农业农村现代化：乡村振兴主体性研究 . 北京：社会科学文献出版社，2021.

[76] [英] 卡尔 · 波兰尼 . 大转型：我们时代的政治与经济起源 . 冯钢，刘阳，译，杭州：浙江人民出版社，2007.

[77] 周大鸣 . 现代都市人类学 . 广州：中山大学出版社，1987.

[78] 李德洙 . 都市人类学与边疆城市理论研究 . 北京：中国民航出版社，1996.

[79] 周大鸣 . 中国乡村再都市化研究 . 北京：社会科学文献出版社，2015.

[80] 周大鸣 . 渴望生存：农民工流动的人类学 . 广州：中山大学出版社，2005.

[81] 周大鸣 . “自由”的都市边缘人：中国东南沿海散工研究 . 广州：中山大学出版社，2007.

[82] 项飙 . 跨越边界的社区：北京“浙江村”的生活史（修

订本）. 北京：生活 · 读书 · 新知三联书店，2018.

［83］王琛 . 漂移的时空：当代中国少数民族的经济生活 . 广州：中山大学出版社，2012.

［84］秦洁 . 重庆“棒棒”：都市感知与乡土性 . 北京：生活 · 读书 · 新知三联书店，2015.

［85］[美] 张鹂 . 城市里的陌生人：中国流动人口的空间、权力与社会网络的重构 . 袁长庚，译，南京：江苏人民出版社，2014.

［86］[澳] 杰华 . 都市里的农家女：性别流动与社会变迁 . 吴小英译，南京：江苏人民出版社，2006.

［87］张继焦，沈林 . 亚洲的城市移民——中国四个城市的调查：深圳、青岛、呼和浩特、昆明 . 北京：知识产权出版社，2009.

［88］[美] 鲍尔斯，[美] 金迪斯 . 合作的物种：人类的互惠性及其演化 . 张弘，译，杭州：浙江大学出版社，2015.

［89］张玉林 . 流动与瓦解：中国农村的演变及其动力 . 北京：中国社会科学出版社，2012.

［90］张文政 . 流动与发展：西北民族地区乡村社会流动问题研究 . 北京：民族出版社，2012.

［91］许宪隆 . 都市族群与族群关系 . 北京：知识产权出版社，2011.

［92］张鸿雁 . 城市社会学理论与方法：历史与逻辑的本土化视角 . 北京：中国社会科学出版社，2012.

［93］杨贵华 . 转型与创生：“村改居”社区组织建设 . 北京：社会科学文献出版社，2014.

［94］陈俊峰 . 城市居住空间分化与融合研究 . 合肥：合肥工

业大学出版社，2012.

[95] 靳小怡，任义科，杜海峰 . 农民工社会网络与观念行为变迁 . 北京：社会科学文献出版社，2014.

[96] 吴毅 . 小镇喧嚣：一个乡镇政治运作的演绎与阐释 . 北京：生活 · 读书 · 新知三联书店，2018.

[97] 李树茁，等 . 农民工的社会支持网络 . 北京：社会科学文献出版社，2008.

[98] 卢国显 . 农民工：社会距离与制度分析 . 北京：社会科学文献出版社，2010.

[99] [法] 孟德拉斯（Mendras, H.）. 农民的终结（2 版）. 李培林，译 . 北京：社会科学文献出版社，2020.

[100] [英] 亚当 · 库珀 . 人类学与人类学家：二十世纪的英国学派 . 沈沉，译，北京：商务印书馆，2021.

[101] 杨洪波 . 城市发展视野下的美国唐人街演变研究 . 广州：世界图书出版广东有限公司，2014.

[102] 李培林，等 . 大变革：农民工和中产阶层 . 北京：中国社会科学出版社，2019.

[103] 李培林 . 村落的终结：羊城村的故事 . 北京：中国社会科学出版社，2014.

[104] 刘林平 . 权益、关系与制度：十年（2001—2011）劳工研究 . 北京：中国社会科学出版社，2012.

[105] 李芳 . 老年人的“留”与“流”：城镇化进程中特殊老年群体研究 . 北京：社会科学出版社，2017.

[106] [英] 吉登斯（Giddens，A.）. 资本主义与现代社会理论：对马克思、涂尔干和韦伯著作的分析 . 郭忠华，潘华凌，译，上海：上海译文出版社，2013.

[107] [英] 乌斯怀特（Outhwaite，W.），[英] 雷（Ray，L.）. 大转型的社会理论 . 吕鹏，等，译，北京：北京大学出版社，2011.

[108] [德] 齐美尔（Simmel，G.）. 社会是如何可能的：齐美尔社会学文选 . 林荣远，编译，桂林：广西师范大学出版社，2002.

[109] 刘林平 . 关系、社会资本与社会转型：深圳“平江村”研究 . 北京：中国社会科学出版社，2002.

[110] 李玫 . 民族地区女性农民工返乡创业问题研究 . 北京：中国社会科学出版社，2014.

[111] 姜磊 . 都市里的移民创业者：城际移民迁移创业过程中的社会资本研究 . 北京：社会科学文献出版社，2010.

[112] 李志平 . 鲍德里亚的生产劳动误读 . 北京：社会科学文献出版社，2021.

[113] 胡荣 . 社会资本与地方治理 . 北京：社会科学文献出版社，2009.

[114] 李强，王昊 . 城市社会学：北京城市社会生活调查 . 北京：社会科学文献出版社，2013.

[115] 李云森 . 城镇化过程中农村人力资本形成研究 . 厦门：厦门大学出版社，2015.

[116] [美] 明塞尔（Mincer，J.）. 人力资本研究 . 张凤林，译，北京：中国经济出版社，2001.

[117] 杜巍，车蕾，吕锋 . 农业转移人口生计现状与可持续发展研究 . 北京：社会科学文献出版社，2020.

[118] 姚华松 . 流动人口的空间透视：以广州为例 . 北京：中央编译出版社，2012.

［119］罗翠房．人口城市化与汉口社会：1861—1936．北京：中国社会科学出版社，2018.

［120］[法] 亨利·列斐伏尔．都市革命．刘怀玉，张笑夷，郑劲超，译，北京：首都师范大学出版社，2018.

［121］贺雪峰，袁松，宋丽娜等．农民工返乡研究：以 2008 年金融危机对农民工返乡影响为例．济南：山东人民出版社，2020.

［122］[美] 兰德尔·柯林斯，[美] 迈克尔·马科夫斯基．发现社会．李霞，译，北京：商务印书馆，2014.

［123］郑荣华．城市的兴衰：基于经济、社会、制度的逻辑．桂林：广西师范大学出版社，2021.

［124］[英] 鲍曼（Bauman，Z.）．流动的生活．徐朝友，译，南京：江苏人民出版社，2012.

［125］[德] 滕尼斯．社会学引论．林荣远，译，北京：中国人民大学出版社，2015.

［126］杨思远．从嵌入到内生：论社会转型条件下民族地区经济发展方式的特点与转变目标．北京：中国社会科学出版社，2016.

［127］谭同学，王首燕．金钱的傲慢与社会的偏见：当代乡村社会建设与社区互助研究．北京：社会科学文献出版社，2013.

［128］[美] 米格代尔（Migdal，J. S.）．强社会与弱国家：第三世界的国家社会关系及国家能力．张长东，等，译，南京：江苏人民出版社，2012.

［129］[美] 布劳．社会生活中的交换与权力．李国武，译，北京：商务印书馆，2008.

［130］[美] 奥尔森（Olson，M.）．集体行动的逻辑．陈郁，

郭宇峰，李崇新，译，上海：上海人民出版社，2011.

［131］张昆 . 根在草原：东乌珠穆沁旗定居牧民的生计选择与草原情结 . 北京：社会科学文献出版社，2018.

［132］厉以宁 . 中国道路与新城镇化 . 北京：商务印书馆，2012.

［133］郎晓波 ."乡—城"迁移视野下农民工城市融入的代际差异与社区支持 . 杭州：浙江大学出版社，2019.

［134］王兴周 . 都市乡民的终结——新市民城市性积累与市民化 . 北京：科学出版社，2016.

［135］高峰 . 空间理论视角的外来农民工城市融入问题研究——对苏南的考察 . 北京：科学出版社，2013.

［136］杨懋春 . 一个中国村庄：山东台头 . 张雄，沈炜，秦美珠，译，南京：江苏人民出版社，2012.

［137］[英] 威廉斯 . 乡村与城市 . 韩子满，刘戈，徐珊珊，译，北京：商务印书馆，2013.

［138］郑冰岛 . 冲突与融合：社会转型中的人口流动 . 上海：上海书店出版社，2018.

［139］[英] 彼得 · 桑德斯 . 城市理论与城市问题 . 郭秋来，译，南京：江苏凤凰教育出版社，2018.

［140］[美] 范芝芬 . 流动中国：迁移、国家和家庭 . 邱幼云，黄河，译，北京：社会科学文献出版社，2013.

［141］陆益龙 . 后乡土中国 . 北京：商务印书馆，2017.

［142］[日] 柳田国男 . 都市与农村 . 王京，译，北京：北京师范大学出版社，2020.

［143］赵旭东 . 否定的逻辑：反思中国乡村社会研究 . 北京：民族出版社，2008.

[144] [德] 尼克拉斯 · 卢曼（Niklas Luhmann）. 风险社会学 . 孙一洲，译，南宁：广西人民出版社，2020.

[145] [英] 埃比尼泽 · 霍华德 . 明日的田园城市 . 金经元，译，北京：商务印书馆，2010.

[146] [法] 让 · 鲍德里亚 . 消费社会 . 刘成富，全志钢，译，南京：南京大学出版社，2014.

[147] [美] 欧文 · 戈夫曼（Erving Goffman）. 日常生活中的自我呈现 . 冯钢，译，北京：北京大学出版社，2008.

[148] [美] 戴维 · 哈维 . 叛逆的城市：从城市权力到城市革命 . 叶齐茂，倪晓晖，译，北京：商务印书馆，2014.

[149] [美] 段义孚 . 恋地情结 . 志丞，刘苏，译，北京：商务印书馆，2018.

[150] [英] 迪克斯 . 被展示的文化：当代“可参观性”的生产 . 冯锐，译，北京：北京大学出版社，2012.

（二）论文

[1] 文军，高艺多 . 技术变革与我国城市治理逻辑的转变及其反思. 江苏行政学院学报，2017（6）.

[2] 吴金群，廖超超 . 嵌入、脱嵌与引领：浙江的省市县府际关系改革及理论贡献——改革开放 40 年的回顾与反思. 浙江社会科学，2018（11）.

[3] 李晓婉 . 珠三角地区少数民族流动人口特征分析. 北方民族大学学报，2020（4）.

[4] 徐赣丽 . 构建城市生活方式——上海近代文明化及其动因 . 民俗研究，2020（5）.

[5] 马伟华，张笑语 . 城市融入视角下少数民族流动人口政

治参与研究 . 黑龙江民族丛刊，2020（3）.

［6］彭兆荣，张进 .“社区”的维度与限度 . 思想战线，2019（1）.

［7］马丹丹，刘思汝 . 中产阶层“不可统计”的生活经验：民族志书写城市的新路径和可能性 . 民俗研究，2018（6）.

［8］阎晓磊 . 新生代农民工市民化融合的法治路径研究 . 农业经济，2020（7）.

［9］沈东 . 新型城镇化、市民化与逆城镇化 . 江淮论坛，2019（1）.

［10］钱泽森，朱嘉晔 . 农民工的城市融入：现状、变化趋势与影响因素——基于 2011—2015 年 29 省农民工家庭调查数据的研究 . 农业经济问题，2018（6）.

［11］张超，毕道君 . 农业转移人口市民化意愿激发诱因分析 . 江淮论坛，2017（4）.

［12］姚植夫，薛建宏 . 新生代农民工市民化意愿影响因素分析 . 人口学刊，2014（3）.

［13］程淑平，程业炳，张德化 . 新型城镇化视域下农业转移人口市民化意愿研究 . 中国农业资源与区划，2017（7）.

［14］李元元 . 农民群体利益表达行动的文化嵌入性：一个少数民族村落“保地”行动的田野民族志 . 青海民族研究，2019（4）.

［15］朱军 . 城市少数民族合法权益保障研究述评 . 西北民族研究，2019（3）.

［16］吕利丹，赵翔宇 . 性别视角下的迁移历程研究——基于中国 1930—1969 年出生队列的分析 . 人口研究，2022（1）.

［17］程先勇 . 可持续生计框架下农民工城市化研究 . 武汉大

学博士学位论文，2016（10）.

［18］戴路.都市移民社会中佛教灵性实践的人类学透视.思想战线，2020（3）.

［19］齐勇.新型城镇化背景下农业转移人口价值观研究——以北京市为例.北京科技大学博士学位论文，2019（6）.

［20］粟娟.农民工消费及其对市民化进程的影响.陕西师范大学博士学位论文，2013（5）.

［21］朱凌飞，李伟良.流动与再空间化：中老边境磨憨口岸城镇化过程研究.广西民族大学学报（哲学社会科学版），2019（3）.

［22］周竞红.人口流动与管理变革：新中国城市民族工作变迁管窥.学术界，2020（6）.

［23］郭旭魁.新生代农民工在微信同乡群中自我身份的建构.当代青年研究，2016（3）.

［24］赵继颖，周利秋.农业转移人口市民化进程中的社会保障问题研究.学习与探索，2013（11）.

［25］王越平，杨天.差异性嵌入：中国西南边境地区外籍务工人员的空间特征研究.广西民族大学学报（哲学社会科学版），2020（3）.

［26］孙九霞.小地方与大世界：一个边缘藏族社区的本土现代性.民俗研究，2019（5）.

［27］尕藏草.流动、寄宿与归属：藏族青少年与家庭——社会关系现状研究.青海社会科学，2019（4）.

［28］彭建军，刘荣.城市少数民族流动人口市民化突出问题及对策——以湖北省10个城市为例.中南民族大学学报（人文社会科学版），2019（6）.

［29］丹珠昂奔．习近平关于新时代民族问题的重要论述．青海民族研究，2018（4）．

［30］伍麟，曾胜．青年农民工城市认同的道德冲击．青海社会科学，2019（4）．

［31］柳建文．邻里社区如何促进族际融合：国际经验及启示．世界民族，2010（1）．

［32］赵旭东．门与墙：一种合作的而非分离的文化转型人类学．广西民族大学学报（哲学社会科学版），2020（1）．

［33］盛来运．国外劳动力迁移理论的发展．统计研究，2005（8）．

［34］宋德星．论国际移民问题的主流理论、观念分歧及政策焦点．国际展望，2017（5）．

［35］傅义强．当代西方国际移民理论述略．世界民族，2007（3）．

［36］李其荣．全球化时代的人口迁移与政策研究．学术前沿，2014（4）．

［37］张晓青．国际人口迁移理论述评．人口学刊，2001（3）．

［38］周大鸣，黄锋．家族主义的传承与发展——纪念凤凰村研究100年．民族研究，2019（5）．

［39］大卫·阿特威尔．十九世纪滇藏关系解释范式的反思．民族学刊，2010（2）．

［40］刘畅．“打工诗人”的文学活动与社会适应．社会学研究，2019（6）．

［41］郑丹丹．想象力与确定性——个案与定量研究的关系辨析．求索，2020（1）．

［42］马冬梅，李吉和．城市少数民族流动人口社会融合的障

碍与对策 . 广西民族研究，2013（2）.

［43］宁光杰，李瑞 . 城乡一体化进程中农民工流动范围与市民化差异 . 中国人口科学，2016（4）.

［44］马伟华，赵怡 . 功能与实践："三社联动"视角下少数民族流动人口社会支持体系构建初探 . 青海民族研究，2019（4）.

［45］马伟华，益艳霞 . 国家治理现代化视角下的城市少数民族流动人口基本权利保障 . 贵州民族研究，2018（12）.

［46］马伟华 . 就业与融入：少数民族流动人口就业资源整合与城市融入问题探析——基于京津冀协同发展的视角 . 中南民族大学学报（人文社会科学版），2017（3）.

［47］高永久，张志泽 . 论少数民族流动人口的认同整合与现代治理 . 广西民族大学学报（哲学社会科学版），2017（4）.

［48］汤夺先，任嘉威 . 民族社会工作介入少数民族新生代农民工城市融入研究 . 湖北民族学院学报（哲学社会科学版），2018（5）.

［49］康红梅 . 农民工高质量闲暇生活的缺失及应对之策——以 G 市少数民族农民工为例 . 贵州民族大学学报（哲学社会科学版），2015（1）.

［50］高永宏 . 农民工市民化背景下青海解决就业压力的路径研究 . 青海社会科学，2015（3）.

［51］谢勇 . 少数民族流动人口的就业状况及其影响因素 . 云南民族大学学报（哲学社会科学版），2019（4）.

［52］马忠才，郝苏民 . 少数民族流动人口的留居与落户意愿及其影响因素研究 . 西北民族研究，2019（4）.

［53］李吉和，张娇蓉 . 少数民族流动人口融入城市的社会认同考量——基于武汉、广州、杭州、宁波市的调查 . 烟台大学学

报（哲学社会科学版），2018（3）.

［54］何月华．少数民族农民工的身份认同与城市融入——基于广西南宁一个少数民族农民工聚居地的考察．广西民族研究，2019（2）.

［55］郭玲．少数民族农民工基于城乡分割的市民化转变．贵州民族研究，2016（5）.

［56］汤夺先，王建伟．我国少数民族新生代农民工研究的回顾与展望．北方民族大学学报（哲学社会科学版），2016（1）.

［57］吴泽荣．新时代背景下城市少数民族流动人口的社会融入与共建共享——以广州回族为例．黑龙江民族丛刊，2019（6）.

［58］朱军．新型城镇化中少数民族流动人口的权益需求及影响因素分析——基于 8 个城市的问卷调查．西南民族大学学报（人文社会科学版），2020（6）.

［59］汤夺先，刘辰东．族裔特色经济与少数民族流动人口的城市融入．西北民族研究，2019（4）.

［60］杨金龙，王桂玲．“农转非”之后的身份认同分化及其逻辑．吉林大学社会科学学报，2020（5）.

［61］苏文亮，林方宇，罗文靓，李天凤，韩小丽．是社会的潮流还是个人的诱惑？大学生“低头族”现象成因及后果的访谈研究．福州大学学报（哲学社会科学版），2022（2）.

［62］邹一楠．从二元对立到城乡融合：中国工农城乡关系的制度性重构．科学社会主义（双月刊），2020（3）.

［63］陈迪宇，王政，张金萍．更好发挥城镇化对高质量发展的支撑作用．宏观经济管理，2020（9）.

［64］贺雪峰，桂华．农村公共品性质与分配型动员．开放时代，2022（4）.

［65］韩文龙，马文武．新时代农民市民化过程中农地财产权的“新还权赋能”与实现．天津社会科学，2020（5）．

［66］陈亚军．新型城镇化建设进展和政策举措．宏观经济管理，2020（9）．

［67］赵利生，马志强．“村转居”进程中回族寺坊的分化与整合——以宁夏 W 村为例．西北民族研究，2018（3）．

［68］何绍辉．治理单元重构与城市社区治理．思想战线，2020（5）．

［69］陈映芳．“农民工”：制度安排与身份认同．社会学研究，2005（3）．

［70］崔岩．流动人口心理层面的社会融入和身份认同问题研究．社会学研究，2012（5）．

［71］杨继平．新生代农民工城市融入的障碍及消减对策分析——以长株潭城市群为例．社会科学，2016（12）．

［72］邓锁．经济赋能与社区融合——以一个中西部地区的反贫困实践为例．中国农业大学学报（社会科学版），2019（2）．

［73］刘承昊．乡村振兴：电商赋能与地方政府外部供给的困境与对策．西北农林科技大学学报（社会科学版），2019（4）．

［74］陈乙华，曹劲松．文化赋能城市的内在机理与实践路径．南京社会科学，2020（8）．

［75］卓玛草．城市资本积累视角下的农民工融入城市能力问题研究．陕西师范大学博士学位论文，2017（6）．

［76］郭险峰．认知与激活：民族地区农牧民主体地位研究——基于四川 6 个民族村的调查与思考．广西民族研究，2020（4）．

［77］李志，林宓，李苑凌．为何说走就走：企业员工冲动型

离职行为及其动因的扎根研究 . 中国人力资源开发，2020（7）.

［78］刘欣怡，崔丽娟 . 留守儿童共情能力特点、发展影响因素及其干预探究 . 苏州大学学报，2020（3）.

［79］俞凌欣 . 1949 年以来中国农村发展回顾与展望 . 农业经济展望，2013（12）.

［80］林乐芬，赵辉，安然，李佳，沈颖妮 . 城市化进程中失地农民市民化现状研究 . 农业经济问题，2009（3）.

［81］孙中伟，王滂，梁立宾 . 从“劳动权”到“市民权”：“福利三角”视角下农民工养老保险参与意愿 . 华南师范大学学报（社会科学版），2014（3）.

［82］李倩，张蓉，马萧 . 断裂与重构：失地农民市民化过程中的社会关系研究 . 烟台大学学报（哲学社会科学版），2013（4）.

［83］许抄军，陈四辉，王亚新 . 非正式制度视角的农民工市民化意愿及障碍——以湛江市为例 . 经济地理，2015（12）.

［84］毛丹 . 赋权、互动与认同：角色视角中的城郊农民市民化问题 . 社会学研究，2009（4）.

［85］刘同山，孔祥智 . 家庭资源、个人禀赋与农民的城镇迁移偏好 . 中国人口 · 资源与环境，2014（8）.

［86］刘小年 . 农民工市民化的共时性研究：理论模式、实践经验与政策思考 . 中国农村观察，2017（3）.

［87］刘小年 . 农民工市民化非均衡现象分析—社会交换的视角 . 农业经济问题，2018（1）.

［88］任远 . 人的城镇化：新型城镇化的本质研究 . 复旦学报（社会科学版），2014（4）.

［89］刘荣 . 试论西北城市农民工市民化问题——以兰州市为

例 . 西北民族研究，2014（1）.

［90］刘小敏，邓智平，黎明泽 . 乡城移民市民化：历程、规律与进路 . 广东社会科学，2019（2）.

［91］孙鹏程 . 农村劳动力迁移模式选择：理论、现实与经验证据 . 吉林大学博士学位论文，2018（6）.

［92］路雅文 . 中国乡—城人口迁移的驱动机理研究 . 中国农业大学博士学位论文，2018（6）.

［93］贺雪峰 . 城市发展战略的两点想法 . 决策，2019（9）.

［94］贺雪峰，田舒彦 . 资源下乡背景下城乡基层治理的四个命题 . 社会科学研究，2020（6）.

［95］边燕杰，缪晓雷 . 论社会网络虚实转换的双重动力 . 社会，2019（6）.

［96］周建新，杨璐 . 跨国道路与族群发展——基于老挝人的田野调查 . 广西民族研究，2020（4）.

［97］王文涛 ."活在脚下"：重庆 F 区街头修脚女工的自我认同建构 . 湖北民族大学学报，2020（6）.

［98］程诚，边燕杰 . 社会资本与不平等的再生产：以农民工与城市职工的收入差距为例 . 社会，2014（4）.

［99］陈浩 . 脱贫攻坚实践与中国乡村社会重建——以滇西边境彝族贫困社区功能性社会重建为例 . 开放时代，2020（6）.

［100］刘谦，陈香茗 . 微信中的生命时间：大学生和农民工的数字鸿沟 . 社会学评论，2017（2）.

［101］杜宇 . 农村劳动力转移模式及外部动力评价研究 . 北京林业大学博士学位论文，2019.

［102］陈路路，安俭 . 铸牢少数民族流动人口中华民族共同体意识——基于城市少数民族流动人口的视角探析 . 贵州民族研

究，2020（9）.

［103］杨伊宁 . 返乡青年的认知重构与价值重塑——基于“慢城”生活方式的研究视角 . 中国青年研究，2020（12）.

［104］张婧璞 . 西藏渔民婚姻形态变迁动因研究 . 云南民族大学学报（哲学社会科学版），2020（6）.

［105］马丹丹 .1979 年访华的农业考察团——武雅士的早期中国田野调查 . 青海民族研究，2020（3）.

［106］李元元 . 身体的文化形塑与疾病的抗争隐喻——完德“酗酒”行为的文化解释 . 兰州大学学报（哲学社会科学版），2019（6）.

［107］沈坚，刘俊雅 . 差序性权力圈层结构下的集体主义表象化——基于 S 村两个拆迁项目的案例比较研究 . 社会发展研究，2020（1）.

［108］董敬畏 . 从“嵌入”到“脱嵌”的“市场社会”——对《巨变：当代政治、经济的起源》质疑和反思 . 学术界，2016（12）.

［109］范明林，董云芳 . 从“脱嵌”到“再嵌”的张力及困境——个体化视角下的单亲贫困母亲生命故事分析 . 江海学刊，2016（2）.

［110］刘锦程，王渝志 . 新媒体赋权与城乡分化的重塑——基于尚村“快手下乡”的个案分析 . 新闻与传播评论，2020（5）.

［111］贺雪峰 . 沿着经验往前走 . 开放时代，2006（1）.

［112］央金拉姆 . 于式玉对拉卜楞及其周边游牧地区的考察研究（1938—1942）. 中国藏学，2020（3）.

［113］何海狮 . 卷入、脱嵌与反嵌——粤北瑶山村杉木种植的劳动过程分析 . 开放时代，2013（4）.

[114] 耿羽，雷望红．农村青少年社会工作的实践困境及嵌入路径——基于广东 M 村调研．青年教育，2019（9）．

[115] 吴林隐，吴毅．嵌入与脱嵌：市场、国家与社会场域中的民俗体育——对广西那县舞狮团的田野考察．中南民族大学学报（人文社会科学版），2020（6）．

[116] 邓久根．市场是如何脱嵌的？——对新自由主义市场观的批判．经济社会体制比较，2018（5）．

[117] 田毅鹏，张帆．城乡结合部“村落终结”体制性影响因素新探．社会科学战线，2016（10）．

[118] 田毅鹏．城乡结合部农业转移人口的社会关联与市民化．人文杂志，2015（1）．

[119] 何雪松．城乡社会学：观察中国社会转型的一个视角．南京社会科学，2019（1）．

[120] 周飞舟，吴柳财，左雯敏，李松涛．从工业城镇化、土地城镇化到人口城镇化：中国特色城镇化道路的社会学考察．社会发展研究，2018（1）．

[121] 郑秉文．拉美城市化的教训与中国城市化的问题——“过度城市化”与“浅度城市化”的比较．国外理论动态，2011（7）．

[122] 何影，田毅鹏．农村陪读迁移群体城市适应与市民化取向分析——基于东北地区 H 县陪读家长的考察．上海大学学报（社会科学版），2018（6）．

[123] 张文宏，于宜民．社会网络、社会地位、社会信任对居民心理健康的影响．福建师范大学学报（哲学社会科学版），2020（2）．

[124] 田毅鹏．乡村振兴中的城乡交流类型及其限制．社会

科学战线，2019（11）.

［125］秦朝森 . 脱域与嵌入：三重空间中的小镇青年与短视频互动论 . 现代传播，2019（8）.

［126］童星，马西恒 . “敦睦他者”与“化整为零”——城市新移民的社区融合 . 社会科学研究，2008（1）.

［127］李国正，王鉴雪，车若语 . 社会融合、城镇定居意愿与流动人口家庭消费水平差异研究 . 北京联合大学学报（人文社会科学版），2020（3）.

［128］李彧白 . 生育事件中女性的身体经验与具体实践：基于在甘南藏族自治州的调研 . 社会，2020（6）.

［129］王成利，王洪娜 . 不同级别城市的农业转移人口特征研究——基于分类市民化的视角 . 江淮论坛，2020（5）.

［130］黄佳鹏 . 农民工城市融入的组织化实践 . 华南农业大学学报（社会科学版），2020（6）.

［131］王权坤，胡雪瑶，艾少伟 . 身份、流动与权力：街头摊贩的空间实践 . 人文地理，2020（6）.

［132］郑杭生，张本效 . 可行性与可达性：户籍制度改革破题 . 探索与争鸣，2014（7）.

［133］周永康，王荆川 . 大流动时代新生代农民工的个体化生命历程 . 江汉学术，2020（6）.

［134］张群 . 牧区工矿业开发对牧户生计的影响分析——基于内蒙古 B 嘎查的考察 . 中国农村经济，2016（7）.

［135］梁宏 . 生命历程视角下的“流动”与“留守”——第二代农民工特征的对比分析 . 人口研究，2011（4）.

［136］何绍辉 . 双重边缘化：新生代农民工社会融入调查与思考 . 中国青年政治学院学报，2013（5）.

［137］何绍辉．在“扎根”与“归根”之间：新生代农民工社会适应问题研究．青年研究，2008（11）．

［138］王蕾．学校神话视角下教育消费空间的生产．教师研究与实验，2020（6）．

［139］穆学英，崔璨，崔军茹．空间机会结构视角下的住房分化——基于中国新生代流动人口的实证研究．社会学研究，2022（2）．

［140］姬广绪．指示关系的建构：珠三角地区农民工手机交往的民族志研究．学术研究，2018（1）．

［141］曹舒，张肇廷．迈向“无县时代”——当代中国撤县设区的实践总结及反思．开放时代，2022（4）．

［142］欧阳静．政治统合制及其运行基础——以县域治理为视角．开放时代，2019（2）．

［143］郭未，付志惠．流动时代中的少数民族：比较视野下的社会融合状况与结果——基于 CMDS2017 数据的实证研究．青海民族研究，2020（3）．

［144］陶伟，蔡少燕，余晓晨．流动性视角下流动家庭的空间实践和情感重构．地理学报，2019（6）．

［145］汪建华，郭于华．作为主体的消费者和使用者——新生代农民工与信息技术．清华社会学评论，2020（1）．

［146］宓淑贤．人类学视角下的当代农村已婚妇女新休闲：走出家庭迈向广场．中国农村观察，2020（5）．

［147］林竹．资本匮乏与阶层固化的循环累积——论城市农民工贫困．技术经济与管理研究，2016（6）．

［148］陈浩，葛亚赛．基于可行能力的失地农民市民化测度及其影响因素研究．华中农业大学学报（社会科学版），2016（6）．

［149］王竹林，范维．人力资本视角下农民工市民化能力形成机理及提升路径．西北农林科技大学学报（社会科学版），2015（2）．

［150］郑爱翔，李肖夫．新生代农民工市民化进程中职业能力动态演进．华南农业大学学报（社会科学版），2019（1）．

［151］孙怀平，赵明．我国农业转移人口市民化成本构成研究——以江苏省淮安市为例．广西大学学报（哲学社会科学版），2017（1）．

［152］张华初，罗光容，刘胜蓝．农业转移人口市民化公共成本测算——以广州市为例．城市科学，2015（6）．

［153］辛宝英．城乡融合的新型城镇化战略：实现路径与推进策略．山东社会科学，2020（5）．

［154］朱慧劼．“成家立业”对城市青年幸福感的影响研究：基于生命历程的视角．中国青年研究，2019（11）．

［155］宋月萍，张婧文．工作家庭生命历程对老年人健康的影响——来自中国城镇地区的证据．人口与发展，2020（5）．

［156］马凤芝，陈海萍．基于时空视角的健康老龄化与社会工作服务．社会建设，2020（1）．

［157］曲绍旭．老年人消费脆弱性：影响因素、生成路径及消弭策略．宁夏社会科学，2020（2）．

［158］胡珊，郑作彧．生命历程青年阶段的父辈嵌染．中国青年研究，2020（2）．

［159］李强，邓建伟，晓筝．社会变迁与个人发展：生命历程研究的范式与方法．社会学研究，1999（6）．

［160］焦开山，包智明．社会变革、生命历程与老年健康．社会学研究，2020（1）．

[161] 孙文中. 生命历程视角下农民工的创业型社会融入. 深圳大学学报（人文社会科学版），2018（6）.

[162] 邓锁. 生命历程视域下的贫困风险与资产建设. 社会科学，2020（11）.

[163] 黄丽芬. 农二代阶层分化的表现、特点与社会基础. 青年研究，2021（3）.

[164] 徐婧，汪甜甜. “快手”中的乡土中国：乡村青年的媒介呈现与生活展演. 新闻与传播学评论，2021（2）.

[165] 田丰. “崛起”的多样态小镇青年. 人民论坛，2020（1）.

[166] 聂伟，杜梁. 电影大数据测绘与“小镇青年”的虚拟民族志. 学术论坛，2020（4）.

[167] 王成龙，武晓伟. 传统与变革：小镇返乡青年的文化与社会融入. 中国青年研究，2019（11）.

[168] 郭未，鲁佳莹. 流动中的小镇青年：心怀远方还是惦念故乡——基于 CMDS2016 数据的实证研究. 中国青年研究，2020（2）.

[169] 孙黎，马中红. 小镇青年的“快手”世界：城乡关系的个体叙事与情感表达. 中国青年研究，2019（11）.

[170] 聂伟，蔡培鹏. 让城市对青年发展更友好：社会质量对青年获得感的影响研究. 中国青年研究，2021（3）.

[171] 曹曙，柯政. 小超缘何步步退出学业竞争——关于一位农村学生的叙事研究. 教育学术月刊，2020（8）.

[172] 黄瑜. 当农民工遭遇“机器换人”——技术与劳工的马克思主义分析. 清华社会学评论，2020（2）.

[173] 汪卫平，袁晶. 农村大学生：向上流动的心理代价. 重

庆高教研究，2020（3）.

［174］朱妍，李煜．“双重脱嵌”：农民工代际分化的政治经济学分析．社会科学，2013（11）.

［175］刘玉兰．生命历程视角下童年期迁移经历与成年早期生活机会研究．人口研究，2013（2）.

［176］谢爱磊，洪岩璧，匡欢，白杰瑞，“寒门贵子”：文化资本匮乏与精英场域适应——基于“985”高校农村籍大学生的追踪研究．北京大学教育评论，2018（4）.

［177］吴兴帜，梁昭莉．以生为计：中老边民跨界流动的认知研究．贵州民族研究，2021（1）.

［178］孙淑敏．未婚新生代农民工性脚本研究——基于长三角地区调查数据的分析．华东理工大学学报（社会科学版），2020（4）.

［179］徐兴文．东亚人口老龄化危机下老年社会福利制度的挑战与展望——以中国、日本和韩国为例．贵州师范大学学报（社会科学版），2019（1）.

［180］封小郡．非正规就业相关研究：综合性理论图景与经验研究述评．开放时代，2021（2）.

［181］沈燕．“脏”与“不值钱”：养老院老人的身体感研究．民间文化论坛，2020（4）.

［182］马伟华，张笑语．马克思社会空间理论视角下少数民族流动人口基本权利保障的多元支持．广西民族研究，2020（6）.

［183］孙茂伟，沈思．我国少数民族省际流动人口的流入地及影响因素分析．中央民族大学学报（自然科学版），2020（1）.

［184］许加明．“凤凰男”和“孔雀女”爱情与婚姻的异化．青年探索，2019（6）.

[185] 崔志梅 . 主动忙碌与幸福感知：基于青年群体的案例研究 . 中国青年研究，2021（3）.

[186] 梁胜凯，田云，陈池波 . 在城市间流动对农民工创业的影响——基于社会资本与社会融合的双重视角 . 改革，2021（3）.

[187] 赵旭东 . 视频直播的民族志书写——一种信息传输由微信而及快手的文化转型人类学 . 中原文化研究，2020（2）.

[188] 韩叙，夏显力 . 社会资本、非正规就业与乡城流动人口家庭迁移 . 华中农业大学学报（社会科学版），2019（3）.

[189] 王剑利 . 连锁迁移与在地演化——“中国干部”在制造业越南转移中的文化调适 . 探索与争鸣，2020（1）.

[190] 张丽华 . 玩直播的时候，身边的人在干什么？一项关于日常接触的研究 . 新闻记者，2021（3）.

[191] 朱德全，曹渡帆 . 教育研究中扎根理论的价值本真与方法祛魅 . 清华大学教育研究，2021（1）.

[192] 张亚辉 . 神圣婚姻与法替代：论吐蕃王权的佛教化 . 民族研究，2020（3）.

[193] 魏万青 . 从个体稳定性到家庭迁移：文化认同与农民工稳定城市化 . 西南大学学报（社会科学版），2020（5）.

[194] 马建富，刘颖，王婧 . 后扶贫时代职业教育贫困治理：分析框架与策略选择 . 苏州大学学报（教育科学版），2021（1）.

[195] 吴重涵，戚务念 . 留守儿童家庭结构中的亲代在位 . 华东师范大学学报（教育科学版），2020（6）.

[196] 曹莉萍，周冯琦 . 生态型社会契约论——国外生态治理研究的最新进展 . 国外社会科学，2019（1）.

[197] 王晓毅 . 移民的流动性与贫困治理——宁夏生态移民

再认识．中国农业大学学报（社会科学版），2017（5）．

［198］朱镕君．城乡之间：底层文化资本生成的空间机制．中国青年研究，2021（4）．

［199］张建雷，曹锦清．无正义的家庭政治：理解当前农村养老危机的一个框架——基于关中农村的调查．南京农业大学学报（社会科学版），2016（1）．

［200］林磊，朱静辉．城市化语境下村庄日常生活与集体记忆的再生产——以武汉市郊区李庄元宵节习俗为个案分析．民俗研究，2017（5）．

［201］吴前进．国家安全和华人移民身份认同的建构．国际关系研究，2020（6）．

［202］朱涛，郭星华．双向疏离与文化互嵌：青年农民工在县域城市的文化融入．中国青年研究，2023（3）．

二、英文文献

［1］Maryann P. Feldman. The new economics of innovation, spill-overs and agglomeration: A review of empirical studies[J]. Economics Of Innovation And New Technology, 1999, 8（1-2）.

［2］Eva C.Alfredsson, J.Mikael Malmaeus. Real capital investment and sustainability The case of Sweden[J]. Ecological Economics161, 2019.

［3］Dale G.Lineages of embeddedness: on the antecedents and successors of a Polanyian concept[J].American Journal Of Economics And Sociology, 2011（7）.

［4］Rob Kitchin. The ethics of smart cities and urban science[J]. Philosophical Transactions Of The Royal Society A Mathematical

Physical & Engineering Science, 2016, 374.

[5] Vaggy Georgali. Data-driven urbanism: do we still need planners? Questioning the future of urbanism and the right to the digital city in the big data era[J]. Critical Reflection On Technology, 2016-2017.

[6] See Qian,Yingyi and Barry R.Weingast. Chinas transition to markets: market-preserving federalism, Chinese style[J]. Journal Of Policy Reform, 1996, 1（2）.

[7] Grix,Jonathan and Lesley Phillpots. Revisiting the governance narrative: 'asymmetrical network governance' and the deviant case of the sports policy sector[J]. Public Policy And Administration, 2011, 26（1）.

[8] Tsai W, Ghoshal S. Social capital and value creation: the role of intrafirm networks[J]. The Academy Of Management Journal, 1998, 41（4）.

[9] Dmitri W. On and off the net: scales for social capital in an online era[J]. Journal Of Computer-Mediated Communication, 2006, 11（2）.

[10] Zukin S，Dimaggio P. Structures of capital: the social organization of the economy[M]. Cambridge: Cambridge University Press, 1990.

[11] Davidsson Per，Honig Benson. The role of social and human capital among nascent entrepreneurs[J]. Journal Of Business Venturing, 2003, 18（3）.

[12] Mabogunje A. L. Systems approach to a theory of rural-urban migration[J]. Geographical Analysis, 2010, 2（1）.

［13］C.Courtois, P. Mechant,S. Paulussen, etal. The triple articulation of media technologies in teenage media consumption[J]. New Media&Society, 2012, 14（3）.

［14］Umoh G S. Programming risks in wetlands farming: evidence from Nigerian floodplains[J]. Journal Of Human Ecology, 2008, 24（2）.

［15］Scoones. Sustainable rural livelihoods: A framework for analysis[M]. Brighton: IDS, 1998.

［16］Indudewi, R.,Yuanita, F. Success factors of hybrid entrepreneurs: case study of Universitas Ciputra Academician[J]. Mediterranean Journal Of Social Sciences, 2015,6（5）.

［17］Ramarajan, L., Berger, I. E., Greenspan, I., et al. Multiple identity configurations: the benefits of focused enhancement for prosocial behavior[J]. Organization Science, 2017, 28（3）.

［18］Frank Ellis. Household strategies and rural livelihood diversification[J]. The Journal Of Development Studies, 1998（35）.

［19］Frank Ellis. Rural livelihood and diversity in developing countries[M]. Oxford University Press, 2000.

［20］Kolodinsky J.and S. Lee, The impact of living with an elder parenton adult daughters labor supply and hours of work[J]. Journal Of Family And Economic Issues , 2000, 21（2）.

［21］Naohiro Ogawa, John F. Ermisch. Family structure, hometime demands, and the employment patterns of Japanese married women[J]. Journal Of Labor Economics, 1996, 27（1）.

［22］Sen, A. Famines and poverty[M]. London: Oxford University Press, 1981.

[23] Naresh Singh,Jonathan Gilman. Making livelihoods more sustainable[J]. International Social Science Journal, 1999, 51（162）.

[24] GOODCHILD B, COLE L. Social balance and mixed neighborhoods in Britainsinee 1979: A review of dis-course and practice in social housing[J]. Environment And Planing, 2001（19）.

[25] REINOUT KLEINHANS. Social implications of housing diversification in urbanenewal: A review of recent literature[J]. Journal Of Housing And The Built Envi-ronment, 2004（4）.

[26] Davis K. The urbanization of the human population[J]. Scientific American, 1987, 213（3）.

[27] Black D，Henderson V. A theory of urban growth[J]. Journal Of Political Economy, 1999, 107（2）.

[28] Bengtson V. Beyond the nuclear family: the increasing importance of multigenerational bonds[J]. Journal Of Marriage And Family, 2001（1）.

[29] Manor S. Being a working grandmother, mother, and daughter at the same time: A “Double Sandwich” in a fourgeneration family[J]. Journal Of Family Issues, 2021（2）.

[30] Fingerman K L, Kim K, Tennant P S, et al Intergenerational support in a daily context[J]. The Gerontologist, 2016（5）.

[31] Evandrou M, Glaser K. Family, work and quality of life: changing economic and social roles through the life course[J]. Ageing, Society, 2004（9）.

[32] Janet M Wilmoth, Andrew S London. Current debates in aging and the life course: public policy[M]. Taylor And Francis, 2021.

［33］Slater Paul B. Physical-based models of internal migration[J]. Applied Mathematics And Computation, 1991, 43（1）.

［34］Geoffrey Cubitt. History and memory[M]. Manchester: Manchester University Press, 2007.

［35］Latour, B. Reassembling the social: An introduction to actor—network theory[M]. Oxford, UK: Oxford University Press, 2005.

［36］Elizabeth Mazur, Yidi Li. Identity and self-presentation on social networking web sites: A comparison of online profiles of Chinese and American emerging adults[J]. Psychology Of Popular Media Culture, 2016, 5（2）.

［37］Andrew Richard Schrock. Communicative affordances of mobile media: portability, availability, locatability, and multimediality[J]. International Journal Of Communication, 2015（9）.

［38］Lefebvre, H. The production of space[M]. Oxford: Blackwell, 1991.

［39］Cheng Tsuo-Yu.The ecology of social time: An outline of an empirical analytic framework of the sociology of time[J]. Time &Society, 2017, 26（2）.

［40］Rizki Putra Dewantoro, Rachma Fitrianti. Policy formulation analysis of youth friendly city: policy studies of ministry of youth and sports and the city government of Bandung[J]. Journal Of Strategic And Global Studies, 2021, 4（2）.

［41］Harold Chorney. City of dreams: social theory and the urban experience [M]. Ontario: Nelson Canada, 1990.

[42] Hsieh C, Moretti E. Housing constraints and spatial misallocation[J]. American Economic Journal: Macroeconomics, 2019（2）.

图书在版编目（CIP）数据

农牧业转移人口市民化研究 / 余吉玲著 . -- 北京 : 民族出版社，2024.5

ISBN 978-7-105-17256-6

Ⅰ . ①农… Ⅱ . ①余… Ⅲ . ①农业人口 - 城市化 - 研究 - 中国 Ⅳ . ① C924.24

中国国家版本馆 CIP 数据核字（2024）第 111990 号

农牧业转移人口市民化研究

策划编辑　欧泽
责任编辑　欧泽
封面设计　金晔
出版发行　民族出版社
地　　址　北京市和平里北街 14 号
邮　　编　100013
网　　址　http://www.mzpub.com
印　　刷　北京中石油彩色印刷有限责任公司
经　　销　各地新华书店
版　　次　2024 年 5 月第 1 版　2024 年 5 月北京第 1 次印刷
开　　本　880 毫米 ×1230 毫米　1/32
字　　数　295 千字
印　　张　12.25
定　　价　39.00 元
书　　号　ISBN 978-7-105-17256-6 / C・438（汉 339）

该书若有印装质量问题，请与本社发行部联系退换
编辑室电话：010-64971909　发行部电话：010-64224782